村 千鶴子 著

ぎょうせい

はじめに

　消費生活相談は、事業者と消費者との情報の質と量・交渉力の格差などにより消費者被害が発生することを防止したり、被害が生じた場合にはすみやかに適切な解決ができるように（消費者被害の適切かつ迅速な救済）、格差是正の支援をするために、地方自治体が行っている行政支援の仕組みです。

　民法では、対等当事者間であることを前提にした契約ルールを定めています。民法だけでは、格差による被害の防止や救済が難しいことが多いことから、格差是正のための法律の整備も徐々に進められてきています。

　ところが、その一方では、消費者被害の悪質化が進んでいます。最近では、高齢者を狙う悪質商法が警察によって「特殊詐欺」と分類されたり、国民生活センターや金融庁などで「買え買え詐欺」と呼ぶなど、詐欺的悪質商法が増加しています。手口も早いスピードで次々と変化しています。

　「買え買え詐欺」は、多くの場合には電話で勧誘し、パンフレットなどを郵送し、契約の申込は電話や郵送などでさせているものが多くを占める実情にあります。手法としては、特定商取引法で電話勧誘販売として定義しているものです。ところが、契約内容が、電話勧誘販売の要件とされている商品・役務・政令指定権利に該当しないことから、同法の適用がありませんでした。そのため、勧誘はやりたい放題、適正な契約書面の作成や交付はなく、契約内容もあいまいで不明確、クーリング・オフ制度などの不意打ち取引における消費者の権利もありませんでした。ひどい勧誘手口が横行しても早期に調査や行政処分をする根拠もなく、被害は拡大し続けるケースもありました。

　このようなことから、2016年には特定商取引法が改正され、訪問販売や電話勧誘販売の適用対象取引が拡大され、行政規制も強化されました。消費者契約法も改正されました。

　そこで、本書では、最近の悪質商法や詐欺的商法を中心に、被害救済の考え方や予防についての考え方などを、整備が進められてきた関連法や特定商取引法と消費者契約法の改正点も踏まえつつ、取り上げています。

　消費生活相談の意義・役割・知っておきたい法律の基礎なども整理していますので、消費生活相談の実務等に役立てていただければ幸いです。

2017年1月

村　千鶴子

目　次

Q&A　第1章　消費生活相談の基礎知識

1　行政が消費生活相談を行う理由　*2*
　　(1)はじめに　*2*
　　(2)契約の基本原則　*2*
　　(3)消費者契約の問題点　*3*
　　(4)格差是正の必要性　*4*
2　消費生活相談の根拠法　*6*
　　(1)はじめに　*6*
　　(2)消費者基本法　*6*
　　(3)消費者安全法　*6*
3　消費生活相談の業務内容は　*9*
　　(1)消費者安全法　*9*
　　(2)市町村が行うべき事務　*9*
　　(3)都道府県の行うべき事務　*10*
　　(4)消費生活相談における情報収集機能の意味　*10*
4　事業者の義務は　*11*
　　(1)はじめに　*11*
　　(2)消費者基本法　*11*
5　消費生活センターとは　*13*
　　(1)はじめに　*13*
　　(2)消費者安全法による消費生活センター　*13*
6　消費者の権利とは　*15*
　　(1)はじめに　*15*
　　(2)消費者基本法の消費者の権利　*15*
7　消費生活相談員が専門家である必要性　*17*
　　(1)相談業務の目的と担当者に求められるもの　*17*
　　(2)必要なスキル　*17*
8　消費生活の専門家の資格とは　*18*
　　(1)2009年消費者安全法　*18*

(2)2015年改正法　*18*
　　(3)ガイドラインで定められている試験科目　*18*
9　消費生活相談における基本的な心がけ　*21*
　　(1)はじめに　*21*
　　(2)消費者の話を聞くこと　*21*
　　(3)消費者にわかるように説明すること　*22*

第2章　契約トラブルの相談対応のための基本的なポイント

1　契約とは何か　*24*
　　(1)はじめに　*24*
　　(2)契約とは　*24*
　　(3)契約が成立するという意味　*25*
2　契約書の意味　*26*
　　(1)契約書を作成する意味　*26*
　　(2)契約書についての法的規制　*26*
　　(3)契約書に署名捺印した場合　*27*
3　約款の意味　*28*
　　(1)約款を用いる契約　*28*
　　(2)約款と附合契約　*28*
　　(3)約款が契約内容となる条件　*29*
　　(4)約款制度の社会的意義　*29*
　　(5)民法改正法案では…　*30*
4　契約相手は誰か　*31*
　　(1)契約相手が重要な理由　*31*
　　(2)かたり商法　*31*
　　(3)契約相手がわからないトラブルの典型例　*31*
　　(4)契約相手がわからない場合　*33*
5　法律上の「人＝者」── 自然人と法人　*34*
　　(1)法律上の「人」とは　*34*
　　(2)自然人と法人　*34*
　　(3)個人と契約するとき　*34*

(4)会社と契約する時　35
6　契約被害はなぜ起こるのか ── 契約の入り口から出口まで　37
7　契約内容そのものに問題があるもの　39
　　　(1)契約内容が法律に反するとき　39
　　　(2)消費者も法的責任を問われる場合　39
8　広告などの誘引に問題がある　41
9　契約の勧誘が問題　42
10　契約条項の一部が問題　43
11　契約を守らない　44
　　　(1)債務不履行　44
　　　(2)瑕疵担保責任　44
12　契約を履行するつもりがない　45
　　　(1)はじめに　45
　　　(2)悪質住宅リフォームの例　45
　　　(3)買え買え詐欺　45
　　　(4)通信販売の「商品未着」トラブル　46
　　　(5)民事と刑事の詐欺の違い　46
13　詐欺商法とはどういう意味か　47
　　　(1)詐欺の法律上の意味　47
　　　(2)一般的なイメージ　47
　　　(3)本書で取り上げる「詐欺商法・詐欺的商法」　48
14　詐欺商法の責任追及　49
　　　(1)はじめに　49
　　　(2)不法行為とは　49

Q&A　第3章　契約トラブル相談のための法律の基礎

1　法律の種類 ── 公法と私法　52
　　　(1)はじめに　52
　　　(2)公法とは　52
　　　(3)特定商取引法の重要性　53
2　契約に関する法律の三階建て構造　54

(1)一般法と特別法　*54*
　　(2)消費者法の三階建て構造　*54*
　　(3)問題解決のための活用法　*56*
3　一階部分 ─ 契約の基本の民法　*58*
　　(1)はじめに　*58*
　　(2)民法の基本的な考え方　*58*
　　(3)三階建て構造における民法の意味　*58*
　　(4)詐欺的消費者被害の場合　*59*
　　(5)民法の目次　*60*
4　電子消費者契約法　*64*
　　(1)意思表示の扱い ─ 民法の原則　*64*
　　(2)電子消費者契約法の定め　*64*
　　(3)改正民法法案では…　*65*
　　(4)間違ってクリックした場合など ─ 民法による場合　*65*
　　(5)クリックミス ─ 電子消費者契約法によると　*65*
5　二階部分 ─ 消費者契約の修正ルールの消費者契約法　*67*
　　(1)どういう法律か　*67*
　　(2)適用対象取引　*67*
　　(3)民法のどの部分を修正しているか　*67*
　　(4)取消制度　*68*
　　(5)不当条項　*68*
6　2016年消費者契約法の概要は　*69*
　　(1)2016年改正　*69*
　　(2)改正のポイント　*69*
7　三階部分のいろいろ　*70*
　　(1)基本的な法律　*70*
　　(2)最近の相談業務で必要な法律　*70*
8　特定商取引法のポイント　*71*
9　特定商取引法の2016年改正のポイント　*72*
　　(1)2016年改正　*72*
　　(2)改正のポイント　*72*
　　(3)政令等の改正が見込まれるもの　*72*
10　割賦販売法のポイント　*74*

11　会社についての基礎　──　会社は信用できるか　75
　　⑴法人法定主義　75
　　⑵会社について調べる　75
　　⑶登記があっても実態が不明の場合も…　76
　　〈コラム　悪質商法被害をどう防ぐか〉　78

Q&A 第4章　具体例で考える【1 高齢者に多い被害】

1　高齢者の被害の特徴　82
　　⑴高齢者被害が増えている　82
　　⑵高齢者被害の特徴　83
　　⑶高齢者から話を聞くとき　83
2　架空請求　──　架空請求の対策と振り込め詐欺救済法　85
　　⑴金銭債権の行使方法　85
　　⑵正しい請求方法　85
　　⑶架空請求とは　86
　　⑷架空請求への対応　86
　　⑸支払ってしまった場合　87
　　⑹相手がわからない　──　振り込め詐欺救済法　87
3　買え買え詐欺⑴　──　仏像・美術品　91
　　⑴電話勧誘販売　91
　　⑵何が問題か　92
　　⑶契約をやめる　──　クーリング・オフ制度　93
　　⑷契約を取り消す　──　取消制度　94
　　⑸本件の考え方　──　クーリング・オフ制度と取消制度　95
　　⑹お金を取り戻す方法は　95
4　買え買え詐欺⑵　──　相手がわからない場合　97
　　⑴はじめに　97
　　⑵不法行為による損害賠償という考え方　97
　　⑶転送電話サービス業者・携帯電話レンタル業者・私設私書箱業者　98
　　⑷転送電話サービスに関する事例　98

(5)転送電話サービス業者の共同不法行為責任について　*99*
　　　(6)携帯電話のレンタル業者の責任　*101*
　　　(7)判決のポイント　*101*
　　　(8)私書箱サービス業者の責任　*102*
　　　(9)判決のポイント　*102*
5　買え買え詐欺(3)　──　有料老人ホームの利用権　*107*
　　　(1)電話勧誘販売か　*107*
　　　(2)指定権利とは　*107*
　　　(3)2016年改正法では　*108*
　　　(4)消費者契約法による取消　*108*
　　　(5)不法行為の検討　*109*
6　買え買え詐欺(4)　──　水や鉱物等の採掘権　*110*
　　　(1)特定商取引法の適用は…　*110*
　　　(2)販売の媒介の場合　*110*
　　　(3)2016年改正特定商取引法では…　*110*
　　　(4)消費者契約法・不法行為の可能性　*111*
7　買え買え詐欺(5)　──　名前を貸して　*112*
　　　(1)はじめに　*112*
　　　(2)事例の場合　*113*
　　　(3)名義を貸したとき　*114*
　　　(4)「名義を貸す」ということ　*114*
8　未公開株の勧誘　*116*
　　　(1)はじめに　*116*
　　　(2)販売業者が無登録業者の場合　*116*
　　　(3)発行会社が販売するとき　*117*
9　外国通貨　*118*
　　　(1)はじめに　*118*
　　　(2)問題点　*118*
　　　(3)特定商取引法の問題　*119*
　　　(4)不法行為による損害賠償請求　*120*
10　仮想通貨　*121*
　　　(1)はじめに　*121*
　　　(2)資金決済法　*121*

　　　　(3)改正特定商取引法について　*122*
11　悪質訪問販売　*124*
　　　　(1)訪問販売の規制　*124*
　　　　(2)断る場合　*124*
　　　　〈コラム　断るときのポイント〉　*126*
12　悪質住宅リフォーム詐欺　*127*
　　　　(1)クーリング・オフ制度　*127*
　　　　(2)通知の方法　*127*
　　　　(3)清算方法　*127*
　　　　(4)工事が始まっている場合　*128*
　　　　(5)破壊的リフォームの被害　*128*
13　点検商法　*130*
　　　　(1)はじめに　*130*
　　　　(2)訪問販売被害の解決方法　*130*
14　次々販売・過量販売　*132*
　　　　(1)はじめに　*132*
　　　　(2)訪問販売の場合　*132*
　　　　(3)電話勧誘販売の場合　*133*
　　　　(4)2016年消費者契約法　*133*
　　　　(5)特定商取引法と消費者契約法の過量販売の違い　*133*
　　　　(6)通信販売の場合　*134*
　　　　(7)いろいろな商品を次から次と契約させる場合　*134*
15　催眠商法・SF商法　*136*
　　　　(1)はじめに　*136*
　　　　(2)訪問販売か　*136*
　　　　(3)クーリング・オフ　*137*
　　　　(4)取消　*137*
　　　　(5)過量販売解除　*138*
16　悪質な電話勧誘販売 ─ 健康食品　*139*
　　　　(1)はじめに　*139*
　　　　(2)注文をしていない場合　*139*
　　　　(3)電話で買うことにした場合　*139*
　　　　(4)強引に送ってきた場合　*140*

17　送り付け商法　*141*
　　(1)はじめに　*141*
　　(2)商品の取扱い　*142*
　　(3)特定商取引法の特則　*142*
18　祈祷サービス　*143*
　　(1)はじめに　*143*
　　(2)特定商取引法によるクーリング・オフ　*143*
　　(3)取消しによる方法　*144*
　　(4)2016年改正消費者契約法　*144*
　　(5)不法行為による損害賠償請求　*145*
19　チラシを見て査定を依頼した訪問購入　*146*
　　(1)はじめに　*146*
　　(2)不招請勧誘の禁止　*146*
　　(3)クーリング・オフはできるのか　*147*
　　(4)クーリング・オフ妨害　*147*
　　(5)査定のみを依頼したとき　*147*
　　(6)クーリング・オフの適用除外　*148*
20　訪問購入でクーリング・オフしたとき　*149*
　　(1)はじめに　*149*
　　(2)民法の規律　*149*
　　(3)引渡拒絶権　*150*
　　(4)引き渡し後の手当て　*150*
　　(5)事例の場合　*151*

【2　若者に多い被害】

1　キャッチセールス　*154*
　　(1)はじめに　*154*
　　(2)キャッチセールスか　*154*
　　(3)問題の所在　*155*
　　(4)2016年改正特定商取引法　*155*
　　(5)もう1つの視点　*155*

2 SNSで呼び出すアポイントメントセールス　*157*
　　(1)はじめに　*157*
　　(2)問題の所在　*157*
　　(3)2016年改正特定商取引法　*158*
3 後出しマルチ　*159*
　　(1)はじめに　*159*
　　(2)マルチ商法の規制　*160*
　　(3)連鎖販売取引の定義と要件　*160*
　　(4)後出しマルチの問題点　*161*
　　(5)訪問販売・電話勧誘販売などの規制　*162*
　　(6)後出しマルチの悪質性　*162*
4 安い価格で釣る美容医療　*164*
　　(1)はじめに　*164*
　　(2)契約解除はできるか　*165*
　　(3)解約できないという特約の評価　*165*
　　(4)清算ルール　*166*
5 医療脱毛　*167*
　　(1)はじめに　*167*
　　(2)エステティックサロンと医療脱毛　*167*
　　(3)消費者契約法によると　*168*
　　(4)2016年改正特定商取引法　*168*
　　(5)危害の問題　*168*
6 サイトで見つけた詐欺的バイト ── スマホ　*170*
　　(1)はじめに　*170*
　　(2)携帯電話不正利用防止法の規制　*171*
　　(3)利用料金の支払い義務　*171*
　　(4)組織詐欺の罪　*171*
　　〈コラム　買え買え詐欺と手軽なアルバイトの関係〉　*174*
7 SNSによる荷受代行アルバイト　*175*
　　(1)はじめに　*175*
　　(2)スマホの代金の支払い義務　*176*
　　(3)過失による不法行為責任　*176*
　　(4)格安スマホの本人確認　*177*

〈コラム　SNSの利用法〉　*178*
8　口コミによる詐欺的バイト　──　クレジットカード　*179*
　　(1)はじめに　*179*
　　(2)約款の定め　*179*
　　(3)借り手の責任　*180*
　　(4)カード会社との関係　*180*
9　デート商法（1）　*182*
　　(1)はじめに　*182*
　　(2)デート商法の違法性　*183*
　　(3)判決の事案　*183*
　　(4)裁判所の判断　*184*
　　(5)業者側の反論　*184*
10　投資用マンション　──　デート商法（2）　*185*
　　(1)はじめに　*185*
　　(2)問題点　*185*
　　(3)裁判例では…　*186*

【3 インターネット関係の被害】

1　アダルトサイト　*190*
　　(1)はじめに　*190*
　　(2)支払う義務はあるか　*191*
　　(3)消費者に過失があるときは…　*192*
　　(4)事例への当てはめ　*192*
　　(5)対処方法　*193*
2　占いサイトのはずが有料アダルトサイトの登録に…　*194*
　　(1)はじめに　*194*
　　(2)考えかた　*194*
3　サイト利用料の不当請求を電子マネーで支払った…　*195*
　　(1)はじめに　*195*
　　(2)サーバー型電子マネーの特徴　*195*
　　(3)被害は回復できるか　*195*

(4)カード発行会社に返還請求できるか　*196*
　　　(5)詐欺師が未使用の場合　*196*
4　出会い系サイト（サクラサイト）　*198*
　　　(1)はじめに　*198*
　　　(2)サクラサイトの被害救済は　*198*
5　ネット通販の商品未着トラブル ── 振込みで支払い　*200*
　　　(1)はじめに　*200*
　　　(2)特定商取引法の規制　*201*
　　　(3)前払いのリスク　*201*
　　　(4)商品が届かない場合の手順　*202*
　　　(5)最初から商品を引き渡すつもりがない場合　*202*
　　　(6)相手が分からないとき　*202*
6　にせブランド ── クレジットカードで決済　*203*
　　　(1)はじめに　*203*
　　　(2)にせブランド被害に遭わないポイント　*203*
　　　(3)対処方法　*203*
　　　(4)相手に対する意思表示が必要　*204*
　　　(5)クレジットカード会社との関係　*204*
　　　(6)海外ブランドカードの場合　*205*
　　　(7)決済代行業者の責任　*205*
　　　(8)2016年改正割賦販売法　*206*
7　ネットオークション ── サイトの法的責任　*207*
　　　(1)はじめに　*207*
　　　(2)オークションサイト業者の法的責任　*208*
　　　(3)名古屋高裁平成20年判決　*208*
　　　(4)古物営業法による義務について　*208*
　　　(5)民事仲立人についての判断　*209*
　　　(6)例外的にオークションサイトが責任を負う場合　*209*
　　　(7)電子商取引等に関する準則　*209*
8　通信販売 ── お試しのつもりが…　*210*
　　　(1)はじめに　*210*
　　　(2)事例によりさまざま　*210*
　　　(3)電子消費者契約法の観点から　*211*

(4)不作為を意思表示とみなす条項　*212*
9　在宅ワーク　*213*
　　(1)はじめに　*213*
　　(2)業務提供誘引販売取引の定義　*214*
　　(3)「電話面接」というトークの問題点　*214*
　　(4)クーリング・オフ　*215*
　　(5)取消し　*215*
10　ドロップシッピング　*217*
　　(1)はじめに　*217*
　　(2)事例の特徴　*217*

第5章　資料

(1)消費者契約法　新旧対照表　*220*
(2)特定商取引に関する法律　新旧対照表　*225*

第1章
消費生活相談の基礎知識

1　行政が消費生活相談を行う理由

Q 消費生活相談窓口では、消費者と事業者との紛争の予防や解決のために消費者からの相談を受け付けています。事業者と消費者との間の問題は、いわゆる民事紛争にあたるわけですが、このような民事紛争について、地方自治体に消費生活相談窓口があるのはなぜですか。

(1)はじめに

　地方自治体で、消費者からの消費生活相談に対して助言やあっせんを行うのはなぜなのでしょうか。まず、この点から取り上げることにします。

　契約に関する紛争などの当事者間のトラブルについて専門家の助言が欲しいときには、弁護士や司法書士などに個別に相談する、というのが原則です。ところが、消費者と事業者との間の紛争である「消費者問題」や「消費者被害」については、地方自治体に消費生活センターや消費生活相談窓口が設置されていて、消費者からの相談を受け付けています。消費生活相談の窓口で相談できるのは消費者で、事業者からの相談は受け付けていません。

　時には、事業者が、「どうして民間の紛争に行政が相談にのるのか。消費者は事業者に対して文句があれば、裁判すればよい。」とか「行政は、どういう根拠があって民間のトラブルに首を突っ込むのか。」などということもないわけではないようです。最近では、「消費者からの相談には乗るのに、事業者からの相談には乗らないのは不公平ではないか。」という事業者もあるような話を聞くことがあります。

　このように、地方自治体がなぜ消費生活相談を行うのかということは、消費生活相談の根本問題にかかわる重大な問題です。消費生活相談にかかわる行政職員や消費生活相談の担当者は、日々の消費生活相談業務に従事する上で、その意義を十分心得ておく必要があります。それだけでなく、事業者や消費者に「なぜ地方自治体が消費生活相談を行っているのか」をきちんと説明して、理解してもらえるようにできることが大切です。

(2)契約の基本原則

　消費者は、生活するために必要な商品やサービスを対価を支払って購入しています。現代社会では、多種多様なあらゆる商品やサービスを事業者から購入しな

ければ生活することができないといっても過言ではありません。

この時、消費者は、事業者との間で商品の購入やサービスの提供について契約を締結しています。契約についての基本的なルールは、民法で定められています。民法では、契約当事者は、あらゆる意味で対等で平等で、経済的に合理的な行動ができる強い人間を前提に、契約問題に関する公平な責任分配ルールを定めています。

民法における契約の基本原則は、契約自由の原則といわれるものです。契約自由の原則とは、誰と、どのような内容の契約を、どのような形式で結ぶかどうか、ということは個々人の自由に委ねられている、という考え方です。自分が信頼できる相手を選んで、自分が必要だと考えるモノやサービスの購入について、相手と交渉をして納得ができる契約条件になれば、契約をすればよい。そのかわり、自分でその契約をするという選択をして相手と契約した以上は、その契約を守るという義務を負う、という考え方です。

(3) 消費者契約の問題点

契約当事者があらゆる意味で対等平等であれば、このような契約自由の原則は合理的なもので、世の中全体のバランスが取れ、うまく発展していくと考えられます。

ところが、多くの消費者被害を見ると、大きな原因として見えてくることは、実は消費者と事業者とは決して対等であり平等である、とは言えないということです。

たとえば、食材偽装表示問題を考えてみましょう。民法の考え方でいえば、契約当事者は対等である、つまり同じだけの情報や知識があるはずだという前提で考えますから、食品メーカーも販売業者もレストランも消費者に対して正しい情報を提供する義務は負いません。「消費者は、自己責任で決めろ」ということです。こういう考え方を「買い手注意」といいます。

しかし、消費者は、食材に何が使われているか知りません。メーカーや販売業者、レストランなどから、正しい食材についての情報を提供してもらわなければ知ることはできません。「これは松坂牛を使用しています」と説明されれば、「そうなのか」と考えて選択することになります。

あるいは、スマホやクレジットカードの契約をする場面を考えてみましょう。民法では、契約内容・契約条件については、契約当事者双方で対等な知識と立場でもって交渉をして、双方が納得できたら契約を締結すればよい、と考えていま

す。つまり、契約内容は契約当事者双方で協議して両当時者が納得した内容なのだから、契約当事者は双方とも「自分が決めて約束したことには、守るという自己責任を負うのは当然」と考えるわけです。しかし、スマホの契約をする場合には、契約条件はあらかじめ事業者がすべて決めてしまっています。その条項に従わなければ、消費者はスマホを持つことをあきらめるしかありません。つまり、契約内容を決める際の交渉力は、消費者にはないということです。

このように、消費者と事業者とは対等ではありません。消費者と事業者では、持っている知識や情報、手に入れることができる知識や情報、交渉力などに圧倒的な格差があるのです。したがって、民法の考え方に立つと、「知らない消費者が悪い」「交渉力がなかった消費者の責任」ということになってしまいます。

(4)格差是正の必要性

情報格差や交渉力の格差がある場合には、格差を是正する必要があります。そうでなければ、公平な責任分配とはいえません。

消費者の格差に付け込んだ事業者が儲かる構造は、不特定多数の消費者被害をもたらします。格差に付け込んだビジネススタイルの方が儲かることになれば、公正競争市場の発展は阻害されます。

消費生活相談は、このような消費者と事業者との格差を是正して、消費者被害を防止し、被害が生じた場合には適切な救済をし、公正競争市場が発展する環境を整備する、という目的をもっています。

そして、すべての人間は消費者です。住民の暮らしを守ることを第一の目的としているのが、地方自治体です。このようなことから、地方自治体では消費者支援としての消費生活相談を行っているのです。

消費者と事業者との格差の問題や格差是正の必要性などについては、消費者基本法と消費者安全法の目的規定に定められています。

関係条文 消費者基本法
（目的）
第一条　この法律は、消費者と事業者との間の情報の質及び量並びに交渉力等の格差にかんがみ、消費者の利益の擁護及び増進に関し、消費者の権利の尊重及びその自立の支援その他の基本理念を定め、国、地方公共団体及び事業者の責務等を明らかにするとともに、その施策の基本となる事項を定めることにより、消費者の利益の擁護及び増進に関する総合的な施策の推進を図り、もつて国民の消費生活の安定及び向上を確保することを目的とする。

第1章 消費生活相談の基礎知識

> **関係条文** **消費者安全法**
> （目的）
> 第一条　この法律は、消費者の消費生活における被害を防止し、その安全を確保するため、内閣総理大臣による基本方針の策定について定めるとともに、都道府県及び市町村による消費生活相談等の事務の実施及び消費生活センターの設置、消費者事故等に関する情報の集約等、消費者安全調査委員会による消費者事故等の調査等の実施、消費者被害の発生又は拡大の防止のための措置その他の措置を講ずることにより、関係法律による措置と相まって、消費者が安心して安全で豊かな消費生活を営むことができる社会の実現に寄与することを目的とする。

2　消費生活相談の根拠法

> 消費生活相談が、事業者と消費者との格差を是正することを目的としたものであることはわかりましたが、具体的に消費生活相談の根拠について定めた法律はありますか。

(1)はじめに

　消費生活相談窓口で相談業務を行っていると、時々、事業者から「どういう法的根拠があって相談業務をしているのか」と根拠の説明を求められることがあります。

　相談業務に従事している人の中には、「質問されたけれど自分も法的根拠は知らないので、答えに困った」ということはないでしょうか。行政で消費生活相談業務を行っている場合には、自分がどのような法的根拠に基づいてこの仕事をしているのかは、あらかじめ心得ておくことが必要です。

　これは、事業者に対して説明できるためというだけでなく、業務を行う上での基本です。利用者である消費者に対してもきちんと説明できなければならないことは当然です。

(2)消費者基本法

　消費者基本法では、地方公共団体（これは地方自治体と同じ意味です）は、事業者と消費者との間に生じた苦情が適切かつ迅速に処理されるようにするために苦情の処理のあっせんに努めなければならない、と定めています。

　消費者基本法は、2004年に消費者保護基本法が改正されて現在の内容になりましたが、この規定は、1968年に制定された消費者保護基本法にも定められていました。消費者基本法では、消費生活相談という言葉は使っていませんが、消費者からの苦情を適切かつ迅速に処理する地方自治体の業務は、消費生活相談を意味します。

　こうしたことから、1960年代から都道府県や政令指定都市や県庁所在地などの市町村では、自治事務として消費生活相談業務を行うようになってきていました。

(3)消費者安全法

　2009年に消費者庁が設置されました。同時に、消費者庁の業務などを定める根

第1章 消費生活相談の基礎知識

拠法として消費者安全法が制定されましたが、同法では、第三章に「消費生活相談等」という規定を設けました。法律のレベルで、はじめて消費生活相談という言葉が明記されました。

すべての都道府県は消費生活センターを設置して消費生活相談業務を行うべきことが定められました。すべての市町村も消費生活相談を行うべきことが義務付けられたのです。

2009年に消費者庁が設置された以降は、地方自治体は、消費生活相談業務は、消費者基本法と消費者安全法に基づいて行っているということになります。

> **関係条文** 消費者基本法
> （苦情処理及び紛争解決の促進）
> 第十九条　地方公共団体は、商品及び役務に関し事業者と消費者との間に生じた苦情が専門的知見に基づいて適切かつ迅速に処理されるようにするため、苦情の処理のあっせん等に努めなければならない。この場合において、都道府県は、市町村（特別区を含む。）との連携を図りつつ、主として高度の専門性又は広域の見地への配慮を必要とする苦情の処理のあっせん等を行うものとするとともに、多様な苦情に柔軟かつ弾力的に対応するよう努めなければならない。
> 2　国及び都道府県は、商品及び役務に関し事業者と消費者との間に生じた苦情が専門的知見に基づいて適切かつ迅速に処理されるようにするため、人材の確保及び資質の向上その他の必要な施策（都道府県にあつては、前項に規定するものを除く。）を講ずるよう努めなければならない。
> 3　国及び都道府県は、商品及び役務に関し事業者と消費者との間に生じた紛争が専門的知見に基づいて適切かつ迅速に解決されるようにするために必要な施策を講ずるよう努めなければならない。

> **関係条文** 消費者安全法
> （都道府県及び市町村による消費生活相談等の事務の実施）
> 第八条　都道府県は、次に掲げる事務を行うものとする。
> 　一　次項各号に掲げる市町村の事務の実施に関し、市町村相互間の連絡調整及び市町村に対する技術的援助を行うこと。
> 　二　消費者安全の確保に関し、主として次に掲げる事務を行うこと。
> 　　イ　事業者に対する消費者からの苦情に係る相談のうち、その対応に各市町村の区域を超えた広域的な見地を必要とするものに応じること。
> 　　ロ　事業者に対する消費者からの苦情の処理のためのあっせんのうち、その実施に各市町村の区域を超えた広域的な見地を必要とするものを行うこと。
> 　　ハ　消費者事故等の状況及び動向を把握するために必要な調査又は分析であって、専門的な知識及び技術を必要とするものを行うこと。
> 　　ニ　各市町村の区域を超えた広域的な見地から、消費者安全の確保のために必要な情報を収集し、及び住民に対し提供すること。
> 　三　市町村との間で消費者事故等の発生に関する情報を交換すること。
> 　四　前三号に掲げる事務に附帯する事務を行うこと。

2 　市町村は、次に掲げる事務を行うものとする。
　一　消費者安全の確保に関し、事業者に対する消費者からの苦情に係る相談に応じること。
　二　消費者安全の確保に関し、事業者に対する消費者からの苦情の処理のためのあっせんを行うこと。
　三　消費者安全の確保のために必要な情報を収集し、及び住民に対し提供すること。
　四　都道府県との間で消費者事故等の発生に関する情報を交換すること。
　五　前各号に掲げる事務に附帯する事務を行うこと。

3　消費生活相談の業務内容は

Q 消費生活センターなどの消費生活相談窓口ではどんな業務を行っているのですか。法律による、消費生活相談窓口で行わなければならない業務内容について定めがありますか。

(1)消費者安全法
　消費生活相談という行政事務は何を行うのかについては、消費者安全法8条に定められています。8条では1項に都道府県の行うべき事務が、2項には市町村が行うべき事務が定められています。

(2)市町村が行うべき事務
　消費生活相談で市町村が行うべきことは消費者安全法の定めによれば、
① 消費者安全の確保に関し、事業者に対する消費者からの苦情に係る相談に応じること。
② 消費者安全の確保に関し、事業者に対する消費者からの苦情の処理のためのあっせんを行うこと。
③ 消費者安全の確保のために必要な情報を収集し、及び住民に対し提供すること。
④ 都道府県との間で消費者事故等の発生に関する情報を交換すること。
⑤ 前各号に掲げる事務に附帯する事務を行うこと。
の五つです。
　消費者安全法でいう「消費者安全」は、消費者基本法で定めている「消費者の安全」とは意味が違います。消費者基本法の「消費者の安全」とは、消費者が身体・生命に対して危害を受けないという安全であることを指しています。ケネディ大統領が消費者の四つの権利と述べた時の「消費者が安全である権利」と同じ意味です（15ページ）。消費者安全法の「消費者安全」とは、基本法とは異なっていて「消費者の権利が尊重されること」を意味すると考えればよいでしょう。
　消費者安全法では「消費者安全の確保に関し…」という表現になっていますが、これは「消費者が欠陥商品などで身体被害を受けた場合」を意味するわけではなく、「消費者の権利が守られるように」という趣旨であると解すべきであるとい

うことです。ここでいう「消費者の権利」とは、消費者基本法2条で定めている消費者の権利を指します。
　以上から、市町村での消費生活相談業務は以下のことを行うということです。
① 　相談者である消費者に対する助言
② 　相談者が消費者被害を受けている場合には、解決するためのあっせん
③ 　消費者被害（ヒヤリハットも含む）の現状についての情報収集と、住民である消費者に対する被害防止や早期発見のための情報提供や啓発
④ 　消費者被害（ヒヤリハットも含む）を都道府県と共有すること

(3)都道府県の行うべき事務
　都道府県の消費生活相談も基本的には同じ内容です。都道府県は、市町村のレベルでは難しい高度な事例や広域被害についての助言やあっせんを担うことが期待されています。
　さらに、都道府県は、消費者庁とも連携を取ること、市町村を支援することなども担うことになります。

(4)消費生活相談における情報収集機能の意味
　消費生活相談は、相談者である消費者に対して必要な助言やあっせんを行うものですが、それだけにとどまるものではありません。
　消費者からの相談情報は、住民からの消費者被害に関する貴重な情報提供でもあります。どんな被害が、どんな地域や消費者に起こっているのか、なぜなのか、現行法の違反があるか、現在の法令では十分ではないことはないか、などを把握するための貴重な情報です。
　消費生活相談で消費者から収集した情報は、特定商取引法や景品表示法などの取締規定違反の端緒情報になります。消費生活相談がきちんと機能していれば、その地域で法的規制を無視したビジネスをしている事業者に対する調査や行政処分が機能することになります。現在の法律には不備がある、ということが明らかになれば、法律の改正などに結び付くことになります。
　このように消費生活相談は、相談者だけではなく、その地域のすべての消費者の被害防止や国民全体の消費者の権利を守るための大きな役割を担っているといえます。

4　事業者の義務は

Q 消費生活相談業務に従事する中で、事業者から「どんな商品を作ろうと、どういう売り方をしようと、自分たちの自由だ。文句がある消費者は裁判をすればよい」「事業活動に行政が立ち入るのは営業の自由の侵害だ」などといわれることがあります。こういう場合にはどう対応すればよいのでしょうか。

(1)はじめに
　日本は自由主義経済の国ですから、基本的には事業活動は自由です。しかし、どんな危険な商品を作ってもよいし、売ってもよい。どんな売り方をしてもよい、ということではありません。

　重要なことは、公正競争市場を作る環境整備であり、消費者の権利を守る、というコンプライアンスを守った事業活動をすることです。

　たとえば、消費者にとって危険な商品を製造・販売した場合には、製造物責任法に基づく損害賠償責任を負うなどの事後的な法的責任を負わなければなりません。契約についても同様で、ひどい売り方をした場合には、消費者契約法や特定商取引法による契約の取消ができるなどの救済制度があります。特定商取引法には、違反事業者に対する行政処分の制度があります。特定商取引法と消費者契約法には、適格消費者団体による差止め訴訟制度もあります。

　営業の自由とはいっても、法律を守るなどの適正な事業活動の範囲を意味するものです。どんな悪質商法も自由というわけではありません。消費者を対象とした事業者の場合には、消費者の安全や契約の適切な選択権の確保などに必要な対策を講じるべき義務があることは当然のことです。

(2)消費者基本法
　消費者基本法では、事業者の責務について定めています。
　相談業務を行う上では、事業者の責務規定についても理解した上で、この規定を事業者に対して説明して理解を求め、きちんと協力を求める姿勢が大切です。

関係条文

（事業者の責務等）
第五条　事業者は、第二条の消費者の権利の尊重及びその自立の支援その他の基本理念にかんがみ、その供給する商品及び役務について、次に掲げる責務を有する。
一　消費者の安全及び消費者との取引における公正を確保すること。
二　消費者に対し必要な情報を明確かつ平易に提供すること。
三　消費者との取引に際して、消費者の知識、経験及び財産の状況等に配慮すること。
四　消費者との間に生じた苦情を適切かつ迅速に処理するために必要な体制の整備等に努め、当該苦情を適切に処理すること。
五　国又は地方公共団体が実施する消費者政策に協力すること。
2　事業者は、その供給する商品及び役務に関し環境の保全に配慮するとともに、当該商品及び役務について品質等を向上させ、その事業活動に関し自らが遵守すべき基準を作成すること等により消費者の信頼を確保するよう努めなければならない。

5 消費生活センターとは

Q 消費生活センターとはどういうところを指しますか。消費生活センターと、消費生活相談窓口とは何か違いがありますか。あるとすれば、どんな違いですか。

(1)はじめに

　従来、地方自治体の設ける消費生活相談窓口の体制や機能はさまざまでしたし、窓口の名称もいろいろなものがありました。名称についていえば、時代ごとにはやりのようなものがありました。1970年代前後には消費者センターという名称にするところが多くみられました。その後になると、消費生活センター、行政センター、情報センター、生活センターなどの名称が用いられるようになります。

　市役所や県庁とは別に、環境関係と共に独立した建物にしたり、男女共同参画と同一施設にしたり、子どもの人権と一緒にしたり…自治体によっても多様でした。

　体制や相談業務の時間なども様々でした。小さな市町村では、週に半日だけとか1日だけという場合もありましたし、行政職員が相談対応しているという場合もありました。

　こうした状況の中で、2009年に消費者安全法で、消費生活センターについての定めが設けられました。消費者安全法ではじめて消費生活センターが法律用語として明記され、定義も明確化されたわけです。

(2)消費者安全法による消費生活センター

　消費者安全法10条では、消費生活センターの要件を定めています。そして、都道府県には消費生活センターを設置することを義務付けています。市町村も消費生活相談業務を行うために消費生活センターを設置することが望ましいとされていますが、都道府県と異なり義務付けではありません。小さな市町村の場合には、独自に消費生活センターを設置することは難しい場合もあることを配慮した規定です。

　消費生活センターとは、次の要件のすべてを満たすものです。そして、消費生活センターを設置した場合には、住民に対して公示することを義務付けています。

13

① 消費生活に関する専門家が相談業務に従事すること
② 国民生活センターが運営している情報端末PIO-NETを導入していること
③ 週4日以上相談業務を行っていること

> **関係条文** 消費者安全法
> （消費生活センターの設置）
> 第十条　都道府県は、第八条第一項各号に掲げる事務を行うため、次に掲げる要件に該当する施設又は機関を設置しなければならない。
> 　一　第八条第一項第二号イの相談について専門的な知識及び経験を有する者を同号イ及びロに掲げる事務に従事させるものであること。
> 　二　第八条第一項各号に掲げる事務の効率的な実施のために適切な電子情報処理組織その他の設備を備えているものであること。
> 　三　その他第八条第一項各号に掲げる事務を適切に行うために必要なものとして政令で定める基準に適合するものであること。
> 2　市町村は、必要に応じ、第八条第二項各号に掲げる事務を行うため、次に掲げる要件に該当する施設又は機関を設置するよう努めなければならない。
> 　一　第八条第二項第一号の相談について専門的な知識及び経験を有する者を同号及び同項第二号に掲げる事務に従事させるものであること。
> 　二　第八条第二項各号に掲げる事務の効率的な実施のために適切な電子情報処理組織その他の設備を備えているものであること。
> 　三　その他第八条第二項各号に掲げる事務を適切に行うために必要なものとして政令で定める基準に適合するものであること。
> 3　都道府県知事又は市町村長は、第一項又は前項の施設又は機関（以下「消費生活センター」という。）を設置したときは、遅滞なく、その名称及び住所その他内閣府令で定める事項を公示しなければならない。
>
> （消費生活センターの事務に従事する人材の確保等）
> 第十一条　都道府県及び消費生活センターを設置する市町村は、消費生活センターに配置された相談員（前条第一項第一号又は第二項第一号に規定する者をいう。以下この条において同じ。）の適切な処遇、研修の実施、専任の職員の配置及び養成その他の措置を講じ、相談員その他の消費生活センターの事務に従事する人材の確保及び資質の向上を図るよう努めるものとする。

6 消費者の権利とは

Q 消費者の権利とはどのようなものですか。相談者である消費者が「自分にはこういう権利がある」と主張したものは、すべて消費者の権利ということになるのでしょうか。

(1)はじめに
　歴史的にはじめて消費者の権利を提唱したのはアメリカ合衆国のケネディ大統領です。ケネディ大統領は、1962年に大統領に就任した時に議会に対する一般教書演説の中で、連邦政府の仕事は消費者の権利を守ることであると主張して、下記の4つの消費者の権利を提唱しました。
① 安全である権利
② 知らされる権利
③ 選ぶ権利
④ 意見を聞いてもらう権利

(2)消費者基本法の消費者の権利
　2004年に消費者保護基本法は、発展的に大きく改正され消費者基本法と名称も改められました。内容も、消費者保護から消費者の権利を擁護するというものに変わりました。保護法から権利法に改正され、消費者は保護の対象から権利の主体となったわけです。
　消費者基本法2条は、下記の消費者の権利について定めています。
① 国民の消費生活における基本的な需要が満たされ、
② その健全な生活環境が確保される中で、
③ 消費者の安全が確保され、
④ 商品及び役務について消費者の自主的かつ合理的な選択の機会が確保され、
⑤ 消費者に対し必要な情報及び教育の機会が提供され、
⑥ 消費者の意見が消費者政策に反映され、
⑦ 消費者に被害が生じた場合には適切かつ迅速に救済されること

　消費生活相談の役割は、地方自治体に住むすべての住民の消費者の権利が擁護されるように支援することにあります。相談者は、その自治体に住む消費者の代

表として消費生活相談窓口に来ているととらえる必要がある、一人の相談者の背後にはすべての住民がいる、ということです。すべての住民である消費者が等しく消費者の権利を守られるようにするためにはどのようにすべきか、という観点が、消費生活相談では重要であるといえるでしょう。

> **関係条文** 消費者基本法
>
> （基本理念）
> 第二条　消費者の利益の擁護及び増進に関する総合的な施策（以下「消費者政策」という。）の推進は、国民の消費生活における基本的な需要が満たされ、その健全な生活環境が確保される中で、消費者の安全が確保され、商品及び役務について消費者の自主的かつ合理的な選択の機会が確保され、消費者に対し必要な情報及び教育の機会が提供され、消費者の意見が消費者政策に反映され、並びに消費者に被害が生じた場合には適切かつ迅速に救済されることが消費者の権利であることを尊重するとともに、消費者が自らの利益の擁護及び増進のため自主的かつ合理的に行動することができるよう消費者の自立を支援することを基本として行われなければならない。
> 2　消費者の自立の支援に当たつては、消費者の安全の確保等に関して事業者による適正な事業活動の確保が図られるとともに、消費者の年齢その他の特性に配慮されなければならない。
> 3　消費者政策の推進は、高度情報通信社会の進展に的確に対応することに配慮して行われなければならない。
> 4　消費者政策の推進は、消費生活における国際化の進展にかんがみ、国際的な連携を確保しつつ行われなければならない。
> 5　消費者政策の推進は、環境の保全に配慮して行われなければならない。

7 消費生活相談員が専門家である必要性

Q 消費生活相談の担当者はなぜ消費生活の専門家である必要があるのですか。地方自治体の行政サービスということなら普通の地方公務員が行うということではないのですか。

(1)相談業務の目的と担当者に求められるもの

　地方自治体で行う消費生活相談の目的は消費者と事業者との間に情報の質と量の格差や交渉力の格差などのさまざまな格差があることから、格差是正のための支援を行うことです。消費者からの相談を的確に聞き取りその消費者の権利を守るために必要な助言などの支援を行うことが業務の内容ということです。

　このような業務の内容を実施するためには、担当者は格差を是正するために必要なスキルを持っていることが必要です。相談担当者が、一般の消費者とかわらない知識や情報しか持っていないのであれば、情報格差を是正するための支援はできないことは明らかです。

　したがって、消費生活相談担当者は消費生活の専門家であることが求められるわけです。

　格差是正のための支援をするために必要なスキルには多様なものが求められます。

(2)必要なスキル

　相談者である消費者に対して必要な支援を行うためにはさまざまなスキルが必要です。大まかに必要と考えられるスキルをあげてみましょう。
・消費者の話を聞くスキル
・事実関係を把握するスキル
・消費者に必要なことをわかるように話をするスキル
・消費生活にかかわる知識
・消費者法に関する基本的な知識
・契約に関する基礎知識
・資料を収集したり読み込むスキル
・消費者行政や関連する行政分野に関する知識、たとえば生活保護や介護関係の知識などが考えられます。

8　消費生活の専門家の資格とは

Q 消費生活相談員になるための資格はありますか。どのような資格ですか。

(1)2009年消費者安全法
　2009年に制定された消費者安全法では、都道府県や市町村の消費生活センターでは消費生活の専門家が相談業務に従事すること、市町村の相談窓口で消費生活センターの要件を満たすことができていない場合であっても消費生活の専門家が相談業務に従事するように努力すべきことと定めました。
　あわせて、消費生活の専門家についても具体的に定めていました。それは、下記の三種類の資格あるいは、これら三種類と同等の知識と経験を有する者です。
・国民生活センターが実施している消費生活専門相談員試験の合格者
・日本消費者協会が付与する消費生活コンサルタントの資格取得者
・日本産業協会が実施している消費生活アドバイザー試験の合格者

(2)2015年改正法
　消費者安全法は2015年の改正で、消費生活相談員資格を法定化しました。消費者庁が認定した資格実施機関が消費者庁が定めたガイドラインに従って資格試験を行うことになりました。資格試験制度の法定化です。ガイドラインでは、実施機関の基準や資格試験の科目・出題方法・資格試験委員に関することなど、詳細に定められています。この資格試験制度は2016年4月から施行されています。資格試験の実施機関は、国民生活センターと日本産業協会です。
　今後は消費生活相談担当者は、この資格取得者か地方自治体の長がこの資格取得者と同等の知識・経験を有するものと認めた者が消費生活担当者であることが求められるということになります。なお、改正法施行後5年間は上記の三資格者も資格取得者として扱う経過措置があります。

(3)ガイドラインで定められている試験科目
　上記の新資格試験で必要と定められている試験科目は下記のとおりです。
1．商品等及び役務の特性、使用等の形態その他の商品等及び役務の消費安全性に関する科目

第1章　消費生活相談の基礎知識

①衣料品の材質、品質、性能及び管理方法
②衣料品の生産・流通及び表示
③衣料品の資源・環境問題
④繊維製品のクリーニングトラブルとその対応
⑤栄養素・食品成分の概要と健康との関係
⑥食品需給並びに輸入食品及び食生活の変化
⑦食品の衛生・安全性と表示問題
⑧住宅の計画、取得及び管理方法の在り方
⑨住宅の構造とその特徴及び建築材料の種類と性質
⑩欠陥住宅、賃貸借及び有料老人ホーム
⑪室内環境と住宅設備及び今後の住宅の在り方
⑫製造物責任と被害者救済制度
⑬広告の役割と在り方
⑭広告規制と監視の枠組み
⑮暮らしにおける電子情報化
⑯電子情報社会を支える技術、ルール及びセキュリティ対策等
⑰旅行及び運送サービス
⑱医薬品・化粧品

２．消費者行政に関する法令に関する科目
①製品安全と法制度
②食の安全と法制度
③相談対応に必要な法律の基礎概念
④相談対応に必要な民法の知識
⑤普通契約約款にかかわる知識
⑥訴訟・調停・裁判外紛争解決手続にかかわる知識
⑦消費者基本法
⑧景品表示法
⑨消費者安全法
⑩消費者契約法
⑪特定商取引法
⑫割賦販売法
⑬個人情報保護法
⑭独占禁止法

⑮金融・保険（金融商品販売法・金融商品取引法・貸金業法等）
⑯多重債務
⑰情報通信サービスに関連する法令
⑱生活環境の保全とリサイクルに関連する法令
⑲電子商取引の関連法
⑳医薬品・薬事法
㉑消費者裁判手続特例法
㉒食品表示法

3．消費生活相談の実務に関する科目
　消費生活相談員には消費生活相談を行う上で知識はもとより、コミュニケーションスキル、ヒアリング力、交渉力、法律の活用力、文章作成力などの実践的な技術も求められることを踏まえ、出題する。

4．消費生活一般に関する科目
①消費者の歴史（消費者運動、消費者被害、最近の消費者問題等）
②国・地方における消費者行政（役割、内容、仕組み、歴史）
③国際機関による消費者保護等の動向
④企業の社会的責任と消費者対応
⑤商品テストの意義と活用方法
⑥消費者教育
⑦社会保障制度の現状と課題
⑧社会保険の現状と課題
⑨公的扶助制度の概要
⑩介護保険制度の目的と仕組み
⑪生命保険と損害保険の仕組み
⑫高齢者を含めた余暇活動への参加動向と地域社会との関係強化
⑬業界団体の消費者対応

5．消費者のための経済知識に関する科目
①我が国経済の発展の特徴
②我が国の財政及び資本・金融市場の特徴と問題点
③景気変動、物価変動の原因と種類及び対策

9　消費生活相談における基本的な心がけ

> Q　消費生活相談に従事する上で基本的に心がける必要があることはどんなことでしょうか。

A　**(1)はじめに**
　消費生活相談に従事する上で大切なことのうち基本的なことを整理しておきましょう。
① 消費生活相談の意義と役割を押さえておくこと
　格差是正のための消費者支援としての行政窓口の業務であることを踏まえていることが第一に重要です。
② 消費者の話を十分聞くこと
③ 消費者が体験した事実関係を把握すること
④ その上で消費者の権利が侵害されていないか、侵害される恐れはないかを把握すること
⑤ 上記の被害を防止するための支援、被害を救済するための支援を行うこと
⑥ 消費者に助言する際には消費者に理解できるように説明すること
⑦ あっせんをする場合には事業者にわかるように説明すること
などが基本的な姿勢としては重要だと考えられます。
　以下に、これまで説明していない点について取り上げることにします。

(2)消費者の話を聞くこと
　消費生活相談窓口に相談してくる消費者は、自分が被害に遭ったのではないかという不安を持っていることが普通です。被害に遭った消費者の多くは、なかなか周りの人には相談しにくく、場合によっては知られたくないといったこともあって、被害の体験や不安などを初めて話す場合も少なくありません。したがって、消費生活相談に当たっては消費者の相談内容を十分聞くことによって消費者に安心してもらい、信頼関係を作ることが重要です。
　さらに、助言したりあっせんしたりする場合には、消費者がどのような体験をしたのか、その事実関係を把握することが必要となります。その消費者がどのような体験をしたのかを知るためには、消費者からの話をきちんと聞くことが基本となります。最近の消費者被害は複雑ですから、消費者から話を聞くだけでは事

実関係を客観的に把握することが難しい場合もあります。そこで、消費者が事業者から受け取った書類や資料などを入手してよく読むことも重要になります。

　消費者は、要点を整理して要領よく説明できる人ばかりではありません。社会経験の乏しい若者や社会の一線を退いた高齢者など事業者との格差が大きい消費者の場合には、納得できないとは思うものの自分の体験の「どこが・なぜ問題なのか」がわかっていない場合もあります。格差がより大きいと、自分が被害に遭っていることすら気が付かない消費者もいます。自分の体験のうちの何が大切なのかがわからなければ、メリハリをつけた十分な説明ができない場合もあります。そうでなくても、要領よく事実関係を整理して説明することが苦手な消費者も少なくありません。高齢者や社会的経験が乏しい若者などではよくあることです。このような場合には、消費生活相談において、事実関係を整理するための支援をすることも重要な業務ということになります。

　要領よく論点の整理をできない消費者の相談には応じられないのだといった考え方は、スキルの高い消費者の相談には応じるが、格差の大きい弱い消費者に対しては支援をしないで切り捨ててしまうことを意味します。このようなことは、格差是正のための支援をすることが目的である消費生活相談ではあってはならないことです。格差が大きい消費者に対してはより支援の必要性が大きいと考える必要があります。

(3)消費者にわかるように説明すること

　消費生活相談は格差是正のための支援ですから、消費生活相談で助言する場合には相談者である消費者にわかるように、そして消費者自身が自分で実際に行動することができるように助言することが重要です。

　消費生活相談の担当者は消費者問題の専門家です。専門家にとって常識であっても消費者にとっても当然の常識であるとは限りません。その消費者にはどのように説明をしたらわかってもらえるか、どこまで説明する必要があるのかなども考えて助言するよう努力する必要があります。ある消費者にはこの説明でわかってもらえたとしても、一人ひとりの消費者は社会経験や基礎教養がさまざまです。ベースが異なれば、それぞれに応じた説明方法や説明内容の工夫がいるということになります。

　ことに最近では家族の間のコミュニケーションや地域社会が崩壊しているとか乏しくなっているとの指摘もあります。個々人が孤立するようになり価値観や常識も多様化しています。したがって、相談者の多様性を踏まえて適切な助言をすることが求められているわけです。

第2章
契約トラブルの相談対応のための基本的なポイント

　ここでは消費生活相談の多くを占める契約問題を取り扱う場合の基本的なポイントについて取り上げます。

1 契約とは何か

Q 契約とはどのようなものですか。契約はどういう場合に成立するのですか。契約書を作成した場合でしょうか。

(1)はじめに

　契約に関する相談で適切な助言をするためには、契約が締結されているのかまだ契約の成立までは至っていないのかによって、助言すべき内容はまったく異なります。民法では「契約を締結するまでは自由だが、契約を締結し有効な契約が成立した場合には原則として契約当事者双方はその契約を守らなければならない」とする考え方に立っています。このような考え方を「契約自由の原則」といいます（契約自由とは、一旦締結した契約であってもいつでも自由にキャンセルできる、ということではありません。）。

　したがって、まだ契約が成立していないのであれば契約を守る義務ありません。しかし、すでに契約が成立している場合には、原則として守る義務があることになるので、簡単に「そんな契約は守らなくてもよい」とか「契約をやめればよい」とはいえなくなります。

　どんなときに契約が成立するのかは、ごく常識的な当たり前のことのように思われますが、消費者にとっての常識と言うわけではありません。日本ではこれまで義務教育で民法の契約知識を教育してきませんでしたから、大学の法学部などで勉強した人は別にして、契約についての基礎知識がないままに社会人になるのが普通だったからです。したがって、消費生活相談を担う相談担当者が「契約とは何か」「どういうときに契約は成立するのか」について基本的な知識を持ったうえで消費者からの話を聞き適切な判断ができることが重要なのです。

(2)契約とは

　契約とは、AとBという二当事者間の「法律で保護されるに値する約束」を意味します。ここで重要なポイントは、①契約とは当事者間の約束であるということ、②法律で保護するに値する約束である、ということです。

　第一に契約当事者同士の約束であるということですから、いつ・何について・いくらで・どうするという約束が成立したか、ということが重要です。悪質商法の被害でしばしばあるケースに、事業者が「電話を架けて契約の勧誘をしたが、

あんたが断らなかったから契約は成立した。責任を取れ」などと主張してくるというものがあります。これは事業者が勧誘をしたという事実があるというだけで、契約が成立しているかどうかは別の問題です。事業者の勧誘を受けたら断らない限り契約が成立するというわけではありません。

「法的に保護するに値する」とは、一方当事者が契約で約束したことを守らなかった場合には、守らない相手に対して約束を守るよう要求したり、あるいは相手が契約を守らなかったことによって自分が受けた損害を賠償するように裁判所に訴訟を起こして要求することができることを意味します。

たとえば、家族の中で「次の連休は温泉に行こう」という約束をした場合を考えてみましょう。これも立派な約束ですが、契約かといえば契約とはいえないでしょう。約束が守られなかった場合には損害賠償請求訴訟を起こすことになじむかといえば、裁判にはなじまないと考えられるからです。すべての約束が契約というわけではないというのは、こんな意味だと考えてください。

(3)契約が成立するという意味

契約は約束ですから、契約当事者間に「申込」の意思表示があり、これに対応する「承諾」の意思表示があり、その内容が一致していれば一致した内容の契約が成立しているということになります。単純な契約であれば合意の内容も単純ですからわかりやすいでしょうが、合意の内容が複雑な場合には、どのような内容の合意が成立したのかを把握することはけっこうやっかいです。

しかし、契約が成立するためには契約書を作成する必要はありません。契約書を作成するかどうかは契約当事者で協議をして決めればよいとされ、合意が成立していれば契約が成立したものとして扱われます。

ただし、契約をめぐって紛争が発生すると、「こういう内容の契約が成立していた」と主張する側が、契約の成立を証明する責任を負います。証明ができないと訴訟を起こしても負けてしまいます。

契約書が作成されていれば契約の成立や契約内容の証明は簡単ですが、契約書などがないと証明することが結構大変な場合があります。

2 契約書の意味

Q 契約書とはどういうものですか。どういう目的で作成されるのでしょうか。多くの消費者契約ではあらかじめ事業者が用意をした契約書に消費者が署名捺印していますが、契約書の様式や形式などについての決まりはあるのですか。

(1)契約書を作成する意味

消費生活相談で問題となるような契約トラブルでは契約書が作成されている場合が少なくありません。これらの契約書はどういう意味があるでしょうか。また、契約書はどういう目的で作成されるのでしょうか。

契約書を作成するのは大きく分けて三つの意味があるとされています。
・契約内容を相互に確認して間違いがないようにする
・契約内容を忘れないように記録として取っておく
・後日トラブルになった時にも契約内容を確認して早期に解決できるようにする

以上をまとめると「契約書は、契約当事者双方が契約内容を確認し、保管しておくことによって、契約トラブルを防止するために作成するもの」ということになります。

(2)契約書についての法的規制

契約の基本原則を定めている民法では契約書を作るかどうか、どういう様式にするかについて、当事者間の自由にまかせています（契約自由の原則）。

一方、事業者と消費者との格差是正を目的とする消費者法の多くでは、事業者に対して契約書を作成して消費者に交付すべきことを義務付けています。さらに、契約書に書くべきことや使用する文字のサイズや色なども規制していることが少なくありません。交付方法や時期についても法律によって違いがあります。たとえば、特定商取引法・割賦販売法・宅地建物取引業法・金融商品取引法・電気通信事業法などのさまざまな法律では契約書面を作成・交付を義務付けています。そうすることによって、消費者が契約内容を確認できるように配慮しているわけです。ただし、これらの法律による契約書面の作成・交付義務は行政規制に留まっており、民事効果についての特別な定めはありません。契約が成立している

かどうかの判断はあくまでも民法によることになります。したがって、契約書が作成・交付されていないからといって、そのことだけで契約は成立していないということではないので、注意が必要です。

(3)契約書に署名捺印した場合

一方で、消費者が署名捺印したり記名捺印した契約書がある場合には、消費者はその内容を了解したものと推定されます。したがって、「契約書に記載されている内容の約束がされた＝契約は成立した」ものと推定されます。消費生活相談では、契約書が作成されている場合には、契約書を手に入れてよく読み、その内容・作成された経過などを把握することが重要ということになります。

3　約款の意味

Q 消費者契約では約款が用いられることが多いと聞きます。約款とはどういうものですか。また、約款についての法的規制はありますか。

(1) 約款を用いる契約

　不特定多数の消費者を対象とする消費者契約では、約款（普通契約約款ということもある）が用いられています。約款とは、事業者が一律の契約条件を定めたその契約条件の全体を指します。

　約款が用いられている契約としては、保険契約が有名です。身近な消費者契約で用いられている約款は、保険以外にもさまざまなものがあります。

　日常的に広く利用されている身近な契約で約款が用いられている契約に、宅配便があります。宅配便を利用する場合には、最寄りのコンビニに持ち込んだり、宅配便業者に依頼して自宅まで集荷に来てもらうことが普通でしょう。宅配便の依頼をする場合には、送り状に書き込んで依頼して送り状の控えをもらいます。この時、宅配便約款は消費者に交付されませんし、説明されることもありません。多くの消費者は、宅配便約款の内容も存在すら知らないことが多いのではないでしょうか。

(2) 約款と附合契約

　約款を見たこともなく、事業者からの約款内容についての説明もなく、約款内容を知らないままに契約してしまった場合には、消費者は約款には拘束されないのでしょうか。

　実はそんなことはなくて、約款が用いられている場合には一定の要件を満たしていれば消費者が約款内容を知らなくても約款に拘束されます。このような考え方を「附合契約」といいます。

　宅配便でトラブルが起こった場合には、宅配便約款の内容に従って処理されることになります。消費者が「約款の存在や内容を知らなかったから、自分はその内容には拘束されない」という主張をしたとしてもこのような主張は認められません。

　なぜでしょうか。

　宅配便は誰でも自由に開業できるわけではありません。宅配便を事業として行

うためには貨物自動車運送事業法による許可が必要です。許可を得るためには料金や約款の内容も審査の対象となっています。約款については標準宅配便事業約款が告示で定められています。告示された標準約款を用いる場合にはいちいち約款内容の許可を得る必要はありませんが、標準約款と異なる約款を使用する場合には、個別に同法に基づく許可が必要です。このように宅配便約款の内容は、事業者が一方的に定めることができるわけではないのです。消費者の保護にも配慮して、告示約款を基準にした許可が必要とされています。さらに同法では、約款は事業所に掲示して一般の消費者が知りたいと思えば見ることができるようにすべきことを義務付けています。インターネットが普及した現在では、宅配便業者の多くは使用している約款をＨＰで公開をしています。消費者は宅配便業者の事務所まで出向かなくても、約款の内容を確認することができます。

(3) 約款が契約内容となる条件

　約款が契約書などの形で消費者に示されており、消費者がその書面に署名捺印していた場合には、消費者は約款内容を確認できるので、約款は契約内容となります。

　宅配便などのように、消費者が契約する時に約款内容を示されていない場合であっても、次のような条件を満たしている場合には約款は契約の内容となる（附合契約が成立する）とするのが、これまでの裁判例の実状です。約款内容が契約内容に取り込まれるための条件は、次のように整理できます。

> ・消費者が約款内容を知ろうと思えば知ることができること。
> ・約款の内容が著しく不当なものではないこと。
> ・約款を用いることを事業者が明示していること。

　以上の要件を満たしていれば、消費者が約款の内容を知らなくても約款は契約の内容となり、契約当事者である消費者にも拘束力が及ぶことになります。このように、契約を締結する時に消費者が約款内容を知らなくても当然に契約内容に約款も含まれることになるという考え方を「附合契約」といいます。

(4) 約款制度の社会的意義

　約款は事業者にメリットがあるだけでなく、不特定多数の消費者について一律

の条件で扱うことによって、便利な商品やサービスなどを消費者が安価に利用することができるようになっている、というメリットももたらしています。

たとえば、各種の保険制度・宅配便・レンタルショップ・パック旅行・スマホなどの通信契約・公共交通機関などの例を見ればわかるでしょう。個別の消費者と契約する都度、事業者と消費者とが個別に協議をして契約内容や対価を個々別々に決めていたのでは、このような安価な条件でサービスを提供することは物理的に不可能でしょう。約款には、このような事業者と消費者との双方にメリットがあることから、多くの取引で用いられているわけです。

(5)民法改正法案では…

2015年通常国会に上程された民法（債権法）改正法案には、約款の一部のものを対象に「定型約款」として民法の規律として、契約内容への取り込み要件や不当な内容の約款条項は契約内容とはならないことなど明確化する内容となっています。

約款の契約への取り込み要件は整理すると下記のようになります。

・消費者が約款内容を知ろうと思えば知ることができること。あるいは契約締結後に知ろうと思えば知ることができること。
・約款の内容が著しく不当なものではないこと。
・約款を用いることを事業者が明示していること。

---

4 契約相手は誰か

Q 契約では、契約相手を把握することが重要といわれますがそれはなぜですか。契約相手はどのように把握すればよいのですか。

(1)契約相手が重要な理由

契約は相手との約束です。したがって、契約相手に契約を守るように要求できることが契約の意義になります。そのため、「誰に対して契約を守るように」要求できるかということが大切だというわけです。

ことに、相手が契約どおり守らないといった契約問題が発生した場合には契約相手に対して責任を追及することになりますから、契約相手が誰かは大変重要だということになります。

さらに言えば、契約をする場合には信頼できる相手を選ぶ必要がありますから、相手が誰かをみて、その相手は信頼できるかどうかを考える必要があるという点でも大切だということです。

このように契約問題では「相手は誰か」が重要です。契約相手がわからないと誰に対して法的責任を追及したらよいかわかりません。契約では必ず契約相手が誰かを明確にしておくことが大切です。消費生活相談でも契約相手を押さえることから始まります。

(2)かたり商法

このような点に付け込んだ悪質商法が「かたり商法」です。

社会的に信頼されていない、あるいは詐欺師が、消費者をだますために一流企業や有名企業・役所の推薦などをかたるというものです。

(3)契約相手がわからないトラブルの典型例

契約相手がわからないために被害に遭っているにもかかわらず対処のしようがないというケースがあります。いくつか身近な例を紹介しましょう。

[事例1]

時々喫茶店で一緒になったことをきっかけに知り合った人にお金を貸した。借用証書も書いてもらった。しかし、返済期限が過ぎても返してくれず、喫茶店で

会うたびに催促していたが、最近では喫茶店にも来なくなった。借用証書には氏名は書いてあるが住所も電話番号もわからない。きちんと借用証書という証拠もあるので裁判を起こして取り立ててもらえないか。

[事例2]
　昨日、訪問購入業者が自宅に訪問して来て貴金属を見せて欲しいと言った。断わりにくくていやいや宝飾品を何点か見せたところ、強引にわずかなお金を置いて買い取っていった。自分はどうしても納得できないので、契約を解消して品物を取り戻したい。昨日うちに来た事業者がどこのなんという事業者か教えてほしい（いわゆる「押し買い」の被害で多発した典型的な被害内容です。）。

[事例3]
　電話で勧誘されて投資の話を勧められて契約し、指定された個人名義の口座にお金を振り込んだ。定期的に支払われる約束の利息の支払が滞ったので電話をしたが通じなくなっていたので、契約書に記載してある会社所在地に催促するために出向いたら会社の事務所はなかった。契約で約束したとおり元本と利息を支払ってもらいたいが、どうすればよいか。

[事例4]
　インターネット通信販売でブランドものの商品を注文した。支払いはクレジットカードで前払いをした。支払から1か月くらいで商品が届く約束になっていたが、待っていても商品は来ない。HPで調べたメールアドレスに連絡しても何の連絡もなく無視されている。HPには電話番号も住所も表示されていないので、ほかに連絡のしようがない。商品を送ってほしい。商品がもらえないならお金を返して欲しい。どうすればよいか。
　最近の類似のケースでは、HPで住所を確認したところ「北海道福岡市…」というような実在しない住所が表示されていたとか、ある市役所の住所だったなどというケースもあります。事業者の表示していた住所は虚偽だったという事例です。

[事例5]
　インターネットで在宅ワークを探してパソコン内職の資料請求をした。すぐに電話がかかってきて説得されて契約することになった。在宅ワークをするために

は一定のスキルが必要という説明で有料の通信講座を受講しスキルチェックに合格すれば仕事がもらえるということだった。ところが何回チャレンジしてもスキルチェックに合格しない。納得できないのでメールを送ったり手紙を送っているが、受け取っている様子なのに返事がない。会社の住所まで直接行ってみたらそんな会社は見当たらなかった。手紙は届くのにどういうことか。

(4)契約相手がわからない場合

　契約相手がわからない場合には民事的に解決する方法はありません。民事裁判では相手の住所と名称・氏名で特定することが原則として必要です。相手方不明では裁判は起こせないのが普通です。途中で行方不明になったときなどは公示送達による裁判ができるケースもあります。ただし、仮に裁判ができて勝訴したとしても、相手がどこにいるのかわからなければ相手の財産に対する強制執行ができないので回収ができません。

　相手がわからないケースでは、被害の内容が刑法上の犯罪を構成する場合には刑事告訴する方法が考えられます。刑事手続きの中で相手方が判明すれば、その相手方に対して民事的な法的責任を追及する方法が考えられます。

5　法律上の「人＝者」── 自然人と法人

Q 契約は「人と人との約束」ということですが、この場合の人には会社なども含まれるのですか。会社の場合には会社の名称を確認すればよいでしょうか。

A ⑴**法律上の「人」とは**
　法律で「人」という場合には、「権利の主体となることができる者」を意味します。民法では、権利の主体となることができるものを「人」と定義し、権利の対象（民法上では「権利の目的」と表現します。）となるものを「物」と表現します。

⑵**自然人と法人**
　権利の主体となることができる「人」には、民法に定めがありますが、自然人と法人の二種類に分類されています。
　自然人とは、人間のことです。消費者契約法でいう「個人」と同じ意味です。
　法人とは、一人の人間ではなく人間の集団などを法律上は一人の人間として取り扱うという人工的なものです。法人は、法律に基づいて設立手続きを行ったうえで法務局に登記をすることによって成立します。こういう制度を「法人法定主義」といいます。
　日常生活でかかわりが深く、最もありふれた法人が会社です。会社とは、会社法に基づいて設立手続きを取り法務局に会社として登記をしたものを指します。消費者が商品やサービスを購入する場合の契約相手は会社である場合が普通です。会社の場合には、自分で「うちは会社です」と言っているだけでは法律上の会社としては認められません。実在する会社かどうかをきちんと確認するためには、法務局で商業登記を閲覧したり取り寄せたりして登記上存在しているかどうかを確認する必要があります。

⑶**個人と契約するとき**
　個人が契約相手の場合には住所と氏名で特定します。この場合の住所・氏名は正しいものである必要があります。悪質訪問販売業者のセールスマンの中には、偽名を使って転々としているケースもあるようです。偽名だったり虚偽の住所で

は、相手を特定することができません。

契約被害を防止するためのポイントの一つに「信頼できる相手を選ぶ」があげられますが、本名も住所も正確なことがわからない相手と契約をするのは危険だということです。

⑷会社と契約する時

会社などの法人と契約する場合はどうでしょうか。

法人は、いってみれば人の集まりを一人の法的な人間として扱うという制度です。法人の場合には法律に基づいて設立手続きを取り登記をすることによって、法人を構成します。消費者が日常的に契約する法人としては株式会社が一般的です。株式会社は会社法に基づいて設立手続きを取り法務局に登記をすることによって成立します。株式会社と名乗っていても商業登記法に基づいて設立登記をしていない場合には、法人としては存在しないということになります。この場合には、その事業を実質的に実施している個人との契約になります。その個人がどこの誰であるかを特定して、契約についての法的責任を追及することになります。実質的に誰が行っているのかわからないということになると、民事的な責任の追及は難しいことになってしまいます。

会社などの法人登記は、住所と登記をした正式名称がわかれば法務局に登記簿謄本を申請できます（費用はかかります。最低1200円から。登記簿謄本の枚数によって費用が違います）。

契約書や広告・パンフレットなどで確認して法務局に登記簿謄本の申請をします。「該当なし」といわれた場合には、住所か名称が間違っているか、そのような会社は実在していないかということです。

会社の登記簿謄本ではいろいろなことが確認できます。設立された年月日、事業内容、資本金、取締役などの役員の氏名、代表取締役の住所と氏名、株式を上場しているかどうかなどです。

たとえば、多額の資産の運用をしてもらうための契約を考えている場合に、数か月前に資本金1万円で設立された会社だということがわかっていれば、契約相手には選ばないのではないでしょうか。相手の言葉巧みなセールストークや立派なパンフレットを見てもっともらしいと思っても、登記簿謄本で確認すれば信用に値しないことが判明するケースもあります。

会社の登記簿謄本で会社の実在が確認できても安心できません。前項の事例5のようなケースがあるからです。会社の登記は形式的な要件が整っていれば登記

ができます。法務局の担当者が会社まで出向いて、会社がその場所に実在するかどうかを確認しているわけではありません。

> **関係条文** 民法
> （法人の成立等）
> 第三十三条　法人は、この法律その他の法律の規定によらなければ、成立しない。
> 2　学術、技芸、慈善、祭祀、宗教その他の公益を目的とする法人、営利事業を営むことを目的とする法人その他の法人の設立、組織、運営及び管理については、この法律その他の法律の定めるところによる。

> **関係条文** 会社法
> （趣旨）
> 第一条　会社の設立、組織、運営及び管理については、他の法律に特別の定めがある場合を除くほか、この法律の定めるところによる。

> **関係条文** 商業登記法
> 　　　第一章　総則
> （目的）
> 第一条　この法律は、商法（明治三十二年法律第四十八号）、会社法（平成十七年法律第八十六号）その他の法律の規定により登記すべき事項を公示するための登記に関する制度について定めることにより、商号、会社等に係る信用の維持を図り、かつ、取引の安全と円滑に資することを目的とする。

6　契約被害はなぜ起こるのか　―　契約の入り口から出口まで

　契約に関する消費者被害はなぜ起こるのでしょうか。

　消費者契約のトラブルの多くは「必要ないと思ったのに押し付けられた」「勧誘の時の説明と現実が違っていた」などの「そもそもこんな契約はいらなかった」というたぐいのものが少なくありません。これらの問題は事業者と消費者との間の情報の質や量の格差・交渉力の格差があるのに、事業者が格差の是正のための努力を怠ったり、逆に付け込んだりしたために起こる被害の典型的なものです。

　しかし契約トラブルは契約の勧誘や締結の際に問題があって発生するものばかりではありません。

　契約には入り口から出口までの流れがあります。契約はモデル化すれば次のような流れをたどります。ケースによって一部の段階を飛ばしている場合があります。たとえば、訪問販売では広告などの誘引の段階がありません。通信販売では勧誘の段階がないのが普通です。

≪　おおまかな契約の流れ　≫

・消費者が広告などの誘引を見る。表示を見る。

・事業者が消費者を勧誘する。

・上記を踏まえて消費者と事業者が契約をする。
・契約とは約束であって法的に保護されるものを指す。契約するということは「誰と」「何を」「いくらで」「いつ」「どうするのか」などの内容の約束をすることを意味する。

・約束どおり契約当事者双方が履行する。
　売買契約などでは
　　　事業者は契約に従った商品の引き渡しをする。
　　　消費者は契約に従った代金の支払をする。

↓
　以上が円満に完了することによって契約は終了する。

　以上のすべての経過が順調に進むことによって、契約関係は無事終了します。これが健全な契約の入り口から出口までということになります。
　これらのいずれかの段階で問題が起こると、契約トラブルに発展します。
　　・広告などの誘引の段階
　　・契約の勧誘の段階
　　・契約の締結の段階
　　・契約内容そのものが反社会性があるなど問題がある
　　・契約条項に問題がある場合＝不当条項の問題
　　・契約締結後の履行をめぐる問題
などで問題となることが少なくありません。
　消費生活相談では、契約についての相談を受け付けるときには、契約のどの段階で何が理由でどんな問題が起こっているのかを把握することが重要です。その内容によって、活用できる法律も対処法も異なります。

7　契約内容そのものに問題があるもの

Q　契約内容そのものが問題で消費者被害が起こるケースとしてはどんなケースがありますか。

(1)契約内容が法律に反するとき

　消費者契約で「契約内容そのものに問題がある」契約としては、契約内容が法律に反するものであるケースが典型例です。消費生活相談に見られる例で典型的なものは、ネズミ講の契約や闇金などの被害があります。

　ネズミ講は無限連鎖講の防止に関する法律によって全面的に禁止されています。主宰することも、勧誘することも、加入することも、すべて禁止されています。ネズミ講を主宰すること、勧誘することは、犯罪として刑事処罰の対象とされています。

　闇金の場合には貸金業法に違反した無登録業者であることが多く、同法の規制の多くを遵守していません。さらに出資法の金利規制を守っておらず法外な高金利となっています。

　資産を確実に増やすことができるといって勧誘する資産形成型の取引の中で、不特定多数の消費者に対して元本を保証したり確実に利益が得られるなどと説明して金銭を集める契約があります。これらの契約は出資法に違反する契約で、過去に多くの消費者被害が起こっています。金や和牛などの預託商法、オレンジ共済事件や大和都市管財事件などが有名です。

　この種の契約では、資産の運用の実態がない場合が多く見られます。このような場合には契約の外形を装ってはいますが、その実態は消費者からお金をだまし取る詐欺であり、民法上でいえば不法行為の世界になります。

(2)消費者も法的責任を問われる場合

　ただし、契約内容が違法なもので問題視されるケースの中には、消費者被害とはいえず、契約した消費者も法令に反した責任を問われる場合があります。

　たとえば、自分名義の銀行口座やキャッシュカードなどを売却する契約を締結した場合、自分名義のスマホや携帯電話を名義変更をすることなく売却した場合、にせブランド品であることを知りながら購入した場合、などがあります。

　前者のケースは犯罪収益移転防止法や携帯電話不正使用防止法などに反します。

場合によっては組織詐欺の共犯に問われ、実刑判決を受ける場合もあります。後者は知的財産権の侵害になります。犯罪として処罰される危険があります。
　このようなケースでは、消費者は被害者ではなく、犯罪者ということになります。消費者であったとしても法的に救済される場合ばかりではなく、刑事罰の対象となる場合もあることはよく知っておく必要があります。

> **関係条文** 組織的な犯罪の処罰及び犯罪収益の規制等に関する法律
> 　（組織的な殺人等）
> 　第三条　次の各号に掲げる罪に当たる行為が、団体の活動（団体の意思決定に基づく行為であって、その効果又はこれによる利益が当該団体に帰属するものをいう。以下同じ。）として、当該罪に当たる行為を実行するための組織により行われたときは、その罪を犯した者は、当該各号に定める刑に処する。
>
> 　十三　刑法第二百四十六条（詐欺）の罪　一年以上の有期懲役

8　広告などの誘引に問題がある

誘引に問題があるケースにはどのようなものがありますか。

　誘引に問題があるケースとしては、具体的には広告や表示に問題があるケースです。
　たとえば、コマーシャルなどで「食べたいものを好きなだけ食べても大丈夫。この健康食品を食べていれば確実に痩せる」とか「この健康食品を食べれば末期がんや慢性疾患が治る」とか、カシミアは入っていないのに「カシミア100％」と表示する、中国産なのに「国産」と表示する、などのケースです。
　これらの行為は景品表示法によって規制されており、違反した場合には同法による措置命令の対象になります。
　通信販売の広告の場合には、特定商取引法の行政処分の対象になります。
　ただし、これらの行政規制に反した場合に契約はどうなるのか、具体的に言えば「当然その契約は取消しできるのか」という点については、ケースによって違うので注意が必要だといえます。

9　契約の勧誘が問題

Q 契約の勧誘の段階で問題となる場合とはどんな場合ですか。

　消費者被害では、勧誘に問題があるケースが少なくありません。勧誘に問題がある場合には、事業者の説明に問題があり消費者を誤認させている場合と、消費者の自主的な選択を阻害して不必要な契約を押し付けている場合があります。

　民法では、「自分がした契約は守る義務がある」という考え方を取っています。この考え方は消費者契約であっても同様です。消費者は、自分が契約した場合であっても守る義務はなく、破る自由があるわけではありません。自分が契約した場合に契約を守る義務があるのは、自分がその契約を締結するという選択をした以上は契約相手に対して自分の選択に責任を取る義務が生ずるという「自己責任」によるものです。

　しかし、契約当事者の間に格差がある場合には問題が生じます。消費者と事業者との間の契約では、消費者がその契約を締結することに決めたのが、事業者の説明に事実と異なる説明がありその結果消費者が誤解して契約することに決めた場合や、消費者が契約したくなかったのに事業者が交渉力格差を是正する努力を十分にせず、結局消費者に不必要な契約を押し付けたという場合には、消費者に自己責任を負わせるのは不公平です。むしろ事業者サイドに問題があって、消費者の自主的かつ適切な選択が阻害された結果となっている点を問題にすべきでしょう。

　このような観点に着目して、消費者契約法では取消制度を導入しました。

　勧誘の場面での問題点を把握するためには、契約に至る経緯、事業者の勧誘の際や契約締結の際の説明内容や消費者の認識、やりとりの経緯、消費者が契約することに決めた主な理由、問題だと考えるようになったのはいつ・どういう理由によるものなのか、などを消費者から十分聞き取って把握することが重要です。

10 契約条項の一部が問題

Q 契約条項の一部に問題がある場合とは具体的にはどういう場合がありますか。

 民法では対等当事者間で締結する契約を前提に、公平な責任分配ルールを定めています。民法では情報も交渉力も対等な当事者間で協議をしてお互いが納得した場合に契約は成立するという考え方に基づいているわけです。そこで、契約条項が公序良俗に反するような著しく社会正義に反する場合は別にして、契約条項は有効であり契約当事者双方は契約条項を守る義務があると考えています。

一方で、消費者契約では、契約当事者である事業者と消費者は対等でも平等でもありません。情報の質や量の格差や交渉力の格差などのさまざまな格差があります。さらに大量生産・大量販売・大量消費・大量廃棄によって経済が維持されてきた現代社会では、あらかじめ事業者が一方的に契約条件を決めて消費者に対して一律に売り出します。個々の消費者には、その条項がどんな場合にどのように機能するのかわからなかったり、その条項は納得できないとしても条項の見直しを求めて交渉する力を持っていません。消費者としてはその商品やサービスを購入するかしないかの選択肢しかなく、欲しいけれども契約条項のみ改めて欲しいという場合があったとしても、条項の変更を求めるだけの交渉力はありません。たとえば、スマホの契約条項でキャンセル料の条項が納得できないとしても、個々の消費者がスマホ事業者に対して「自分の契約ではキャンセル条項を削除して欲しい」と交渉して改善してもらうことができるか、という問題として考えればわかりやすいでしょう。

このように消費者契約では、事業者はさまざまな格差に基づいて、消費者に一方的に不利で事業者に一方的に都合のよい契約条件を押し付けることが容易に可能です。しかし、消費者契約法では、格差に基づいてあまりにも不当な条項を消費者に押し付けた場合には、その条項は無効であると定めています。

たとえば冠婚葬祭互助会の解約料の定めや債務不履行や瑕疵担保責任などの損害賠償責任の免責条項、消費者の金銭債務の遅延損害金が高額すぎる場合(具体的には年利14.6%を超える特約)などが典型的なものです。

11 契約を守らない

> 契約は有効に成立していてもトラブルになる場合にはどんなケースがありますか。

(1)債務不履行

契約は締結した後で契約当事者双方が契約内容で約束したことを履行することによって完了します。

契約当事者のどちらかが契約内容に従った債務の履行ができなくなった場合にも契約トラブルは起こります。

・消費者が定められた支払期日までに支払をしない
・事業者が契約で定めた期日を経過しても商品の引き渡しやサービスの提供をしない
・引き渡された商品にキズがある

これらの判断をする場合には、契約ではどのような内容の取り決めとなっているのかを把握することが大切です。その上で、契約当事者が契約内容に従った履行をしていないのはどの部分かということを整理していくことが必要です。その上で法的にはどのように考えるべきかを整理していくことになります。

債務の履行がされないとき、債務者に帰責事由があれば、債権者は債務者に債務不履行責任を追及できます。

(2)瑕疵担保責任

売買契約により引き渡された物に、外から見ただけではわからない「隠れた瑕疵（キズ、欠陥など）」がある場合には、瑕疵担保責任が問題となります。この責任は、債務者の過失などを問わない無過失責任です。

12 契約を履行するつもりがない

Q 契約を履行するつもりはないというのはどういう意味ですか。どんな契約トラブルを指していますか。

(1)はじめに

　かつては、悪質商法とは商品の販売やサービスの提供という事業を行っているという実態はあるものの、品質の粗悪なものを法外な価格で売り付けたり、不必要なものをいやがっている人に強引に売り付けたり、根拠のないいいかげんなセールストークで消費者を丸め込んだり、というケースが多くを占めていました。こうした事情があるため、悪質業者であっても「自分たちは実質的な商品などの販売をしているものであって、詐欺師ではない」などと主張して、詐欺師呼ばわりする消費者に苦情を言う、といった現実がありました。これらは悪質商法ではあっても、刑法上の詐欺罪に該当する犯罪行為とはいえませんでした。

　ところで、最近では事態が変わってきました。悪質商法と言うよりも、犯罪としての詐欺そのものといってもよいような事例が増えてきたのです。

(2)悪質住宅リフォームの例

　2008年に特定商取引法が改正され、過量訪問販売解除制度が導入されましたが、そのきっかけとなった埼玉県富士見市で起こった悪質住宅リフォームの次々販売事件では、ある事業者は何回にもわたってリフォーム工事の契約を締結させて多額のリフォーム代金を支払わせながら、まったく工事をしていませんでした。この業者は、詐欺罪で有罪判決を受けました。この悪質商法は単にお金をだまし取るという犯罪の詐欺そのものだったわけです。

(3)買え買え詐欺

　最近の高齢者を狙った実体のない買え買え詐欺は、電話で実体のない資産運用の話を持ちかけて投資名目で高齢者の蓄えをだまし取るというもので、犯罪の詐欺そのものというものが少なくありません。そのため、そのものずばりの「買え買え詐欺」と呼んでいます。警察は、電話で勧誘する「買え買え詐欺」などを「おれおれ詐欺」などの「振り込め詐欺」とまとめて特殊詐欺として統計を取るようになっています。

⑷通信販売の「商品未着」トラブル

　インターネット通信販売でも、刑法上の詐欺罪ではないかと思われる被害が多発しています。ネット通販の「商品未着」トラブルです。国民生活センターが「商品未着」被害として分類しているケースでは、商品は最初から存在せず、販売するつもりはないのに、ネット上にショップを立ち上げて、消費者から商品代金名目で代金を支払わせ詐取することが目的ではないかと推測されます。

　ただ、ネット通販の商品未着トラブルでは、相手方の事業者が外国にいるケースが多いことなどから、刑事手続きでも民事救済でも対策が大変難しいという現実があります。

　なお、ここで注意が必要なのは、契約締結時点では契約を履行するつもりで契約したものの、その後の経済事情や経営状況の変化などによって履行ができなくなった場合とは区別する必要があるということです。後者は、債務不履行などの問題で、刑法上の詐欺罪に該当するわけではありません。消費者にとってはどちらであっても気持ちの上では「だまされた！」ということで、あまりかわらないのかもしれませんが、事業者に対して法的にどのような責任を追及できるかは違ってきます。

⑸民事と刑事の詐欺の違い

　「詐欺」といっても、民法の詐欺と刑法の詐欺では、定義も法的効果もまったく違います。この点は混同しないように注意する必要があります。参考までに民法と刑法の詐欺に関する条文を紹介しておきます。

関係条文　刑法
　（詐欺）
　第二百四十六条　人を欺いて財物を交付させた者は、十年以下の懲役に処する。
　２　前項の方法により、財産上不法の利益を得、又は他人にこれを得させた者も、同項と同様とする。

参考　民法
　（詐欺又は強迫）
　第九十六条　詐欺又は強迫による意思表示は、取り消すことができる。

第2章　契約トラブルの相談対応のための基本的なポイント

13　詐欺商法とはどういう意味か

Q 最近「詐欺商法」とか「詐欺的商法」という言葉をよく聞きます。詐欺商法とはどういう意味でしょうか。どんな商法を指しますか。

(1) 詐欺の法律上の意味

　　高齢者やインターネットでの取引などで詐欺商法とか詐欺的商法に当たるケースが増えていることが指摘されています。この詐欺商法とか詐欺的商法とはどういう意味なのでしょうか。

　本書のタイトルも「Q&A 詐欺・悪徳商法相談対応ハンドブック」ですから、この点を考えておく必要があります。

　まず「詐欺」という言葉には、法律上では民法と刑法に下記のとおりの定めがあります。刑法と民法では意味も法的効果もまったく違っています。

　刑法上の詐欺罪に該当する行為とは「人をだまして金銭をだまし取る」もので犯罪として処罰されます。上記の行為は、民法上は「故意によって相手方に損失を与える行為」に該当するので、加害者に対しては不法行為に基づく損害賠償請求ができます。

　一方、民法上の詐欺とは、ごく簡単に説明すれば契約を締結する時に「相手をだまして勘違いをさせて契約をさせようと考えて、相手に対して違法な欺罔行為（＝嘘）を行って誤解させて契約をさせる行為」を指します。このような行為があった場合には、誤解して（民法上は、錯誤に陥って）契約した相手方はその契約を取り消すことによって契約関係から離脱することができます。

(2) 一般的なイメージ

　国語辞典では詐欺について「他人をだまして、金品を奪ったり損害を与えたりすること。」と解説しているのがもっとも一般的です。

　被害に遭ったと感じた消費者が「私は詐欺にあった」「これは詐欺だ」という言い方をすることはしばしばあることです。しかし、多くの消費者は刑法や民法の条文や正確な定義に基づいて主張しているわけではなく、「わたしはだまされたんだと思う」ということを言いたいのだろうと推測されます。

　消費者が「詐欺の被害に遭った」と訴えている場合であっても、事実経過と消費者はどのように解決したいと考えているのかによって、取るべき手段は違いま

す。

⑶本書で取り上げる「詐欺商法・詐欺的商法」

　消費生活相談では、相談してきた消費者に対して、被害を防止したり、被害救済をしたりするための適切な助言やあっせんを行うことが必要です。したがって、法律上の詐欺に限定しないで、消費者が「だまされた」と感じる場合を含めて「悪質商法・詐欺商法」として広く取り上げています。

第2章　契約トラブルの相談対応のための基本的なポイント

14　詐欺商法の責任追及

Q　詐欺商法の場合には被害回復はどのようにするのですか。

(1)はじめに

　契約トラブルの場合には、契約相手である事業者に対して民事上の請求をすることになります。債務不履行の場合には損害賠償責任や契約の解除、取消事由がある場合には契約を取消して支払った金銭の返還を求めるといった対応です。

　しかし、まともな契約ではなく消費者から金銭をだまし取ったにすぎないという場合には、契約に基づく責任追及とは異なって、不法行為に基づいて損害賠償請求をすることになります。従来は、地方自治体の消費生活相談では不法行為に基づく損害賠償請求までは消費者支援としてはあまり行ってこなかったのではないかと思います。しかし、最近の買え買え詐欺や商品未着などのトラブルの増加で事態はかなり変化しているのではないでしょうか。

(2)不法行為とは

　不法行為とは、故意・過失に基づいて相手方の権利や利益を侵害した場合には、加害者である相手方に対して損害賠償を求めることができるという考え方です。契約関係がなくても、加害者に対して損害賠償を求めることができる点に特徴があります。

　したがって、買え買え詐欺などでだまされてお金を支払ってしまったという場合には、契約相手でなくてもお金をだまし取った相手に対して、損害賠償としてだまし取られたお金を返すように請求することができます。相手がグループで電話をかける役割・お金を受け取る役割・見張りをする役割など役割分担している場合には、共同不法行為に該当する可能性があります。共同不法行為に該当すれば、関与した全員に対して損害賠償を請求することができます。

　ただ、この場合も相手を特定する必要があります。相手を特定できないと、裁判を起こすことが難しかったり、勝訴判決を得たとしても相手の財産に対する強制執行ができないので、回収できないことが少なくないためです。

　加害者は他人名義の電話やインターネットを使い、お金のやり取りも他人名義

49

の口座への振込を利用したりしており、宅配便などによる送金を指示しているケースでは私設私書箱などを利用していることが少なくありません。その結果、加害者がどこの誰かがわからないことが多く、そうなると被害の救済は困難になってしまいます。

> **関係条文** 民法
> 第五章　不法行為
> （不法行為による損害賠償）
> 第七百九条　故意又は過失によって他人の権利又は法律上保護される利益を侵害した者は、これによって生じた損害を賠償する責任を負う。
>
> （共同不法行為者の責任）
> 第七百十九条　数人が共同の不法行為によって他人に損害を加えたときは、各自が連帯してその損害を賠償する責任を負う。共同行為者のうちいずれの者がその損害を加えたかを知ることができないときも、同様とする。
> 2　行為者を教唆した者及び幇助した者は、共同行為者とみなして、前項の規定を適用する。
>
> （不法行為による損害賠償請求権の期間の制限）
> 第七百二十四条　不法行為による損害賠償の請求権は、被害者又はその法定代理人が損害及び加害者を知った時から三年間行使しないときは、時効によって消滅する。不法行為の時から二十年を経過したときも、同様とする。

第3章
契約トラブル相談のための法律の基礎

　この章では、契約トラブルについて相談対応をする上で必要な基礎的な法律の仕組みや概要を紹介します。個々の法律の解説や活用の際のポイントについては取り上げていませんので、個々の法律の詳細については別途個々の法律の解説書を参考にしてください。

1 法律の種類 ── 公法と私法

> 法律にはいろいろなものがあります。契約の場合だと民法や消費者契約法、特定商取引法などが消費生活相談では身近です。特定商取引法では事業者に対して書面交付義務を課したり、勧誘の際の不実の告知を禁止したりして、違反した場合には行政処分や刑事罰の定めを設けています。しかし、民法には監督官庁というものはなく、行政処分や刑事罰の定めもありません。法律のこのあたりのことがよくわかりません。どのように考えたらよいのですか。

(1)はじめに

法律は大きく分類すると公法と私法に分けられます。

私法とは、契約問題などで当事者間でどのように責任を分配するかを定めた法律です。私法の適用について紛争が生じた場合には、契約の一方当事者が民事訴訟を提起して民事裁判で判決を得ることによって最終的な解決をすることができます。私法を運用しているのは裁判所です。ですから紛争が起こった場合に話し合いによって解決できない場合には、民事裁判で解決することになります。民事裁判は、契約の一方当事者が原告となって契約相手を被告として提起します。

消費者から被害に遭ったけれど解決するためにはどうしたらよいかと言う趣旨の相談を受けて助言する場合には、当事者間の紛争を解決するためにはどのように責任や損害を分配すべきかということが問題となるわけですから、私法上のルールが重要です。

(2)公法とは

公法とは、国や地方自治体などの行政機関と国民や住民との関係について定めた法律です。

公法の最も上位の法律が憲法です。刑法・税法・公職選挙法・道路交通法など私たちを取り巻く多くの法律は公法です。消費者法の分野でも公法に該当するものがたくさんあります。特定商取引法・割賦販売法・景品表示法・宅地建物取引業法・電気通信事業法・放送法・金融商品販売法・商品先物取引法などの法律は、いずれも事業者が適正な事業活動を行い消費者被害を防止して公正な競争と健全

な発展を目的とするものです。そのため、事業者に対してさまざまな行為をするよう義務付けたり、不当な行為を禁止したりしています。違反した場合には行政処分の対象になったり、場合によっては刑事罰の定めがあります。このような法律を業法と言います。

このように、公法は被害防止を目的としていると言ってもよいでしょう。

消費者の被害防止のための助言をする場合や消費者からの被害の申出から行政処分の端緒をつかむためには、公法分野の知識が重要です。

(3)特定商取引法の重要性

特定商取引法・割賦販売法などの法律は、公法としての性質を持っています。事業者が法律を遵守せず、取引の公正を著しく害したり消費者被害が広がる可能性がある場合には同法を根拠に監督官庁が調査をすることができます。違反があることが判明した場合には、違反の程度などを考慮して行政処分をすることができます。部分的に罰則の定めもあります。このような規制によって、事業者に対して法律を遵守するように求めて取引の適正化と消費者被害の防止を図っているわけです。

一方で、特定商取引法や割賦販売法はクーリング・オフ制度・過量販売解除制度・取消制度などの民事ルールも定めています。この点では私法としての側面も持っているわけです。他の業法では民事ルールを定めていることは多くはありません。

こうしたことからも、特定商取引法などは消費生活相談での活用場面が多く重要な法律だといえます。特定商取引法などでは、民法等では消費者が契約から離脱することができない場合にも、クーリング・オフ制度・過量販売解除制度・取消制度など消費者側から契約を解消することができる民事ルールをいろいろと設けています。そのため、消費生活相談では消費者契約法・特定商取引法・割賦販売法などの基礎知識が重要なのです。

2　契約に関する法律の三階建て構造

Q 消費生活相談員になるためにはさまざまな法律を学ぶ必要があります。これらのたくさんの法律は消費生活相談を行う際にはどのように活用すればよいのでしょうか。たくさんの法律の関係などについて知りたいと思います。

A ⑴一般法と特別法

すべての契約についての基本的な当事者間の責任分配ルールを定めた法律が民法です。このような法律を一般法と言います。

一般法だけでは不十分な場合には、一般法を修正したり一般法に追加するルールを定めた法律を制定しています。基本的なルールを修正したり追加したりする法律のことを特別法といいます。

契約問題について民法では契約当事者同士が対等かつ平等という原則に基づいたルールを定めていますが、特別法として消費者契約法を定めることによって消費者と事業者との間にある格差を前提に格差を是正するルールを定めています。また、インターネットによる取引（電子消費者契約）の場合の民法の修正ルールを電子消費者契約法で定めています。

訪問販売などの特殊な取引方法による場合には、民法や消費者契約法では救済が難しいケースも消費者を救済できるように、クーリング・オフ制度などの民事ルールを定めています。この制度は民法や消費者契約法の特別法に当たります。

⑵消費者法の三階建て構造

契約に関する消費者法は、56頁の図のような三階建て構造になっていると考えると理解しやすいと思います。

⑴一階部分＝民法

すべての契約について適用される基本的な民事ルールが民法です。契約を締結する場合の人の能力についての定め（権利能力・意思能力・行為能力）、自然人と法人、契約の基本となる意思表示や法律行為に関する考え方の基本、契約の成立と効果に関する規律、契約を守らなかった場合の法的責任などに関する基本的な定めがされています。したがって、契約問題が相談の7～8割以上を占める消費生活相談では民法で定めている契約の基礎知識が必要不可欠であるといえるわ

第 3 章 契約トラブル相談のための法律の基礎

けです。

　契約とは何か、契約が成立するのはどういうときか、契約の成立と効果などの基礎知識がないままに消費者からの相談を受けたとしても、事実関係の何が重要なのか、どんなことを聞いて把握する必要があるのか、わからないままに消費者から話を聞くことになってしまいますし、基礎知識がないままに助言することになってしまいます。これでは適切な消費者支援をしているとはいえません。

　さらに、相手にだまされてお金を支払わされて損をした場合には、だました相手に対して損害賠償を求めることができます。詐欺商法などで被害を取り戻すための訴訟をする場合には、不法行為に基づく損害賠償請求訴訟であることが一般的です。この不法行為責任の根拠規定も民法によります。

　消費生活相談のあっせん解決は「相手の事業者との話合いによる解決」を目指して話合いの調整をするというものですから、不法行為に基づく損害賠償請求によることは多くはないかと思いますが（相手の事業者を詐欺師呼ばわりすれば、話合いの調整は難しくなることが多いのではないかと思われます。）、消費者支援のための基礎知識としては知っておくことが大切です。

⑵　二階部分

　二階部分は消費者契約法です。

　民法の契約についての基本的な責任分配ルールは、契約当事者双方が共に対等で平等であるという前提のもとで、契約当事者双方にとって公平であるようにとの考え方に基づいて条文が定められています。しかし、消費者と事業者との間にはさまざまな格差があり、対等でも平等でもありません。民法の規定のまま当てはめると交渉力格差がある上に、情報の質や量の格差があるため、弱者である消費者にとっては不利で過酷なことになります。交渉力がなかった消費者がいけない、情報を十分持っていなかったために選択を間違ったのは自業自得であるという自己責任に問われることになってしまいます。

　消費者と事業者の格差は構造的なもので、個々の消費者の努力で克服できるものではありません。むしろ、優位に立っている事業者が格差を是正して消費者が自主的に適切な選択ができるようにすることが、公平で公正な取引を確保することに繋がりますし、事業者間の公正な競争市場の形成ができます。そこで、二階部分の消費者契約法では、契約の締結についての勧誘の場面と契約条項についての責任分配について、民法の定めを修正しています。消費者契約の場合には民法の規定に加えて二階部分の適用もあるということになります。

(3)三階部分

　三階部分には多様な業法があります。
　消費生活相談でもっとも活用場面が多いのは特定商取引法です。特定商取引法は、取引方法が特殊な取引で過去に社会問題となった取引について規制している法律です。現在では、訪問販売・通信販売・電話勧誘販売・連鎖販売取引・特定継続的役務提供取引・業務提供誘引販売取引・訪問購入・ネガティブオプション（送り付け商法）についての規定を定めています。
　消費者取引では支払をクレジットで行う場合が少なくありません。クレジット取引を規制している法律としては割賦販売法があります。
　最近では金融サービスに関する消費生活相談が増えていますが、金融サービスの場合には、金融商品販売法・金融商品取引法・保険法・保険業法などの多くの法律があります。
　スマホやタブレット端末の通信契約などのトラブルも日常的です。通信契約に関する規制としては電気通信事業法があります。
　決済が多様化していますが、決済に関する規制法としては資金決済法があります。
　このような三階部分には多種多様の法律がありますから、その時代によって消費者被害が多発する傾向がある分野については基礎知識を身につけるようにしておく必要があります。

＜問題解決のための消費者法のイメージ図＞

```
            ┌─────────────┐
            │   業　法    │
        ┌───┴─────────────┴───┐
        │    消費者契約法      │
    ┌───┴─────────────────────┴───┐
    │          民　　法            │
    └─────────────────────────────┘
```

(3)問題解決のための活用法

　消費者被害を法的に解決するためには、三階建て構造がどういう意味を持っているかを理解しておくことが大切です。

たとえば、訪問販売による被害で、特定商取引法の訪問販売の定義に該当する取引であれば、特定商取引法の適用があります。さらに、消費生活相談では、消費者から事業者との間で起こっている問題についての相談を受け付けているわけですから、当然に、契約であれば消費者契約法の適用があります。さらに、契約であれば、民法の適用があります。
　このように、訪問販売に関する事例であれば、特定商取引法・消費者契約法・民法という三種類の法律の適用対象であるということになります。
　そこで、消費者が体験した契約問題について、契約することになったきっかけから、現在まで、どのようなことが起こったのか、何が問題なのか、それは契約の流れの中のどの段階でどのような理由で起こったのかを把握します。そのうえで、三種類の法律で定められている制度のなかで、どの制度を活用すればもっとも適切に効果的に解決することができるかを検討することになります。
　特定商取引法も消費者契約法にも適切な問題解決のための制度がないという場合には、民法による解決が可能という場合もあり得ます。
　たとえば、未成年者が訪問販売による契約をしてしまったケースで、クーリング・オフ期間は経過してしまっている、取消事由があるかどうかもはっきりしないという事例などでは、未成年者が親権者である法定代理人の同意を得ないで契約したという事情があるのなら、未成年者取り消しで解決できるケースもある、ということです。

3　一階部分 ── 契約の基本の民法

> Q　民法にはどのような規律が定められているのですか。消費生活相談に従事する上では、民法についてのどの程度の知識が必要なのでしょうか。

(1)はじめに

　民法は、大きく分けて財産法と家族法から構成されています。財産法は、民法総則・物権・債権の三編から、家族法は夫婦や親子について定めた親族編と相続について定めた相続編の二編で構成されています。

　消費生活相談で圧倒的に多くを占める契約問題については第一編の民法総則と第三編の債権編の二編が重要です。そこで、この二編で定められている基本的なことを知っていることが重要になります。

(2)民法の基本的な考え方

　民法は対等平等でかつ経済的に合理的な行動ができる当事者間で契約することを前提として、当事者間で起こった契約問題について経済的に公平に責任分配をするためにはどのように考えればよいかという観点から制度が設計されています。そこで民法は「私的自治の原則」という基本の上に立っています。私的自治の原則とはわかりやすくいえば、自分のことは自分で相手方と話し合ってルールを決めていくという考え方を意味します。

　私的自治の原則だけだと抽象的でわかりにくいかもしれません。これをわかりやすく具体的に分解すると、私的所有権の絶対・契約自由の原則・過失責任の原則の三つの柱からなっていると説明されています。

(3)三階建て構造における民法の意味

　民法は、契約の入り口から出口までの最も基本となるルールを定めた法律です。消費者契約法は民法の特別法で、消費者契約について部分的に民法にプラスするルールを定めています。さらに、三階建ての部分では、それぞれの特殊性に応じた特別なルールを定めています。

　ですから、特定商取引法にも、消費者契約法にも、取扱い方などについての定めがない場合には、民法の定めに従うことになります。改めて民法に戻って確認する必要がある、ということです。

たとえば、契約を取消すことができるという特定商取引法や消費者契約法に定めがあるのに、「誰が取消しできるのか」「取消しはどのようにする必要があるのか」「取り消した場合の清算方法はどうすればよいのか」などの定めは、これらの法律では定めていません。そういう場合には、民法に戻って取扱いを確認すればよい、ということになります。

したがって、消費者と事業者との紛争についての相談対応をするのだから消費者法だけを知っていればいいというわけにはいかないことがわかります。基本となる民法の基本的なルールを心得ていることが、消費生活相談においても必要不可欠ということになります。

(4)詐欺的消費者被害の場合

最近高齢者などに多発している「買え買え詐欺」などの詐欺的な手口による消費者被害の救済では、民法上の不法行為に該当するものが少なくありません。特に裁判による解決の場合には不法行為による損害賠償請求が認められる事例がたくさんあります。

不法行為による損害賠償の論理は、紛争を契約問題ととらえて話合いによる解決のためのあっせんという機能を果たしている消費生活相談では活用しやすいものとは言えませんが、裁判になった場合の見通しなどを踏まえてあっせんしたり、あっせんによる解決が見込めない場合には法テラス等を紹介する場合の参考になるので、知っておくことが大切です。

不法行為責任が認められるための要件としては、①加害者側に故意又は過失があったこと、②それによって被害者に損害を与えたこと、③故意・過失と損害との間に因果関係があること、が必要です。不法行為が認められれば、加害者は不法行為と相当因果関係の範囲の損害賠償責任を負います。複数の人間が共同で不法行為を行った場合には、不法行為にかかわった者は連帯して損害賠償責任を負います。たとえば、買え買え詐欺などでは複数の人物が役割分担をして消費者をだまします。このようなケースでは、買え買え詐欺に関与した者に故意・過失がある場合には、連帯して損害賠償責任を負うことになるわけです。

この場合、不法行為の要件と損害については損害賠償を求める被害者側が立証責任を負います。もし、被害者側の証明が十分ではないと判断された場合には請求は認められないわけです。

なお、不法行為による損害賠償請求では、被害者の過失により被害が拡大した場合には、裁判所の判断で過失相殺されることがあります。つまり、不法行為が

認められた場合でも、当然に損害額全額の賠償が認められるわけではないということです。

不法行為による損害賠償請求権の権利行使期間は債務不履行による損害賠償請求権よりも短くなっています。損害を知った時から3年間で時効により消滅します。最長でも不法行為があった時から20年間で消滅します。したがって、「おかしいな」と思ったらなるべく早く法的な対応をすることが必要です。

関係条文 民法

第五章　不法行為
（不法行為による損害賠償）
第七百九条　故意又は過失によって他人の権利又は法律上保護される利益を侵害した者は、これによって生じた損害を賠償する責任を負う。

（使用者等の責任）
第七百十五条　ある事業のために他人を使用する者は、被用者がその事業の執行について第三者に加えた損害を賠償する責任を負う。ただし、使用者が被用者の選任及びその事業の監督について相当の注意をしたとき、又は相当の注意をしても損害が生ずべきであったときは、この限りでない。
2　使用者に代わって事業を監督する者も、前項の責任を負う。
3　前二項の規定は、使用者又は監督者から被用者に対する求償権の行使を妨げない。

（共同不法行為者の責任）
第七百十九条　数人が共同の不法行為によって他人に損害を加えたときは、各自が連帯してその損害を賠償する責任を負う。共同行為者のうちいずれの者がその損害を加えたかを知ることができないときも、同様とする。
2　行為者を教唆した者及び幇助した者は、共同行為者とみなして、前項の規定を適用する。

（不法行為による損害賠償請求権の期間の制限）
第七百二十四条　不法行為による損害賠償の請求権は、被害者又はその法定代理人が損害及び加害者を知った時から三年間行使しないときは、時効によって消滅する。不法行為の時から二十年を経過したときも、同様とする。

---

(5)民法の目次

消費生活相談では契約の基礎として民法総則と債権法の概要を知っておく必要がありますが、ここで参考までに民法典の財産法部分の目次を紹介しておきます。参考にしてください。

第3章　契約トラブル相談のための法律の基礎

> **関係条文**

民法・財産法の目次

第一編　総則
　第一章　通則（第一条・第二条）
　第二章　人
　　第一節　権利能力（第三条）
　　第二節　行為能力（第四条―第二十一条）
　　第三節　住所（第二十二条―第二十四条）
　　第四節　不在者の財産の管理及び失踪の宣告（第二十五条―第三十二条）
　　第五節　同時死亡の推定（第三十二条の二）
　第三章　法人（第三十三条―第八十四条）
　第四章　物（第八十五条―第八十九条）
　第五章　法律行為
　　第一節　総則（第九十条―第九十二条）
　　第二節　意思表示（第九十三条―第九十八条の二）
　　第三節　代理（第九十九条―第百十八条）
　　第四節　無効及び取消し（第百十九条―第百二十六条）
　　第五節　条件及び期限（第百二十七条―第百三十七条）
　第六章　期間の計算（第百三十八条―第百四十三条）
　第七章　時効
　　第一節　総則（第百四十四条―第百六十一条）
　　第二節　取得時効（第百六十二条―第百六十五条）
　　第三節　消滅時効（第百六十六条―第百七十四条の二）
第二編　物権
　第一章　総則（第百七十五条―第百七十九条）
　第二章　占有権
　　第一節　占有権の取得（第百八十条―第百八十七条）
　　第二節　占有権の効力（第百八十八条―第二百二条）
　　第三節　占有権の消滅（第二百三条・第二百四条）
　　第四節　準占有（第二百五条）
　第三章　所有権
　　第一節　所有権の限界
　　　第一款　所有権の内容及び範囲（第二百六条―第二百八条）
　　　第二款　相隣関係（第二百九条―第二百三十八条）
　　第二節　所有権の取得（第二百三十九条―第二百四十八条）
　　第三節　共有（第二百四十九条―第二百六十四条）
　第四章　地上権（第二百六十五条―第二百六十九条の二）
　第五章　永小作権（第二百七十条―第二百七十九条）
　第六章　地役権（第二百八十条―第二百九十四条）
　第七章　留置権（第二百九十五条―第三百二条）
　第八章　先取特権
　　第一節　総則（第三百三条―第三百五条）
　　第二節　先取特権の種類
　　　第一款　一般の先取特権（第三百六条―第三百十条）
　　　第二款　動産の先取特権（第三百十一条―第三百二十四条）
　　　第三款　不動産の先取特権（第三百二十五条―第三百二十八条）

61

第三節　先取特権の順位（第三百二十九条—第三百三十二条）
　　　第四節　先取特権の効力（第三百三十三条—第三百四十一条）
　　第九章　質権
　　　第一節　総則（第三百四十二条—第三百五十一条）
　　　第二節　動産質（第三百五十二条—第三百五十五条）
　　　第三節　不動産質（第三百五十六条—第三百六十一条）
　　　第四節　権利質（第三百六十二条—第三百六十八条）
　　第十章　抵当権
　　　第一節　総則（第三百六十九条—第三百七十二条）
　　　第二節　抵当権の効力（第三百七十三条—第三百九十五条）
　　　第三節　抵当権の消滅（第三百九十六条—第三百九十八条）
　　　第四節　根抵当（第三百九十八条の二—第三百九十八条の二十二）
　第三編　債権
　　第一章　総則
　　　第一節　債権の目的（第三百九十九条—第四百十一条）
　　　第二節　債権の効力
　　　　第一款　債務不履行の責任等（第四百十二条—第四百二十二条）
　　　　第二款　債権者代位権及び詐害行為取消権（第四百二十三条—第四百二十六条）
　　　第三節　多数当事者の債権及び債務
　　　　第一款　総則（第四百二十七条）
　　　　第二款　不可分債権及び不可分債務（第四百二十八条—第四百三十一条）
　　　　第三款　連帯債務（第四百三十二条—第四百四十五条）
　　　　第四款　保証債務
　　　　　第一目　総則（第四百四十六条—第四百六十五条）
　　　　　第二目　貸金等根保証契約（第四百六十五条の二—第四百六十五条の五）
　　　第四節　債権の譲渡（第四百六十六条—第四百七十三条）
　　　第五節　債権の消滅
　　　　第一款　弁済
　　　　　第一目　総則（第四百七十四条—第四百九十三条）
　　　　　第二目　弁済の目的物の供託（第四百九十四条—第四百九十八条）
　　　　　第三目　弁済による代位（第四百九十九条—第五百四条）
　　　　第二款　相殺（第五百五条—第五百十二条）
　　　　第三款　更改（第五百十三条—第五百十八条）
　　　　第四款　免除（第五百十九条）
　　　　第五款　混同（第五百二十条）
　　第二章　契約
　　　第一節　総則
　　　　第一款　契約の成立（第五百二十一条—第五百三十二条）
　　　　第二款　契約の効力（第五百三十三条—第五百三十九条）
　　　　第三款　契約の解除（第五百四十条—第五百四十八条）
　　　第二節　贈与（第五百四十九条—第五百五十四条）
　　　第三節　売買
　　　　第一款　総則（第五百五十五条—第五百五十九条）
　　　　第二款　売買の効力（第五百六十条—第五百七十八条）
　　　　第三款　買戻し（第五百七十九条—第五百八十五条）
　　　第四節　交換（第五百八十六条）
　　　第五節　消費貸借（第五百八十七条—第五百九十二条）
　　　第六節　使用貸借（第五百九十三条—第六百条）

第3章 契約トラブル相談のための法律の基礎

　　第七節　賃貸借
　　　　第一款　総則（第六百一条―第六百四条）
　　　　第二款　賃貸借の効力（第六百五条―第六百十六条）
　　　　第三款　賃貸借の終了（第六百十七条―第六百二十二条）
　　第八節　雇用（第六百二十三条―第六百三十一条）
　　第九節　請負（第六百三十二条―第六百四十二条）
　　第十節　委任（第六百四十三条―第六百五十六条）
　　第十一節　寄託（第六百五十七条―第六百六十六条）
　　第十二節　組合（第六百六十七条―第六百八十八条）
　　第十三節　終身定期金（第六百八十九条―第六百九十四条）
　　第十四節　和解（第六百九十五条・第六百九十六条）
　第三章　事務管理（第六百九十七条―第七百二条）
　第四章　不当利得（第七百三条―第七百八条）
　第五章　不法行為（第七百九条―第七百二十四条）

4　電子消費者契約法

> Q インターネットで契約する場合も民法によるのですか。

(1)意思表示の扱い　——　民法の原則

　インターネットでの取引では契約相手は遠隔地にいる上に、一方当事者が伝えた内容がリアルタイムに相手に伝わるわけではありません。面と向かって対話をしている場合には一方が話したことは相手にもただちに伝わります。電話で会話をしている場合も同様です。

　ところが、相手が遠隔地にいる場合に手紙で通知をした場合には、手紙を出した日から相手に手紙が届くまでの間にタイムラグが生じます。この場合には、手紙を出した日に意思表示としての効果が生ずるのか、相手に届いた時に効果が生ずるのかによって取扱いが異なる場合があります。

　このような場合には民法では原則として到達主義を取りますが、契約の申込みに対する承諾の意思表示の場合だけは発信主義を取っています。

関係条文 民法
　（隔地者に対する意思表示）
　第九十七条　隔地者に対する意思表示は、その通知が相手方に到達した時からその効力を生ずる。
　2　隔地者に対する意思表示は、表意者が通知を発した後に死亡し、又は行為能力を喪失したときであっても、そのためにその効力を妨げられない。

　（隔地者間の契約の成立時期）
　第五百二十六条　隔地者間の契約は、承諾の通知を発した時に成立する。
　2　申込者の意思表示又は取引上の慣習により承諾の通知を必要としない場合には、契約は、承諾の意思表示と認めるべき事実があった時に成立する。

---

(2)電子消費者契約法の定め

　ただし、インターネットでの取引で消費者と事業者との間の契約の場合には、電子消費者契約法で承諾の意思表示も到達主義を取ると定めています。

　消費者からインターネットで申込みの通知をしたのに対して、事業者が承諾の通知をメールした場合にはメールが発信された時ではなく、消費者にメールが届

いた時に契約が成立することになります。承諾のメールを事業者が発信しても、まだ消費者に届いていない場合には、契約は成立していないということになります。

　メールが消費者に届いた時とは、消費者がメールを見た場合という意味ではなく消費者の受信ボックスに受信した場合という意味です。

(3)改正民法法案では…

　2015年の通常国会に上程された改正民法法案では、現行民法の526条1項は削除して意思表示は原則として通達主義を取るものとしています。改正法が成立すれば、消費者契約だけでなくすべての契約で、インターネットのやりとりで契約する場合も含めて到達主義に一本化されることになります。

(4)間違ってクリックした場合など ― 民法による場合

　インターネットで契約の申込みをする場合に間違ってクリックした場合には、どのように考えたらよいでしょうか。契約内容の確認が不十分だったりして間違ったクリックをしたために、自分が契約したかった内容とは違う内容の契約の申込みをしたことになってしまった…こういう場合は民法でいう「契約の要素に錯誤がある」ということになります。

　ただし、消費者が不注意だった場合には「消費者に重大な過失があった」と事業者から指摘される場合が少なくありません。そうすると、民法上の錯誤による契約だから契約は無効であるという主張は認められない可能性があります。

関係条文 民法
（錯誤）
第九十五条　意思表示は、法律行為の要素に錯誤があったときは、無効とする。ただし、表意者に重大な過失があったときは、表意者は、自らその無効を主張することができない。

---

(5)クリックミス ― 電子消費者契約法によると

　そこで電子消費者契約法では民法の修正規定を定めています。

　同法では、消費者がクリックミスをしたときには錯誤無効を認め、事業者からの「表示をよく見なかった消費者に重過失があるので錯誤無効には当らない」という反論は認めない、と定めています。ただし、例外があります。消費者がイン

ターネット契約の申込みや承諾の通知をした場合には、事業者がその電子画面でその消費者の申込み・承諾の意思表示を行う意思の有無について確認を求める措置を講じた場合には民法の原則に戻る、つまり重過失により無効とは認められない可能性があるというものです。申込内容の確認画面が出ているのに、消費者が確認していなかったときには、錯誤無効は認められないということです。

関係条文　電子消費者契約及び電子承諾通知に関する民法の特例に関する法律
（平成十三年六月二十九日法律第九十五号）

（趣旨）
第一条　この法律は、消費者が行う電子消費者契約の要素に特定の錯誤があった場合及び隔地者間の契約において電子承諾通知を発する場合に関し民法（明治二十九年法律第八十九号）の特例を定めるものとする。

（定義）
第二条　この法律において「電子消費者契約」とは、消費者と事業者との間で電磁的方法により電子計算機の映像面を介して締結される契約であって、事業者又はその委託を受けた者が当該映像面に表示する手続に従って消費者がその使用する電子計算機を用いて送信することによってその申込み又はその承諾の意思表示を行うものをいう。
2　この法律において「消費者」とは、個人（事業として又は事業のために契約の当事者となる場合におけるものを除く。）をいい、「事業者」とは、法人その他の団体及び事業として又は事業のために契約の当事者となる場合における個人をいう。
3　この法律において「電磁的方法」とは、電子情報処理組織を使用する方法その他の情報通信の技術を利用する方法をいう。
4　この法律において「電子承諾通知」とは、契約の申込みに対する承諾の通知であって、電磁的方法のうち契約の申込みに対する承諾をしようとする者が使用する電子計算機等（電子計算機、ファクシミリ装置、テレックス又は電話機をいう。以下同じ。）と当該契約の申込みをした者が使用する電子計算機等とを接続する電気通信回線を通じて送信する方法により行うものをいう。

（電子消費者契約に関する民法の特例）
第三条　民法第九十五条ただし書の規定は、消費者が行う電子消費者契約の申込み又はその承諾の意思表示について、その電子消費者契約の要素に錯誤があった場合であって、当該錯誤が次のいずれかに該当するときは、適用しない。ただし、当該電子消費者契約の相手方である事業者（その委託を受けた者を含む。以下同じ。）が、当該申込み又はその承諾の意思表示に際して、電磁的方法によりその映像面を介して、その消費者の申込み若しくはその承諾の意思表示を行う意思の有無について確認を求める措置を講じた場合又はその消費者から当該事業者に対して当該措置を講ずる必要がない旨の意思の表明があった場合は、この限りでない。
一　消費者がその使用する電子計算機を用いて送信した時に当該事業者との間で電子消費者契約の申込み又はその承諾の意思表示を行う意思がなかったとき。
二　消費者がその使用する電子計算機を用いて送信した時に当該電子消費者契約の申込み又はその承諾の意思表示と異なる内容の意思表示を行う意思があったとき。

（電子承諾通知に関する民法の特例）
第四条　民法第五百二十六条第一項及び第五百二十七条の規定は、隔地者間の契約において電子承諾通知を発する場合については、適用しない。

5 二階部分 ― 消費者契約の修正ルールの消費者契約法

> Q 二階部分の消費者契約法のポイントを教えてください。

(1)どういう法律か
　消費者契約法は、消費者と事業者との間の情報の質と量の格差や交渉力の格差を是正して被害を防止したり、被害救済をしやすくしたり（対等当事者間の取引を前提とした民法では救済が容易ではない取引被害の救済をしやすくする。）することを目的としています。

(2)適用対象取引
　すべての消費者契約を対象としています。特定商取引法の場合には、訪問販売をはじめとして7種類の取引のみを対象にしています。さらに、訪問販売といっても、細かい要件が定められていて、一般には訪問販売だと思われている取引でも、同法の要件を満たしていないと適用がないなど、適用対象取引が限られています。
　しかし、消費者契約法は、消費者が自分から店に買い物に行った場合にも適用があります。どんな取引方法なのかによる区別はありません。商品なのか権利なのか、役務なのかによる区別はないし、消費者が対価を支払って購入する契約だけではなく、消費者が不用品などを買取業者に買い取ってもらう契約でも適用があります。

(3)民法のどの部分を修正しているか
　消費者契約法が民法の対等当事者間ルールを修正しているのは、二つの場面です。
　第一は、契約の締結について勧誘をする場面です。情報や交渉力が対等ではないために、契約締結の時に格差が原因で被害が生じた場合に、救済をしやすくしています。具体的には、勧誘段階で取消事由がある場合には、契約を取り消すことができるものとしています。
　第二に、不当条項についての定めです。民法は、契約自由の原則によっています。契約に関する取り決めは、強行規定に抵触するような内容ではない限りは、当事者間の合意が優先します。しかし、消費者契約では、事業者があらかじめ契

約条件を定めており、消費者には内容の決定に関与する機会がないのが普通です。情報・交渉力その他の格差があるため、消費者契約における契約条項は双方が協議をして双方にとって合理的な内容にすることは、難しく、消費者が一方的に不利な取引条件を押し付けられていることが少なくありません。そこで、消費者契約法は、当事者同士の特約が優先するという考え方を修正して、民法等の一般法理に照らして消費者に不合理に一方的に不利な特約条項は無効とする旨の定めを設けました。

その条項が無効となれば、その条項による取り決めはなかったのと同じことになるので、契約当事者間にその条項が問題となるようなトラブルが生じた場合には、民法等の任意規定によって処理することになります。

(4)取消制度

勧誘の時に事業者側に問題があり、格差による被害（契約の選択の失敗）が生じた場合には、消費者に契約の取消権を与えました。そして、取消しできるパターンを「取消事由」として定めています。

取消事由としては、契約の締結について勧誘をするに際し
1　下記の行為をして消費者に誤認させた場合
　　・重要事項についての事実と異なることを告げた
　　・断定的判断の提供をした
　　・重要事項について利益になることを告げながら、不利益になることを知りながら告げなかった
2　下記の行為をして消費者を困惑させた場合
　　・退去を求められたのに退去しなかった
　　・帰るといわれたのに帰ることを妨害した

(5)不当条項

事業者が定めた契約条項が一方的で不公平な場合、一定の条項に限って「不当条項として無効とする」扱いにしました。現行法（2016年現在）で不当条項とされているものは下記の3つのパターンです。
　・事業者の損害賠償責任を免除する条項
　・消費者の損害賠償責任を加重する条項
　・民法・商法等の任意規定に比して消費者に不利であり、その程度が大きくて信義誠実の原則に反する場合

6 2016年消費者契約法の概要は

Q 2016年の消費者契約法の改正ポイントを教えてください。施行日はいつからですか。

(1) 2016年改正
　消費者契約法は2016年に改正され、6月3日に公布されました。施行日は2017年6月3日です。改正法の施行日以降に締結された契約に適用されます。

(2)改正のポイント
主な改正点は以下のとおりです。
1　取消の際の重要事項に「消費者の不利益や損失を回避するために、その契約を必要とする事項」を追加。
2　過量販売を取消事由に追加。
3　取消期間を「追認できる時から6か月」から「追認できる時から1年間」に延長。ただし、契約締結時から5年間で取消しできなくなる点はそのまま維持。
4　取り消した場合の不当利得返還の処理に当たっては「現に利益が残っている限度である」ことを明確化。
5　不当条項の具体的な事例として、「消費者の解除権を放棄させる条項」を追加。具体的には、民法上債務不履行解除権と瑕疵担保責任による契約解除権を放棄させる契約条項は無効であると定めた。
6　不当条項の一般条項を「民法・商法等…」という明文規定との比較と解釈されるような定め方を「法令…」と改め、明文規定のない場合も含まれることを明示した。さらに、典型例として「消費者の不作為を新たな契約の申込の意思表示とみなす条項」を規定。

7　三階部分のいろいろ

Q　消費生活相談で契約関係についての助言やあっせんを行う場合に知っておく必要がある三階部分の法律にはどのようなものがありますか。

(1)基本的な法律

　消費生活相談において日常的な相談で必要とされる法律が、特殊な取引方法の取引について規制している特定商取引法と販売信用取引の典型的なクレジット取引を規制している割賦販売法です。

(2)最近の相談業務で必要な法律

　時代によって消費生活相談に寄せられる相談内容も変化します。その時代ごとに相談が多く寄せられる傾向があるものにかかわる法律は概要を知っておく必要があります。

　最近の傾向としては次のような法律が重要となっています。

・金融商品販売法・金融商品取引法　──　投資商品などの相談
・保険法・保険業法
・資金決済法　──　電子マネー・仮想通貨などの相談
・電気通信事業法　──　スマホの通信契約、プロバイダー契約、タブレット端末などの通信契約など
・放送法
・宅地建物取引業法　──　宅地建物取引
・旅行業法　──　旅行契約

　このほかにも、宅配便・トランクルームなど、約款規制を行っている法律もあります。

8 特定商取引法のポイント

> Q 特定商取引法の消費者被害の救済ルールにはどんなものがありますか。

 特定商取引法では、2016年現在、7種類の取引とネガティブオプションについての定めを設けています。ネガティブオプションを除いて、民法・消費者契約法では、簡単に消費者が契約を解消することができない場合にも、契約を解消できるような制度を設けている点が大きな特徴です。
各取引の契約解消ルールなどを整理してみましょう。

1　訪問販売
　　クーリング・オフ制度、過量販売解除制度・取消制度
2　電話勧誘販売
　　クーリング・オフ制度、取消制度
　　2016年改正で過量販売解除制度を導入。公布の日（6月3日）から1年6か月以内で政令で定める日から施行されます。
3　通信販売
　　返品制度
　　ただし、広告に返品できない旨の表示されている場合に返品はできない。役務には返品制度はない。
4　特定継続的役務提供（関連商品の販売契約も含む）
　　クーリング・オフ制度、取消制度、中途解約制度と清算ルール
5　連鎖販売取引
　　クーリング・オフ制度、取消制度、中途解約制度と返品ルール
6　業務提供誘引販売取引
　　クーリング・オフ制度、取消制度
7　訪問購入
　　クーリング・オフ制度
8　ネガティブオプション
　　送り付けられた商品の保管期間を制限（受け取った日から14日、引取り請求した場合には請求した日から7日に短縮される。）

9　特定商取引法の2016年改正のポイント

Q 2016年の改正特定商取引法の改正のポイントを教えてください。施行日はいつですか。

(1)2016年改正

　特定商取引法は2016年に改正され、6月3日に公布されました。公布の日から1年6か月以内で政令で定める日から施行されます。施行日までに政令・規則の整備が行われます。
　改正法は、改正法の施行日以降に締結された契約に適用されます。

(2)改正のポイント

　2016年改正の最も大きな改正点は、執行体制の強化です。本書では、消費生活相談における助言・あっせんにかかわる改正部分のみを取り上げることにします。

1　訪問販売・通信販売・電話勧誘販売の適用対象の拡大
　　指定権利制度から特定権利制度に改め、権利の範囲を拡大。
　　社債等の債権、未公開株・社員権などを対象に加えました。
2　電話勧誘販売に過量販売解除制度を導入。
3　通信販売に、消費者の承諾を得ないでするファックス広告の送り付けを禁止。
4　取消制度の取消し期間を追認できるときから1年間に延長しました。

(3)政令等の改正が見込まれるもの

　政令・省令などは、公布後に改正が進められるものであるために、現在の時点では内容は明確になっていませんが、改正のための消費者委員会特定商取引法専門調査会における検討の際には下記のような議論がなされていました。このような事情から考えて、今後の政令等の改正が行われることが期待できる見込みのものとして下記の点が考えられます。

1　訪問販売の特定顧客の呼出手段にＳＮＳを追加。
2　訪問販売の特定顧客に、「目的を隠して同行したり、呼び出した顧客と、何回かにわたって目的を隠したまま来訪の約束を繰り返し、何回めかに商品等を販売する取引」を追加。（キャッチセールスやアポイントメントセールスの悪

質化したもの）
3 特定継続的役務提供に7種類目の役務として「美容医療」を追加。
　美容医療の範囲をどこまで含めるかは検討が必要な部分です。
　医療脱毛が追加される見込みですが、歯列矯正は審美目的のものも含めて指定されない見込みとなっています。
　包茎、豊胸、プチ整形などは危害が多発しており、問題は大きいものの、そもそも「継続的役務」に該当しない場合には指定対象にはなりません。
4 役務の解釈を変更して、「有料老人ホームの利用権、お墓の利用権の販売、資産運用目的での○○の権利・仮想通貨などの取引」などを役務として運用する旨改める。
　なお、外国通貨の取引も規制対象と解釈できるように明確化される見込みです。

10　割賦販売法のポイント

Q 割賦販売法で消費者に助言したりあっせんしたりするときに活用できる基本的な制度としてはどのような制度がありますか。

 割賦販売法で定められている民事ルール（契約における事業者と消費者との問題を解決するためのルール）のポイントの主なものを整理しておきましょう。活用できる民事ルールとしては信用購入あっせん取引の制度が重要です。

1　包括信用購入あっせん（2月を超える支払い条件のクレジットカード）
　(1)　支払い停止の抗弁制度
　　　販売業者等に対して法律上支払を拒絶することができる抗弁事由が生じている場合には、販売業者に対する抗弁事由を理由にクレジットカード会社に対しても支払いを拒絶できる制度。
2　個別信用購入あっせん（いわゆる「個別クレジット契約」）
　(1)　クーリング・オフ制度
　(2)　過量販売解除制度
　(3)　取消制度
　　　この三つの制度については、特定商取引法上販売業者等に対して上記の制度が定められている場合には、個別クレジット会社との立替払いも同時にクーリング・オフ、過量販売解除、取消ができるという趣旨の制度で、2008年改正で導入されたものです。
　(4)　支払い停止の抗弁制度

11　会社についての基礎　——　会社は信用できるか

Q 消費者契約の多くは契約相手が会社です。会社との取引だと個人相手の取引よりも安心できるような印象があるかもしれませんが、最近では会社と名乗っていても実態がないなど難しいケースが増えているような気がします。契約相手が会社の場合にはどのような注意が必要ですか。

A ⑴法人法定主義
　民法では契約などの権利の主体となるもののことを「人」とし、「人」を自然人と法人に区別しています。

　法人は自然人のように"自然に人間として生まれてくる"というものではありません。そこで、法人については、法律に基づいて設立手続きをし法務局に登記をすることによって成立すると定めました。このような考え方を法人法定主義といいます。

　したがって、契約等の相手が「会社」と名乗っているだけでは法人であるかどうかはわかりません。相手が会社と名乗っている場合でも詐欺的消費者被害などでは登記をしていないため、相手がいったい誰なのかその実態がわからない場合もあります。

⑵会社について調べる

　相手の会社が登記されているかどうか、資本金の額や規模・会社の所在地・業務の内容・取締役の氏名などを調べるためには、法務局で会社の登記簿謄本を取り寄せて確認することによって知ることができます。

　会社は1円の資本金でも設立することができます。1円の資本金ということは「会社の資産が1円」ということです。数か月前に資本金1円で設立された会社と取引をしても大丈夫かどうかは契約内容にもよりますが、トラブルが起こった場合に金銭的な保証は期待できないと考えられます。契約相手が会社の場合には「どのような会社なのか」が大変重要になってくるわけです。

　消費者被害を解決する場合には「相手」が誰なのかを把握した上で対処する必要があります。有名企業は別にして、相手の会社が実在するのか、実在する場合にはどのような会社なのかは、まず会社の登記簿謄本で確認する必要があります。

(3)登記があっても実態が不明の場合も…

ただし、会社としての登記がなされていても実態が不明な場合があります。

現代社会ではバーチャルオフィス・転送電話サービス・私設私書箱などの多様なサービス業が発達しています。これらを利用している「会社」もあります。法務局での会社の設立登記は形式主義で、登記書類が形式的に整っていれば登記申請は受理されます。法務局が登記申請の際の会社の所在地に出向いて、そこに会社が実在することを確認する仕組みはありません。

その結果、会社の登記簿謄本の所在地に出向いても会社は実在していないなどということも起こります。

また、契約した時はそこに会社があったのにその後なくなってしまうなどというケースもあります。こうなると相手が不明になってしまうため解決は大変難しくなります。

関係条文 民法

（法人の成立等）
第三十三条　法人は、この法律その他の法律の規定によらなければ、成立しない。
2　学術、技芸、慈善、祭祀、宗教その他の公益を目的とする法人、営利事業を営むことを目的とする法人その他の法人の設立、組織、運営及び管理については、この法律その他の法律の定めるところによる。

（法人の能力）
第三十四条　法人は、法令の規定に従い、定款その他の基本約款で定められた目的の範囲内において、権利を有し、義務を負う。

関係条文 会社法

（趣旨）
第一条　会社の設立、組織、運営及び管理については、他の法律に特別の定めがある場合を除くほか、この法律の定めるところによる。

（定義）
第二条　この法律において、次の各号に掲げる用語の意義は、当該各号に定めるところによる。
　一　会社　株式会社、合名会社、合資会社又は合同会社をいう。
　　　　・・・以下略・・・

（法人格）
第三条　会社は、法人とする。
（住所）
第四条　会社の住所は、その本店の所在地にあるものとする。

第3章　契約トラブル相談のための法律の基礎

（商行為）
第五条　会社（外国会社を含む。次条第一項、第八条及び第九条において同じ。）がその事業としてする行為及びその事業のためにする行為は、商行為とする。

（商号）
第六条　会社は、その名称を商号とする。
2　会社は、株式会社、合名会社、合資会社又は合同会社の種類に従い、それぞれその商号中に株式会社、合名会社、合資会社又は合同会社という文字を用いなければならない。
3　会社は、その商号中に、他の種類の会社であると誤認されるおそれのある文字を用いてはならない。

コラム　悪質商法被害をどう防ぐか

　悪質商法の被害に遭わないためにはどうすればよいのでしょうか。これまで取り上げてきたように悪質商法は多種多様である上に、短期間の間にもどんどん変化していきます。その変化のスピードが速くなっているのが最近の特徴です。

　こんなことを考えると、「こういうのが悪質商法だから被害に遭わないように気を付けよう」ということでは、防ぎきることはできません。多くの消費者がその手口を知るころには、悪質業者は手口を変えてくるからです。消費者は「これは、あの悪質商法とは違うから、これは大丈夫だろう」ということで、かえって被害に遭いやすくなる危険があるのではないでしょうか。

　悪質商法の被害に遭わないためには、賢く契約を選択する方法を身に付けることに尽きるのではないかと思われます。

　そこで、賢く契約を選択するためのポイントを整理してみましょう。インターネット取引では、契約相手がわからないままに契約しているケースが少なくありません。あとで、海外の事業者であることがわかったものの連絡がとれない…というケースも。契約相手をよく確認して信頼できる業者を選ぶことは大切です。

1　自分にとって必要なものは何か、整理する。
2　購入したいものについての情報を収集する。
　　どこのメーカーが作っているか。
　　商品の種類・機能・価格帯など
　　販売業者についての情報
　　などについて情報収集をする。
3　集めた情報を比較検討する。
4　パンフレット・資料などはよく読む。
　　業者の説明は、メモをとりながら聞く。
　　そのうえで、品質と価格、予算などを踏まえて選択する。

5 信頼できる事業者を選ぶ。
　　所在のわからない業者、業者名もはっきりわからない業者などは論外
6 契約書などは可能な限りよく読む。
7 契約したら関係書類は整理して大切に保管する。
8 理解できないもの、読めないものは契約しない。
9 断るときは「契約しません」とはっきり言う。
10 わからないこと、納得できないことは、消費生活センターなどに早めに相談する。

第4章
具体例で考える
【1 高齢者に多い被害】

　最近の消費生活相談で問題となるケースを取り上げて検討しています。

　消費者被害の内容は時代と共に変化していきます。本書では2016年前後の傾向を踏まえて事例を取り上げています。

　昔からある典型的なものから最近の新しい手口や契約まで、その内容は多様です。消費生活相談では日々消費者から寄せられる相談から新しいトレンドを収集・把握することも大切な業務です。ここで取り上げている事例はあくまでも最近目に付くものにすぎないことに留意してください。

1 高齢者の被害の特徴

> 最近の高齢者の消費者被害にはどのような特徴や傾向がありますか。
> また高齢者からの相談の場合に気を付けることがあるでしょうか。

(1) 高齢者被害が増えている

　最近の消費生活相談の大きな特徴は、高齢者の被害が増えているということです。出生率が低下し平均寿命が伸び続けて人口に占める高齢者の割合が増え続けています。高齢者被害は増えてあたり前のようにも思えます。ところが、実際には消費者被害の増加傾向は、高齢化率をはるかに上回る勢いで伸びています。

　高齢者被害の内容を見ると、悪質な自宅訪問販売によるものや自宅への電話勧誘による被害が増加し続けているという特徴があります。消費生活相談全体を見るとここ数年間は訪問販売被害はやや減少傾向となっていますが、高齢者の被害のみは増加の一途をたどっています。80歳代や90歳代の訪問販売や電話勧誘販売による被害も発生しています。

　高齢者に訪問販売や電話勧誘販売の被害が増加し続けているのはなぜでしょうか。二つほどの理由が考えられます。第一は高齢者はウィークデイの在宅率が高いことです。第二に高齢者が狙われているということが考えられます。

　終身雇用制度が崩れて非正規雇用が増加し、格差が拡大しています。このような状況の中で貧困化が進んでいます。若者や熟年層は仕事による収入や生活や子育てなどのための出費などの経済的なフローは高齢者よりも大きい傾向があります。しかし、労働環境が厳しくなっているため貯蓄率は下がっています。フローは大きいけれども経済的ゆとりは少ない。ストックはあまりないという傾向があるわけです。

　一方、高齢者はフローは小さいですが、老後のための蓄えや退職金・持ち家などのストックが多い傾向があります。また高齢者は年金収入が安定的にあるということも指摘できます。このような事情から高齢者は訪問販売や電話勧誘販売のターゲットになっていると考えられます。

　さらにスマホの普及により消費者の属性にかかわらずインターネット取引の被害が増加の一途をたどっています。高齢者もスマホを持つ人が増加しています。それに伴ってインターネット取引にも高齢者被害が増えています。

(2)高齢者被害の特徴

　高齢者といっても個々人によって事情はすべて異なりますから「高齢者だからこうだ」ということは言えません。ただ、一般的な傾向として、高齢になり仕事からリタイアしている人の中には判断力が低下したり、新しい情報を収集したりすることができにくくなる傾向があるといえます。最新の情報にうとい、社会の状況や政策の変化・経済事情の変化・産業の変化・技術革新などについていくことが容易ではない場合が少なくありません。2016年にはマイナンバー制度や電力の自由化が開始されましたが、こうした新しい制度に上手に対応することは高齢者にとってはなかなか大変です。高齢者の中には知識不足に付け込まれて被害に遭う危険があるということです。

　高齢者になると認知症になる人もいます。認知症も程度によってさまざまで見当識障害があるような重い認知症から軽いものまであります。徐々に進行するものですし個々人によってさまざまであるために、相談時点の判断能力の程度は調べることができたとしても、過去にさかのぼって契約締結時点の判断能力の程度を調べることは容易なことではありません。どちらかといえば困難であることが少なくないでしょう。

　要介護状態で介護サービスを利用している場合には介護保険法による介護認定を受けています。介護認定の際に認知症との認定がされている場合がありますが、介護認定の際の認知症の判断と法的な契約能力の有無とは、レベルも目的も違います。介護認定の際に認知症と判断されていることが、ただちに意思無能力であることを意味するわけではないので、注意する必要があります。

(3)高齢者から話を聞くとき

　消費生活相談で適切な助言をするためには消費者が体験した事実関係を的確に把握することが重要です。消費者本人が、事実関係の大切なことを過不足なく上手に整理して説明した上で、知りたいことを的確に抽出して質問してくれれば、消費生活相談員の業務はずいぶん楽です。しかし、格差があって弱者である消費者はこういうことが苦手です。高齢者の場合には特に苦手であることが多いと言えます。

　高齢者からの相談は、本人が自発的に相談に来る場合よりも、家族・知人・ケアマネージャーやヘルパー・地域の見守りに取り組む人たちが異変に気が付いて相談窓口につないでくれるケースの方が多いという傾向があります。このような場合には、相談者である高齢者と消費生活相談の担当者との間に信頼関係がある

わけではないので、まず相互の信頼関係を築く必要があります。また要領よく事実関係を整理した説明することは高いスキルが必要とされるものですから、高齢者の中には難しい場合があります。その場合には高齢者を補助して事実確認のための手助けをしてくれる人を確保して、協力して「起こったこと」を把握していく取り組みが必要になります。

本章で取り上げている事例では事実関係の要約を設問部分で紹介して、設例に基づいて処理方法の在り方について検討しています。「どんなことがあったのか」という事実関係が出発点となっています。この事実関係に違いがあれば、対処方法も違ってきます。事実関係が不明確では、適切な対処方法の判断ができません。

しかし、消費生活相談では、相談者である消費者が、理路整然と自分が体験した事実関係について説明してくれるということは、むしろ珍しいことです。「納得できない」ことがあったり不満・心配があるから相談に訪れるわけですから、自分の気になることだけを訴える人が普通ではないかと思われます。しかし、それだけでは事実関係の把握はできないことが多いでしょう。

このように、「何が起こったのか」という事実関係を把握することが、相談業務において第一番目に的確に行わなければならないことであり、もっとも重要な業務なのです。そのためには、相談者からの聞き取りに当たっては、さまざまな工夫や経験が必要とされるといえます。

「相談者の話がはっきりしない」「事態がよくわからない」「だから助言もあっせんもできない」「助言ができないのは要領よくきちんと事情の説明ができない相談者＝消費者に問題があるせいだ」と言って切り捨ててしまうことがないように、相談者である高齢者に寄り添って事実関係を把握するように工夫することが大切です。消費生活相談の目的は「消費者と事業者との格差の是正のための支援」です。格差が大きいために必要とされる支援が厚いものであるべき消費者を、相談業務において切り捨ててしまうことになるのでは消費生活相談業務の役割を果たしているとは言えません。このようなことはあってはならないということをしっかり認識することが重要です。

第4章　具体例で考える【1 高齢者に多い被害】

2　架空請求 ―― 架空請求の対策と振り込め詐欺救済法

Q はがきで未払いがあるので支払えという通知がきました。具体的な内容が書いてないので、何かの間違いではないかと思って、はがきに書いてあるところに問合せの電話をしたところ、「支払わないと裁判になる。裁判になると自宅が差し押さえられる。すぐに支払えば問題はない。」と言われました。裁判とか差押えと聞いて怖くなり、電話で指定された銀行口座に振込みをしてしまいました。しかし、どう考えても心当たりがないのですが取り戻せませんか。

(1)金銭債権の行使方法

　契約を締結して代金の支払いの約束をした場合には、契約が有効に成立していて、相手方に債務不履行がないのであれば、契約で定められた支払期日までに支払う義務があります。消費者が支払わない場合には、販売業者等は消費者に対して一定の猶予期間を定めて支払うように請求し（これを民法上「催告」といいます。）、この猶予期間を経過しても消費者が支払わない場合には契約を解除できます。契約の解除をしない場合には、支払期日から支払日までの遅延損害金を加算して支払うよう請求することができます。

　それでも消費者が支払わない場合には、事業者は消費者を被告として支払うように民事裁判をすることができます。支払うように命ずる判決が確定しても消費者が支払わない場合には、事業者は確定判決に基づいて消費者の財産に対して強制執行をすることができます。これを「差押え」というわけです。

(2)正しい請求方法

　消費者が契約に定められた金銭の支払いをしない場合には、契約相手の事業者から支払うよう請求してくることが普通です。

　設例では届いた文書には「未払いがあるから支払え」という内容で、具体的な内容がわからなかったようですが、契約相手に対して契約に従った履行を求める場合には、どのように請求することが必要でしょうか。

　結論から言うと、請求する内容が客観的に特定されていることが必要です。具体的に言うと、契約した事業者の住所と名称・契約締結日・何をいくらでどうするという内容の契約か・代金はいくらか・支払日はいつか、などを具体的に書く

85

ということです。たとえば、売買代金の請求であれば、契約年月日、商品名と数、支払うべき代金と支払日などを明記することが必要ということです。

　消費者はこの内容を見て、自分がした契約についての請求かどうかを判断できるわけです。

(3)架空請求とは

　架空請求とは、消費者が契約などしておらず法的な支払い義務がないのに、支払うよう請求してくるものを指します。請求方法は当初ははがき・封書などによるものでしたが、最近ではメールによるものも増えています。

　消費者は自分が法的に支払い義務を負っていないのであれば支払う必要はありません。しかし、架空請求業者は、消費者にこのような冷静な判断をさせないように督促をするときの手法にさまざまな工夫を凝らしています。

1　請求内容をあいまいにしておく。
2　請求内容を明記せず、電話などで問合せをさせるような内容にする。
3　支払わないと裁判・差押えになる、自宅に取立てに行く・家に火をつける、など恫喝するような内容にする。

などです。

　内容がよくわからないので電話をすると、電話で恫喝されて支払ってしまうという事態になったり、自宅や勤務先を聞き出されて自宅や勤務先に取立電話が頻繁にかかるようになったり、という被害に発展する場合があります。

(4)架空請求への対応

　身に覚えのない請求や具体的な内容のわからない請求がきた場合には、無視をするのが一番安全です。

　「無視をすると裁判を起こされるのではないか」と心配する人もいますが、裁判を起こされた場合には、裁判所に出て行ってきちんと反論すればよいのです。事業者から契約していることを裏付ける証拠が出てきて、自分が契約したことを忘れていたことを思い出したのであれば、判決で命じられた本来支払うべき代金を支払えばよいだけのことです。

　根拠のない請求は、消費者が裁判所に出向いてきちんと反論すれば、裁判所によって認められたりしませんから、過剰に心配する必要はありません。根拠のない請求の場合には、業者は裁判など起こしません。起こしても、契約の成立を証明できず、勝てないことははっきりしているからです。むしろ、「裁判を起こさ

れるくらいなら根拠のないお金でも支払う」ということになると、「この人はゆすりたかりのカモになる」という個人情報を悪質業者に提供する結果になるために、被害が拡大していく危険があります。

(5)支払ってしまった場合

支払ってしまった場合には取り戻せるでしょうか。

相手に脅されたりだまされたりして、根拠のないお金を支払ってしまった場合には民法上の不法行為に該当しますから、相手に対して損害賠償請求ができます。支払い義務がないのに支払った場合には、相手に対し不当利得返還を求めるという方法も考えられます。

> **関係条文** 民法
> （不法行為による損害賠償）
> 第七百九条　故意又は過失によって他人の権利又は法律上保護される利益を侵害した者は、これによって生じた損害を賠償する責任を負う。
>
> （不当利得の返還義務）
> 第七百三条　法律上の原因なく他人の財産又は労務によって利益を受け、そのために他人に損失を及ぼした者（以下この章において「受益者」という。）は、その利益の存する限度において、これを返還する義務を負う。

(6)相手がわからない ── 振り込め詐欺救済法

ところが、最近の架空請求では相手がどこの誰かわからないようにして請求してきます。他人名義の携帯電話・他人名義の銀行口座などを使っていることが多いのです。相手がわからないと損害賠償請求も不当利得返還請求もできませんし、仮に判決を取れても相手の財産に対する強制執行もできません。

そこで、このような被害に対応するために振り込め詐欺救済法（犯罪利用預金口座等に係る資金による被害回復分配金の支払等に関する法律）が制定されています。詐欺などの犯罪収益が振り込まれた銀行口座は、警察と銀行に通報することによって凍結してもらうことができます。お金が引き出されてしまう前に凍結することができれば、預金保険機構が振り込め詐欺救済法に基づく手続きを取ったのちに、取り戻すことができる仕組みです。預金保険機構からの還付金額は、口座を凍結した人に振込金額全額を返還するというわけではありません。凍結口座に残高があれば、その残高を、口座が凍結される以前に被害に遭ってその口座

に振り込んでしまった人で預金保険機構に届け出た人を対象に、届け出た被害金額で案分して返還する仕組みです。これらの手続きは、すべてインターネットによる公告手続きで行われます。

　口座を凍結するまでに引き出されてしまっていると取り戻すことはできませんが、振込みをしたのちにすみやかに凍結の手続きを取れば、まだ引き出されないで口座に残っている可能性があるので、取り戻せる可能性が高いのです。

　消費生活相談で、振り込んですぐの相談の場合には、警察と銀行に通報して振込先の口座を凍結してもらうように助言をすることが大切です。

　ただし、振り込め詐欺救済法が施行されてからは、この制度を回避するために宅配便などで現金を送るよう指示したり、現金を受け取りに来る手口にシフトしています。こうなるとこの制度は活用できず、取り戻すことは難しくなります。

　同法の条文の一部を紹介します。

> **関係条文**
>
> 犯罪利用預金口座等に係る資金による被害回復分配金の支払等に関する法律
> 　　（平成十九年十二月二十一日法律第百三十三号）
>
> 　　第一章　総則（第一条・第二条）
> 　　第二章　預金口座等に係る取引の停止等の措置（第三条）
> 　　第三章　預金等に係る債権の消滅手続（第四条―第七条）
> 　　第四章　被害回復分配金の支払手続
> 　　　第一節　通則（第八条・第九条）
> 　　　第二節　手続の開始等（第十条・第十一条）
> 　　　第三節　支払の申請及び決定等（第十二条―第十五条）
> 　　　第四節　支払の実施等（第十六条・第十七条）
> 　　　第五節　手続の終了等（第十八条―第二十五条）
> 　　第五章　預金保険機構の業務の特例等（第二十六条―第三十条）
> 　　第六章　雑則（第三十一条―第四十二条）
> 　　第七章　罰則（第四十三条―第四十五条）
> 　　附則
> 　第一章　総則
> 　（目的）
> 　第一条　この法律は、預金口座等への振込みを利用して行われた詐欺等の犯罪行為により被害を受けた者に対する被害回復分配金の支払等のため、預金等に係る債権の消滅手続及び被害回復分配金の支払手続等を定め、もって当該犯罪行為により被害を受けた者の財産的被害の迅速な回復等に資することを目的とする。
> 　　　　…　　　…　　　…　　　…
> 　第二章　預金口座等に係る取引の停止等の措置
> 　第三条　金融機関は、当該金融機関の預金口座等について、捜査機関等から当該預金口座等の不正な利用に関する情報の提供があることその他の事情を勘案して犯罪利用預金口座等である疑いがあると認めるときは、当該預金口座等に係る取引の停止等の措置を適切に講ずるものとする。

第4章　具体例で考える【1 高齢者に多い被害】

2　金融機関は、前項の場合において、同項の預金口座等に係る取引の状況その他の事情を勘案して当該預金口座等に係る資金を移転する目的で利用された疑いがある他の金融機関の預金口座等があると認めるときは、当該他の金融機関に対して必要な情報を提供するものとする。
　　　　…　　　…　　　…　　　…

第四章　被害回復分配金の支払手続
　第一節　通則
（被害回復分配金の支払）
第八条　金融機関は、前条の規定により消滅した預金等に係る債権（以下この章及び第三十七条第二項において「消滅預金等債権」という。）の額に相当する額の金銭を原資として、この章の定めるところにより、消滅預金等債権に係る預金口座等（以下この章において「対象預金口座等」という。）に係る振込利用犯罪行為（対象預金口座等が第二条第四項第二号に掲げる預金口座等である場合にあっては、当該預金口座等に係る資金の移転元となった同項第一号に掲げる預金口座等に係る振込利用犯罪行為。以下この章において「対象犯罪行為」という。）により被害を受けた者（法人でない団体で代表者又は管理人の定めのあるものを含む。）であってこれにより財産を失ったもの（以下この章において「対象被害者」という。）に対し、被害回復分配金を支払わなければならない。
2　金融機関は、対象被害者について相続その他の一般承継があったときは、この章の定めるところにより、その相続人その他の一般承継人に対し、被害回復分配金を支払わなければならない。
3　前二項の規定は、消滅預金等債権の額が千円未満である場合は、適用しない。この場合において、預金保険機構は、その旨を公告しなければならない。
（被害回復分配金の支払を受けることができない者）
第九条　前条の規定にかかわらず、次の各号のいずれかに該当する者は、被害回復分配金の支払を受けることができない。
　一　対象犯罪行為により失われた財産の価額に相当する損害の全部について、そのてん補又は賠償がされた場合（当該対象犯罪行為により当該財産を失った対象被害者又はその一般承継人以外の者により当該てん補又は賠償がされた場合に限る。）における当該対象犯罪行為により当該財産を失った対象被害者又はその一般承継人
　二　対象犯罪行為を実行した者若しくはこれに共犯として加功した者、当該対象犯罪行為に関連して不正な利益を得た者、当該対象犯罪行為により財産を失ったことについて自己に不法な原因がある者その他被害回復分配金の支払を受けることが社会通念上適切でない者又は対象被害者がこれらの者のいずれかに該当する場合におけるその一般承継人
　　　　…　　　…　　　…　　　…
　第三節　支払の申請及び決定等
（支払の申請）
第十二条　被害回復分配金の支払を受けようとする者は、支払申請期間（第十条第二項の規定による通知があった場合においては、金融機関が定める相当の期間。以下同じ。）内に、主務省令で定めるところにより、次に掲げる事項を記載した申請書に第一号及び第二号に掲げる事項を疎明するに足りる資料を添付して、対象預金口座等に係る金融機関に申請をしなければならない。
　一　申請人が対象被害者又はその一般承継人であることの基礎となる事実
　二　対象犯罪行為により失われた財産の価額
　三　控除対象額（対象犯罪行為により失われた財産の価額に相当する損害について、そのてん補又は賠償がされた場合（当該対象犯罪行為により当該財産を失った対象被害者又はその一般承継人以外の者により当該てん補又は賠償がされた場合に限る。）における当該てん補額及び賠償額を合算した額をいう。以下同じ。）
　四　その他主務省令で定める事項

2　前項の規定による申請をした対象被害者又はその一般承継人（以下この項において「対象被害者等」という。）について、当該申請に対する次条の規定による決定が行われるまでの間に一般承継があったときは、当該対象被害者等の一般承継人は、支払申請期間が経過した後であっても、当該一般承継があった日から六十日以内に限り、被害回復分配金の支払の申請をすることができる。この場合において、当該一般承継人は、主務省令で定めるところにより、前項に規定する申請書に同項第一号及び第二号に掲げる事項を疎明するに足りる資料を添付して、これを対象預金口座等に係る金融機関に提出しなければならない。
3　前二項の規定による申請は、対象犯罪行為に係る第二条第三項に規定する振込みの依頼をした金融機関を経由して、行うことができる。
（支払の決定）
第十三条　金融機関は、前条第一項の規定による申請があった場合において、支払申請期間が経過したときは、遅滞なく、同条第一項又は第二項に規定する申請書及び資料等に基づき、その申請人が被害回復分配金の支払を受けることができる者に該当するか否かの決定をしなければならない。同条第二項の規定による申請があった場合において、当該申請に係る一般承継があった日から六十日が経過したときも、同様とする。
2　金融機関は、被害回復分配金の支払を受けることができる者に該当する旨の決定（以下「支払該当者決定」という。）をするに当たっては、その犯罪被害額（対象犯罪行為により失われた財産の価額から控除対象額を控除した額をいう。以下同じ。）を定めなければならない。この場合において、支払該当者決定を受ける者で同一の対象被害者の一般承継人であるものが二人以上ある場合におけるその者に係る犯罪被害額は、当該対象被害者に係る対象犯罪行為により失われた財産の価額から控除対象額を控除した額を当該一般承継人の数で除して得た額とする。
3　前項後段に規定する場合において、当該支払該当者決定を受ける者のうちに各人が支払を受けるべき被害回復分配金の額の割合について合意をした者があるときは、同項後段の規定にかかわらず、当該合意をした者に係る犯罪被害額は、同項後段の規定により算出された額のうちこれらの者に係るものを合算した額に当該合意において定められた各人が支払を受けるべき被害回復分配金の額の割合を乗じて得た額とする。
4　前二項に定めるもののほか、犯罪被害額の認定の方法については、主務省令で定める。

3 買え買え詐欺(1) ── 仏像・美術品

Q 数日前に美術品の立派なパンフレットが送付されてきました。数日後に、自宅に電話があり、「利殖になる美術品を買わないか」と勧誘されました。選ばれた顧客しか購入できない美術品で欲しがっている人はたくさんいるので、購入した上で転売すればもうかると言います。何年か先になればどんどん価値が出て値上がりするので、今購入しておけば老後の資金の運用方法として最適、株のようなリスクもないし預貯金は金利がないに等しいし、など言われました。老後の資金計画に不安があったので、電話で契約し指定された銀行に代金を振り込んでしまいました。後で仏像が送られてきましたが、おもちゃのような粗雑なもので、とうてい財産的価値のあるものではありませんでした。キャンセルしてお金を返してもらいたいと思います。

(1) 電話勧誘販売

　このケースは、いわゆる「買え買え詐欺」といわれる手口の一種です。電話だけでは現物を見ることができないので、口で「財産的価値がある」とか「欲しがっている人はほかにもたくさんおり、選ばれた少人数の人しか購入することができない」などと勧誘された場合に、それが本当かどうかを判断することは難しい場合が少なくありません。もっともらしい話術に乗せられて被害に遭う場合があります。

　この事例では、電話をかけてきて仏像などを購入するように勧誘して契約させ、代金の支払いも商品である仏像の引渡しも完了していますが、消費者は、契約そのものをキャンセルしてお金を取り戻したいと希望しています。

　このように、事業者から消費者に対して電話をかけてきて、その電話で消費者を勧誘して商品の販売契約の申込みや契約の締結をさせる取引方法の場合には、特定商取引法の電話勧誘販売の「電話をかけ…、その電話において行う…契約の締結についての勧誘（以下「電話勧誘行為」という。）により、その相手方（以下「電話勧誘顧客」という。）から当該売買契約の申込みを郵便等により受け、若しくは電話勧誘顧客と当該売買契約を郵便等により締結して行う商品…の販売」に該当します。また、購入した物は仏像ですから、「商品の販売」です。したがって、この事例は特定商取引法の電話勧誘販売に該当します。

> **関係条文**
>
> 特定商取引法
> （電話勧誘販売の定義）
> 第二条
> 3　この章及び第五十八条の二十第一項において「電話勧誘販売」とは、販売業者又は役務提供事業者が、電話をかけ又は政令で定める方法により電話をかけさせ、その電話において行う売買契約又は役務提供契約の締結についての勧誘（以下「電話勧誘行為」という。）により、その相手方（以下「電話勧誘顧客」という。）から当該売買契約の申込みを郵便等により受け、若しくは電話勧誘顧客と当該売買契約を郵便等により締結して行う商品若しくは指定権利の販売又は電話勧誘顧客から当該役務提供契約の申込みを郵便等により受け、若しくは電話勧誘顧客と当該役務提供契約を郵便等により締結して行う役務の提供をいう。

(2) 何が問題か

　電話をかけてきて資産運用になる、絶対もうかるなどといってさまざまな契約の勧誘をするもので、実体がなかったり伴わないものを指して「買え買え詐欺」などと言っています。本件では、消費者が、現物を直接確認することができないことをいいことに、財産的な価値がない粗悪な仏像を「財産的価値があり資産運用になる」などと偽って誤解させて購入させています。
　問題点はいろいろあります。次のように整理できるでしょう。
1　事業者が実体がない場合がある。あるいは短期間で閉鎖していなくなる。
2　販売対象の商品の客観的価値がない。市場価値がない。
　　つまり、換金しようとしてもできないし、資産価値もない。
3　その場で契約をさせようとする。強引で執拗。
4　絶対もうかる、などの事実と異なる勧誘をする。
5　契約をしてからキャンセルしようとすると高額の違約金を請求する。

　契約をするかどうかを決める際には、
1　信頼できる事業者を選ぶ。
2　商品などが納得できるものか、対価とバランスがとれているかを比較検討して決める。
3　自分の経済や生活実態からみて合理的な選択をする。
などに留意をすると失敗を避けることができます。が、買え買え詐欺などでは見た目が立派なパンフレットを送ってきたり、事実と異なるセールストークを使ったり、「今がチャンス」であると説得するなどして熟慮したり比較検討するなどの猶予を与えない手口を用いるという特徴があります。消費者の自主的で適切な

第4章　具体例で考える【1 高齢者に多い被害】

選択行動を妨げる手口に特徴があるといえるということです。

(3)契約をやめる ── クーリング・オフ制度

　では、電話で契約すると言ってしまった場合に契約をやめることができるでしょうか。民法の契約の基本原則は、契約をした場合には守らなければならない義務を負うというものです。ただし、次に述べる「取消事由がある場合」は別ですが。

　民法の原則によれば、契約をやめたいのなら解約料を支払えというと事業者側の言い分は一理ある、ということになります。違約金を支払いたくなければ契約を続ければよいということになるわけです。

　しかし、本件のように電話勧誘販売の場合には、特定商取引法の適用があります。特定商取引法では電話勧誘販売について「法定書面の交付の日から8日間のクーリング・オフ制度」があります。消費者が同法に定められた申込み書面か契約書面を受け取ってから8日を経過していないのであれば、クーリング・オフができます。買え買え詐欺のようなケースでは、事業者は特定商取引法を順守しているケースはあまりないようです。消費者が契約について受け取った書類を特定商取引法の規定に基づいてよく調べてみることが大切です。法律を順守した書面ではないという場合には、8日を経過していてもクーリング・オフが可能です。

> **関係条文**　特定商取引法
> 　（電話勧誘販売における契約の申込みの撤回等）
> 　第二十四条　販売業者若しくは役務提供事業者が電話勧誘行為により電話勧誘顧客から商品若しくは指定権利若しくは役務につき当該売買契約若しくは当該役務提供契約の申込みを郵便等により受けた場合におけるその申込みをした者又は販売業者若しくは役務提供事業者が電話勧誘行為により電話勧誘顧客と商品若しくは指定権利若しくは役務につき当該売買契約若しくは当該役務提供契約を郵便等により締結した場合におけるその購入者若しくは役務の提供を受ける者（以下この条及び次条において「申込者等」という。）は、書面によりその売買契約若しくは役務提供契約の申込みの撤回又はその売買契約若しくは役務提供契約の解除（以下この条において「申込みの撤回等」という。）を行うことができる。ただし、申込者等が第十九条の書面を受領した日（その日前に第十八条の書面を受領した場合にあつては、その書面を受領した日）から起算して八日を経過した場合（申込者等が、販売業者若しくは役務提供事業者が第二十一条第一項の規定に違反して申込みの撤回等に関する事項につき不実のことを告げる行為をしたことにより当該告げられた内容が事実であるとの誤認をし、又は販売業者若しくは役務提供事業者が同条第三項の規定に違反して威迫したことにより困惑し、これらによつて当該期間を経過するまでに申込みの撤回等を行わなかつた場合には、当該申込者等が、当該販売業者又は当該役務提供事業者が主務省令で定めるところにより当該売買契約又は当該役務提供契約の申込みの撤回等を行うことができる旨を記載して交付した書面を受領した日から起算して八日を経過した場合）においては、この限りでない。

2　申込みの撤回等は、当該申込みの撤回等に係る書面を発した時に、その効力を生ずる。
　3　申込みの撤回等があつた場合においては、販売業者又は役務提供事業者は、その申込みの撤回等に伴う損害賠償又は違約金の支払を請求することができない。
　4　申込みの撤回等があつた場合において、その売買契約に係る商品の引渡し又は権利の移転が既にされているときは、その引取り又は返還に要する費用は、販売業者の負担とする。
　5　役務提供事業者又は指定権利の販売業者は、役務提供契約又は指定権利の売買契約につき申込みの撤回等があつた場合には、既に当該役務提供契約に基づき役務が提供され又は当該権利の行使により施設が利用され若しくは役務が提供されたときにおいても、申込者等に対し、当該役務提供契約に係る役務の対価その他の金銭又は当該権利の行使により得られた利益に相当する金銭の支払を請求することができない。
　6　役務提供事業者は、役務提供契約につき申込みの撤回等があつた場合において、当該役務提供契約に関連して金銭を受領しているときは、申込者等に対し、速やかに、これを返還しなければならない。
　7　役務提供契約又は指定権利の売買契約の申込者等は、その役務提供契約又は売買契約につき申込みの撤回等を行つた場合において、当該役務提供契約又は当該指定権利に係る役務の提供に伴い申込者等の土地又は建物その他の工作物の現状が変更されたときは、当該役務提供事業者又は当該指定権利の販売業者に対し、その原状回復に必要な措置を無償で講ずることを請求することができる。
　8　前各項の規定に反する特約で申込者等に不利なものは、無効とする。

(4) 契約を取り消す ── 取消制度

　クーリング・オフ期間を過ぎている場合であっても契約をやめる方法が考えられます。勧誘の際に事業者が不実の告知などをして消費者が勘違いをして契約をした場合には、契約を取り消すことができます。

　取消しの場合には、勧誘の際の事業者の説明内容と消費者の認識をきちんと確認することと、その内容が事実と異なることを押さえることが必要になります。勧誘などの事実についての把握と事業者の説得が必要になる点が、クーリング・オフよりもやや使いにくいといえるかもしれません。

　また、取り消した場合の清算方法とクーリング・オフの清算方法とでは違いがある点も注意が必要です。

> **関係条文** 特定商取引法
> 　（電話勧誘販売における契約の申込み又はその承諾の意思表示の取消し）
> 　第二十四条の二　申込者等は、販売業者又は役務提供事業者が電話勧誘販売に係る売買契約又は役務提供契約の締結について勧誘をするに際し次の各号に掲げる行為をしたことにより、当該各号に定める誤認をし、それによつて当該売買契約若しくは当該役務提供契約の申込み又はその承諾の意思表示をしたときは、これを取り消すことができる。
> 　一　第二十一条第一項の規定に違反して不実のことを告げる行為　当該告げられた内容が事実であるとの誤認

> 二　第二十一条第二項の規定に違反して故意に事実を告げない行為　当該事実が存在しないとの誤認
> 2　第九条の三第二項から第四項までの規定は、前項の規定による電話勧誘販売に係る売買契約若しくは役務提供契約の申込み又はその承諾の意思表示の取消しについて準用する。

(5)本件の考え方　――　クーリング・オフ制度と取消制度

　買え買え詐欺のようなケースでは、特定商取引法で定める契約書面を交付しないことが多く、このような場合には、クーリング・オフ期間の起算日が到来していないため、契約を締結してから8日間を経過していても、また商品の引渡しが完了していてもクーリング・オフができます。

　もし、特定商取引法に基づく契約書面が交付されており、クーリング・オフ期間が経過していた場合には、何か方法があるでしょうか。特定商取引法では、事業者が契約の勧誘の際に重要事項について不実の告知をし、それによって消費者が誤認して契約を締結した場合には、追認できる時から6か月間はその契約を取り消すことができると定めています。（2016年改正法の施行日以降の契約の場合には、追認できる時から1年間取消しできると取消期間が延長されます。）

　この事例では、仏像の品質について事実と異なる説明をして誤認させています。したがって、クーリング・オフ期間が経過している場合でも、不実告知を理由にして契約を取り消すことができます。契約を取り消して、支払った代金の返還をすることができます。この場合には、引渡しが終わっている商品は、消費者が事業者に対して返還することになります。この点は、クーリング・オフの場合の「引渡し済みの商品の引取費用は、事業者の負担とする」という清算方法とは異なる取扱いとなります。

(6)お金を取り戻す方法は

　以上のように、電話勧誘販売に該当する場合には、理論上は、クーリング・オフや取消制度を活用して契約を解消する方法が可能かと思われます。しかし、買え買え詐欺と言われている被害事例では、もう一つ現実的な大きな問題があります。それは、事業者の意図が最初から消費者からお金をだまし取ることにあり、容易に返金に応じないということ、さらには事例によっては事業者の正しい名称や所在が不明である場合も少なくないため、相手に解除や取消しの通知を出すことができないということです。金銭の返還を求めようにも、相手がわからないのでは対処のしようがありません。

相手が特定できるのであれば、話し合いで返還を求めても返還しない場合には、相手に対して訴訟を起こして判決を得て、判決を債務名義として相手の財産に対して強制執行（差押え）をするという方法があります。ただし、この方法でも、相手の財産がわからない場合（強制執行手続きでは、強制執行の申立てをする債権者が、債務者の財産を具体的に指定することが必要です。判決を取れば、裁判所が相手の財産を調べてくれるわけではありません。）や、相手に財産がない場合には、判決は取ることができても回収することはできない結果となってしまう危険があります。

　このような場合に支払い済みのお金を取り戻す方法はあるのでしょうか。民法の基本的な考え方では、契約相手に対して法律を根拠にして契約を解除するなり取り消すなりした上で、支払い済みの金銭を返すように請求するという段取りになりますから、相手がわからない場合には現実的には難しいと言わざるを得ません。

4 買え買え詐欺(2) ― 相手がわからない場合

Q 買え買え詐欺など相手がわからない場合には、お金を取り戻す方法はないのでしょうか。

(1)はじめに

　前項で、電話勧誘販売に該当する場合には、特定商取引法によるクーリング・オフや取消制度を利用して契約を解消することによって、相手に対して返金を求める方法があると説明しました。このような考え方を「契約責任」と言います。契約の相手方に対して、責任を求めるというような意味と考えてください。

　契約責任の場合に、契約相手の特定ができない場合には、返金を求めることは難しいと言えます。

　相手はわかっているけれども、所在不明になってしまった、という場合には、相手が行方不明になったという疎明資料を用意することができれば、公示送達による訴訟を起こして判決を取得することができる場合があります。ただ、公示送達による場合には、判決を取ったとしても、相手の財産がわからないため、判決に基づいて強制執行をすることはできず回収ができない結果となるのが普通です。

　契約問題では、「契約相手を確認すること。どこの誰か。信頼できるか。などを確認することが大切」と言われますが、それはこのような事態を予防するという点でも大切なのです。

(2)不法行為による損害賠償という考え方

　外形上は契約というものの、実体がないという場合には、契約を装ってお金をだまし取るということで、民法上の不法行為に当たります。この場合には、相手に対して損害賠償請求として返金を求めることになります。

　問題は、買え買え詐欺などのケースでは、相手方が誰かわからない、連絡がとれないという場合が少なくないということです。相手がわからなかったり連絡がとれないと、相手からお金を取り戻す手段がありません。

　こういう場合に、銀行振り込みで支払っており、振り込みをしてから時間があまり経過していないのであれば、架空請求の項で説明した銀行口座の凍結と振り込め詐欺救済法による返金手続きを取る、という方法が考えられます。

97

しかし、この手段は、宅配便などで送金したり、現金を直接渡す方法で支払っていた場合には利用できませんし、銀行口座を凍結したのに残高が残っていなかったりした場合には、回収には結びつきません。

(3)転送電話サービス業者・携帯電話レンタル業者・私設私書箱業者

買え買え詐欺業者はわからなくても、転送電話サービス業者や私設私書箱業者などは調べればわかる場合があります。そのような場合には、これらの業者に対して不法行為に加担したということで、不法行為に基づく損害賠償を求めることができる場合があります。

ただし、不法行為責任は、「故意・過失により」相手に損害を与えた場合であることが必要です。したがって、私設私書箱業者だからというだけで当然損害賠償責任があるわけではありません。

転送電話サービスも私設私書箱サービスも、買え買え詐欺とわかっていて加担した場合には、不法行為責任を負います。わかっていて加担したわけではなくても、過失による不法行為に該当する場合もあります。

これらのサービス契約締結に当たっては、犯罪収益移転防止法により相手方の確認等の確認義務が定められています。サービス業者がこれらの義務を怠っていた場合には、過失による不法行為に基づく損害賠償責任を負うことになります。裁判例でも、私設私書箱や転送電話サービス業者に対する損害賠償責任が認められた事例があります。

ただし、詐欺業者に過失によって詐欺の道具などを提供してしまった業者に対して損害賠償を命じた裁判例の多くは、消費者にも過失があったとして過失相殺をしています。5割前後から過失相殺の大きいケースでは9割の過失相殺をした事例もあります。9割の過失相殺ということは、損害額の1割しか損害賠償が認められなかったということになります。損害賠償が認められても全額が認められるとは限らないので注意する必要があります。

(4)転送電話サービスに関する事例

さいたま地方裁判所平成27年5月12日消費者法ニュース104号370頁

いわゆる買え買え詐欺業者に対し転送電話サービス（＝固定電話のレンタルサービス事業者）を提供した業者に対して犯罪収益移転防止法により契約相手に関する本人確認義務が法律義務化される前のケースについて、事業者が本人確認

を怠った過失があるとして転送サービス事業者に不法行為による損害賠償責任を命じた事例（認容額948万円）を紹介しましょう。

事案の概要は次のとおりです。かなりこみいったケースですが、典型的な事例なので紹介しましょう。

平成24年6月はじめころCから消費者のもとにパンフレットなどの資料が同封された封筒が郵送されてきた。その後、経営コンサルタントのDと称する人物から「Cのパンフレットは届いたか」という内容の電話がかかってきた。消費者が「パンフレットは捨ててしまった」と答えたところCから再びパンフレットが送られてきた。間もなくDやCの従業員と称するEFらから相次いで電話がかかってくるようになった。電話で「Cという会社は宝石の販売をしている。会員になってくれませんか」「名前だけでもよい」と言われ最初は断っていたが、再三にわたり電話で頼まれたことから、名前だけならと会員になることにした。するとDとEからそれぞれ何回にもわたり電話で「会員が宝石を買うとポイントがつく。Gでポイントを換金すると宝石を買った時に支払った以上のお金が戻ってくる。お金を出してもらえませんか」と言ってきた。消費者は最初断わっていたが再三電話で勧誘されたうえ、Dは「私はGに信用されているので私が掛け合えばあなたが支払ったお金の1.2倍から1.5倍にしてすぐお返しいたします」などと述べ、EFらがGを「先生」と呼んでいることからすっかり信用してしまった。さらにその後Hから電話があり「Dは信用できる人物でありGから大変信頼されているので1.2倍どころか1.9倍以上の金額が戻ってきますよ」と述べたためいっそう信用してしまった。結局、消費者は合計4回にわたり宝石代金として合計945万円を受け取りに来たFらに手渡した。その後、使用された電話番号を調べたところY2がAの屋号で営んでいる固定電話の転送電話サービスであり契約名義人は本件とは無関係のBとなっていたことがわかった。Bは名義を勝手に使用されたに過ぎなかった。そこで、被害に遭った消費者はY2が契約名義人の本人確認を怠っていたことを理由に過失による不法行為責任があるとして損害賠償を求めて提訴した。

(5)転送電話サービス業者の共同不法行為責任について

転送電話サービス業者Y2はCらのことは知らないと主張し共同不法行為責任を争う。しかしY2はAとの名義で電話回線レンタル業を営んでいたところB名義で契約した電話がCの詐欺行為に使用されたことが認められる。そして、Y2がB名義の契約の際、電話回線レンタル業者に課せられた本人確認義務を怠っ

たことが認められるからＹ２には過失がある。本人確認を怠った電話回線が本件のような詐欺に利用されることは容易に予見できることである。そうすると、Ｙ２はＣのＸ（原告である消費者）に対する不法行為について過失により加担したものとして共同不法行為責任を負うと認めるのが相当である。

　本件はいわゆる「買え買え詐欺」に関する事例です。被害者の消費者が固定電話のレンタルサービス事業者（転送電話サービス）に対してレンタル契約を締結する際に契約相手の本人確認を怠ったことを理由に過失による不法行為にあたるとして、買え買え詐欺被害全部の賠償を求めた事例です。

　買え買え詐欺などの犯罪収益を防止するための法律として犯罪収益移転防止法があります。同法では「顧客に対し受付代行業者の電話番号を顧客が連絡先の電話番号として用いることを許諾し顧客宛ての又は顧客からの当該電話番号に係る電話を受けてその内容を顧客に連絡するサービスを提供する者」は電話受付代行業者として契約締結時に本人確認義務を課しています。しかし、「顧客に対し自己の電話番号を顧客の電話番号として用いることを許諾し顧客宛ての又は顧客からの当該電話番号に係る電話を当該顧客が指定する電話番号に自動的に転送する役務を提供する者」については「電話転送サービス事業者」として平成23年の同法改正により特定事業者として新たに規制対象とされ、同改正法は平成25年４月１日から施行されたもので、本件当時は規制対象とされていませんでした。本件は改正法施行前の平成24年の事件であり、本件の電話サービスは従来から規制されていた電話受付代行事業ではなく、電話転送サービスに該当するものであったことから改正法施行前の事業者にも本人確認を怠った過失による不法行為責任があるか否かが争点となっていたわけです。判決は、平成23年の改正が既に電話転送サービスが犯罪に利用されている実態が社会問題となっていたことによるものであり改正法施行前であっても予見可能性があったとの視点に立って、不法行為責任を認めました。このような考え方は、類似のケースの参考になるものです。

　なお．犯罪収益移転防止法は特定事業者が特定取引等を行う際には本人特定事項・取引を行う目的・職業と事業内容・実質的支配者を確認することを義務付けその確認記録と取引記録の作成と７年間の保存を義務付けています。さらに取引時に確認した事項について最新の情報を保つことに努めるとともに、特定事業において収受した財産が犯罪による収益である疑いがある場合には速やかに警察に届け出ることを義務付けています。

(6)携帯電話のレンタル業者の責任

　他人名義のレンタル携帯電話を使用した事例について、レンタル業者の不法行為責任を認めた裁判例もあります。概要を紹介しましょう。
　事例は、実際には価値のない株式を、消費者に対し「人気があって入手困難であり、今買えば何倍もの値段で売ることができる」と虚偽の勧誘をして著しく高額で売りつけた販売業者（Y1）の行為、及び当該勧誘に使用した携帯電話を有償貸与した事業者（Y3）の行為が不法行為に当たるとして、勧誘した事業者及び携帯電話を貸与した事業者に対して、消費者が損害賠償の請求をした事案です。

(7)判決のポイント

　裁判所は、Y1及びY1の代表取締役であるY2に共同不法行為に基づく損害賠償責任を認めたうえで、レンタル業者Y3の責任について以下のように判断しました。

　レンタル携帯電話は、振り込め詐欺を始めとして、自らの氏名や立場を明らかにすることができない者の詐欺行為の重要なツールとして利用されていることは否定し得ないのであり、携帯電話不正利用防止法は、このような犯罪行為を防止するため、レンタル事業者に対し、罰則を伴う厳格な本人確認義務を課しているのである。しかるところ、レンタル携帯電話を犯罪行為に利用しようとする者は、レンタル事業者に対して提示する運転免許証等の公的証明書を偽造することは容易に想定されるのであるから、携帯電話のレンタル事業者は、借受希望者から、本人確認のために運転免許証等の公的証明書が提示された場合には、それが偽造されたものであるか否かを慎重に調査すべき高度の注意義務を課せられていると解するのが相当である。
　（…略…）
　これを本件についてみると、本件運転免許証には、架空の住所が記載されているところ、インターネット検索をすれば、本件番地は存在しないことが容易に判明すること、本件運転免許証には、免許の取得年月日につき矛盾する記載があることなどが認められ、これらによれば、Y3従業員であるCが、本件運転免許証につき簡易な調査をすれば、偽造の事実が容易に判明したものというほかはない。とりわけ、携帯電話のレンタル契約名義人であるBは、一度に3台もの携帯電話のレンタル契約を締結することを申し込んでいるにもかかわらず、印鑑を所持

していないなど、疑わしい点があったのであるから、このような調査をすべき要請はいっそう高かったということができる。したがって、Bに対して携帯電話を貸与すれば、それが詐欺行為等の犯罪に利用されるに至ることを予見することは十分に可能であったものというべきである。したがって、Bの本人確認をしたCには、看過し得ない過失があり、この過失により、Y1及びY2の不法行為の実行を容易ならしめたものということができる。

そうすると、レンタル業者Y3の従業員であるCは、過失により同不法行為を幇助したものと認められ、レンタル業者Y3は、Xに対し、使用者責任及び共同不法行為責任を負う。

(8)私書箱サービス業者の責任

東京地方裁判所平成26年12月10日消費者法ニュース103号283頁

ロトくじを名目にしたいわゆる特殊詐欺について、私設私書箱サービス業者が関与した事案について、事業者は、単に契約者について本人確認を行えばよいのではなく、契約締結時や個別の取引の際の事情から、顧客からが犯罪収益を移転しようとしている疑いが払拭されない限り取引を停止しなければならない義務を負うとして、不法行為責任を認めた事例（過失相殺4割）があります。

(9)判決のポイント

上記判決では次のように判断しています。

（1）総論

Y2が営む私書箱サービスは「顧客に対し、自己の居所若しくは事務所の住所地を当該顧客が宅配便を受け取る場所として用いることを許諾し、当該自己の居所若しくは事務所において当該顧客宛ての宅配便を受け取ってこれを当該顧客に引き渡す役務を提供する業務」に当たるため、Y2は平成23年法律第31号による改正前の犯罪収益移転防止法における「特定事業者」に当たる（同法2条38号）。したがって、Y2は、顧客等との間で私書箱サービスにかかる契約を締結する際には、運転免許証等の提示を受ける方法等により、当該顧客等について、本人確認事項の確認を行わなければならず、また、私書箱サービスにおいて収受した財産が犯罪による収益である疑いがあり、又は顧客等が私書箱サービスに関し組織的犯罪処罰法10条の罪（犯罪収益等の隠匿）に当たる行為を行っている疑いがあると認められる場合においては、速やかに、文書等により、当該取引の内容等を行政庁に届け出なければならない（犯罪収益移転防止法9条1項）。

そして、同法が特定事業者にこれらの義務を課しているのは、犯罪による収益が組織的な犯罪を助長するために使用されるとともに、これが移転して事業活動に用いられることにより健全な経済活動に重大な悪影響を与えるものであること、及び犯罪による収益の移転が没収、追徴その他の手続きによりこれをはく奪し、又は犯罪による被害の回復に充てることを困難にするものであるためであること（同法1条）からすれば、Y2は、単に本人確認や疑わしい取引の届け出を行えばよいのではなく、契約締結時や個別の取引の事情から顧客等が犯罪収益を移転しようとしている疑いがある場合には、かかる事情についてより詳細に確認を行い、かかる疑いが払しょくされない限りは取引を停止しなければならないという条理上の注意義務を負っていたというべきである。
（2）本件への当てはめ
　…Y2らは、本件契約締結時において、Yと名乗る者が楽天株式会社等を連想させるために「楽天経理部」という名称を使用していることを容易に認識することが可能であったということができる。…大手企業を装うことによって他人を欺き、それによって違法又は不正に利益を上げようとすることもまた、容易に疑うことも可能であったというべきである。
　…それにもかかわらず、Y3は、何らの確認を行うこともなく、漫然と本件各宅配便を「Y」と名乗る者に対して交付したのであり、少なくともY3に対してはY2の代表取締役としてその職務を行うにつき、上記注意義務に違反した重大に過失が認められる。

関係条文 民法
第五章　不法行為
（不法行為による損害賠償）
第七百九条　故意又は過失によって他人の権利又は法律上保護される利益を侵害した者は、これによって生じた損害を賠償する責任を負う。

関係条文 民事訴訟法
（公示送達の要件）
第百十条　次に掲げる場合には、裁判所書記官は、申立てにより、公示送達をすることができる。
　一　当事者の住所、居所その他送達をすべき場所が知れない場合
　二　第百七条第一項の規定により送達をすることができない場合
　三　外国においてすべき送達について、第百八条の規定によることができず、又はこれによっ

ても送達をすることができないと認めるべき場合
　　四　第百八条の規定により外国の管轄官庁に嘱託を発した後六月を経過してもその送達を証する書面の送付がない場合
2　前項の場合において、裁判所は、訴訟の遅滞を避けるため必要があると認めるときは、申立てがないときであっても、裁判所書記官に公示送達をすべきことを命ずることができる。
3　同一の当事者に対する二回目以降の公示送達は、職権でする。ただし、第一項第四号に掲げる場合は、この限りでない。

（公示送達の方法）
第百十一条　公示送達は、裁判所書記官が送達すべき書類を保管し、いつでも送達を受けるべき者に交付すべき旨を裁判所の掲示場に掲示してする。

（公示送達の効力発生の時期）
第百十二条　公示送達は、前条の規定による掲示を始めた日から二週間を経過することによって、その効力を生ずる。ただし、第百十条第三項の公示送達は、掲示を始めた日の翌日にその効力を生ずる。
2　外国においてすべき送達についてした公示送達にあっては、前項の期間は、六週間とする。
3　前二項の期間は、短縮することができない。

（公示送達による意思表示の到達）
第百十三条　訴訟の当事者が相手方の所在を知ることができない場合において、相手方に対する公示送達がされた書類に、その相手方に対しその訴訟の目的である請求又は防御の方法に関する意思表示をする旨の記載があるときは、その意思表示は、第百十一条の規定による掲示を始めた日から二週間を経過した時に、相手方に到達したものとみなす。この場合においては、民法第九十八条第三項 ただし書の規定を準用する。

関係条文

携帯音声通信事業者による契約者等の本人確認等及び携帯音声通信役務の不正な利用の防止に関する法律（平成十七年四月十五日法律第三十一号）

（貸与業者の貸与時の本人確認義務等）
第十条　通話可能端末設備等を有償で貸与することを業とする者（以下「貸与業者」という。）は、通話可能端末設備等を有償で貸与する契約（以下「貸与契約」という。）を締結するに際しては、当該貸与契約を締結しようとする相手方（以下「貸与の相手方」という。）について、次の各号に掲げる貸与の相手方の区分に応じ、運転免許証の提示を受ける方法その他の総務省令で定める方法によるそれぞれ当該各号に定める事項（以下「貸与時本人特定事項」という。）の確認（以下「貸与時本人確認」という。）を行わずに、通話可能端末設備等を貸与の相手方に交付してはならない。
　　一　自然人　氏名、住居（本邦内に住居を有しない外国人で総務省令で定めるものにあっては、総務省令で定める事項）及び生年月日
　　二　法人　名称及び本店又は主たる事務所の所在地
2　第三条第二項から第四項まで及び第四条の規定は、前項の規定により貸与業者が貸与時本人確認を行う場合について準用する。この場合において、第三条第二項から第四項までの規定中「携帯音声通信事業者」とあるのは「貸与業者」と、同条第二項中「相手方の本人確認を行う場合において、会社」とあるのは「会社」と、「役務提供契約」とあるのは「貸与契約」と、「当該相手方と」とあるのは「貸与の相手方と」と、「当該相手方の本人確認」とあるの

第4章　具体例で考える【1高齢者に多い被害】

は「当該貸与の相手方の貸与時本人確認」と、「及び第十一条第一号において」とあるのは「において」と、「、本人確認を行わなければならない」とあるのは「貸与時本人確認を行わなければ、通話可能端末設備等を貸与の相手方に交付してはならない」と、同条第三項中「相手方」とあるのは「貸与の相手方」と、「役務提供契約」とあるのは「貸与契約」と、「第一項」とあるのは「第十条第一項」と、同条第四項中「相手方」とあるのは「貸与の相手方」と、「及び第十一条第一号において」とあるのは「において」と、「本人確認」とあるのは「貸与時本人確認」と、「本人特定事項」とあるのは「貸与時本人特定事項」と、第四条中「携帯音声通信事業者」とあるのは「貸与業者」と、「本人確認記録」とあるのは「貸与時本人確認記録」と、同条第一項中「本人確認」とあるのは「貸与時本人確認」と、「速やかに」とあるのは「総務省令で定める期間内に」と、「本人特定事項」とあるのは「貸与時本人特定事項」と、同条第二項中「役務提供契約」とあるのは「貸与契約」と読み替えるものとする。

> **関係条文**　犯罪収益移転防止法
>
> （目的）
> 第一条　この法律は、犯罪による収益が組織的な犯罪を助長するために使用されるとともに、これが移転して事業活動に用いられることにより健全な経済活動に重大な悪影響を与えるものであること、及び犯罪による収益の移転が没収、追徴その他の手続によりこれをはく奪し、又は犯罪による被害の回復に充てることを困難にするものであることから、犯罪による収益の移転を防止すること（以下「犯罪による収益の移転防止」という。）が極めて重要であることに鑑み、特定事業者による顧客等の本人特定事項（第四条第一項第一号に規定する本人特定事項をいう。第三条第一項において同じ。）等の確認、取引記録等の保存、疑わしい取引の届出等の措置を講ずることにより、組織的な犯罪の処罰及び犯罪収益の規制等に関する法律（平成十一年法律第百三十六号。以下「組織的犯罪処罰法」という。）及び国際的な協力の下に規制薬物に係る不正行為を助長する行為等の防止を図るための麻薬及び向精神薬取締法等の特例等に関する法律（平成三年法律第九十四号。以下「麻薬特例法」という。）による措置と相まって、犯罪による収益の移転防止を図り、併せてテロリズムに対する資金供与の防止に関する国際条約等の的確な実施を確保し、もって国民生活の安全と平穏を確保するとともに、経済活動の健全な発展に寄与することを目的とする。
>
> （定義）
> 第二条　この法律において「犯罪による収益」とは、組織的犯罪処罰法第二条第四項に規定する犯罪収益等又は麻薬特例法第二条第五項に規定する薬物犯罪収益等をいう。
> 2　この法律において「特定事業者」とは、次に掲げる者をいう。
> 　　　－　略　－
> 　四十一　顧客に対し、自己の居所若しくは事務所の所在地を当該顧客が郵便物（民間事業者による信書の送達に関する法律（平成十四年法律第九十九号）第二条第三項に規定する信書便並びに大きさ及び重量が郵便物に類似する貨物を含む。以下同じ。）を受け取る場所として用い、又は自己の電話番号を当該顧客が連絡先の電話番号として用いることを許諾し、当該自己の居所若しくは事務所において当該顧客宛ての郵便物を受け取ってこれを当該顧客に引き渡し、又は当該顧客宛ての当該電話番号に係る電話（ファクシミリ装置による通信を含む。以下同じ。）を受けてその内容を当該顧客に連絡し、若しくは当該顧客宛ての若しくは当該顧客からの当該電話番号に係る電話を当該顧客が指定する電話番号に自動的に転送する役務を提供する業務を行う者
> （取引時確認等）
> 第四条　特定事業者（第二条第二項第四十二号に掲げる特定事業者（第十一条において「弁護

士等」という。）を除く。以下同じ。）は、顧客等との間で、別表の上欄に掲げる特定事業者の区分に応じそれぞれ同表の中欄に定める業務（以下「特定業務」という。）のうち同表の下欄に定める取引（次項第二号において「特定取引」といい、同項前段に規定する取引に該当するものを除く。）を行うに際しては、主務省令で定める方法により、当該顧客等について、次の各号（第二条第二項第四十三号から第四十六号までに掲げる特定事業者にあっては、第一号）に掲げる事項の確認を行わなければならない。

一　本人特定事項（自然人にあっては氏名、住居（本邦内に住居を有しない外国人で政令で定めるものにあっては、主務省令で定める事項）及び生年月日をいい、法人にあっては名称及び本店又は主たる事務所の所在地をいう。以下同じ。）
二　取引を行う目的
三　当該顧客等が自然人である場合にあっては職業、当該顧客等が法人である場合にあっては事業の内容
四　当該顧客等が法人である場合において、その事業経営を実質的に支配することが可能となる関係にあるものとして主務省令で定める者があるときにあっては、その者の本人特定事項
　　　－　以下略　－

5　買え買え詐欺(3) ― 有料老人ホームの利用権

Q　自宅に電話がかかってきて「有料老人ホームの利用権を購入する権利がある。」「大人気で入居希望者が大勢いるので、購入した上で必要な人に販売すれば利益が得られる」と勧誘されました。一方的な電話だけでは信用できないので相手にしなかったのですが、電話の直後に大変立派なパンフレットと申込書が送られてきたので、嘘ではなかったのだなと思いました。その後に、再び電話がかかってきて勧誘されたので、契約してしまいました。その後、家族に話したところ「話がうますぎる」と止められました。契約してからでもやめられますか。

(1)電話勧誘販売か

　この事例も典型的な「買え買え詐欺」によくみられるものです。電話で契約締結の勧誘をして通信手段で契約をさせているので、仏像の事例のように電話勧誘販売の販売方法に該当します。

　ところが、現行の特定商取引法の電話勧誘販売の定義では、商品の販売契約や有償の役務提供契約の場合には、原則としてすべて電話勧誘販売に該当する可能性があるのですが、権利の販売についてのみ「指定権利」の販売契約であることが必要とされています。

(2)指定権利とは

　指定権利とは、特定商取引法で「施設を利用し又は役務の提供を受ける権利」であって「国民の日常生活に係る取引において販売されるものであつて」、これらの要件を満たす権利で政令で指定された権利に限定しています。

　現行法（2017年1月現在）で指定されている権利は下記の三種類です。

番号	指定権利
一	保養のための施設又はスポーツ施設を利用する権利
二	映画、演劇、音楽、スポーツ、写真又は絵画、彫刻その他の美術工芸品を鑑賞し、又は観覧する権利
三	語学の教授を受ける権利

したがって、老人ホームの利用権の販売は、電話勧誘販売には該当せず、特定商取引法の規制は及びません。

(3) 2016年改正法では

　高齢者をねらった電話勧誘販売や訪問勧誘ではさまざまな「権利」などが利用される実態がありました。きちんと名乗らない、勧誘の時に強引だったり平気でうそをついたりする、契約してもきちんとした契約書面の交付もないので、具体的な契約内容がわからない、事業者の表示も正しいものとは限らないため、契約した後で連絡が取れなくて困る、などの問題が起こっていました。しかし、指定権利以外の「権利」に関する取引には、特定商取引法の適用がないので、所管している消費者庁や都道府県は調査をしたり行政処分をすることができないから、と放置されていました。

　消費者安全法が改正されて、「多数消費者財産被害事態」に該当する場合には、特定商取引法やその他の業法の規制が及ばないときには、消費者庁が調査や勧告ができるようになりましたが、特定商取引法のようなキメ細かな規制ではなく、きわめて不十分な状態にとどまっていました。さらに、消費者安全法では、クーリング・オフなどの消費者を救済するための民事ルールの制度は設けられていないという点も大きな問題となっていました。

　そこで、2016年改正特定商取引法で、指定権利制度を見直して「特定権利制度」に改められました。それとともに、従来の「役務」の解釈が大変狭く限定された運用となっていたものを改めることとしました。その結果、改正法では有料老人ホームの利用権やお墓の利用権なども役務取引として特定商取引法の電話勧誘販売の規制対象となります。

　ただし、改正法は改正法の施行日以後に締結された契約に適用されます。改正法の施行日前の契約には、改正前の現行の法律が適用されます。契約締結日がいつなのかを確認することが大切です。なお、施行日は、改正法の公布の日（2016年6月3日）から1年6か月以内で政令で定める日とされています。

(4) 消費者契約法による取消

　消費者と事業者との契約（消費者契約）には、すべて消費者契約法の適用があります。本件事例も、消費者契約法の適用があります。

　したがって、契約の勧誘の際に、販売する権利の内容や質についての説明が事実と異なっていて消費者が誤認した場合、販売対象の権利の将来の価格について

断定的判断の提供をして消費者が誤認した場合には、契約を取り消すことができます。

(5) 不法行為の検討

さらに、前項のように不法行為に該当する可能性もあります。消費者庁は、有料老人ホームの利用権を販売していたある事業者について消費者安全法に基づいて調査をしたところ、老人ホームの実態はなかった（つまり、実在しないモノを販売していた）ことが判明したことを公表しました。このようなケースは、実在しない権利の販売名目で代金相当額をだまし取って消費者に損害を負わせたものですから、不法行為に該当します。

不法行為責任の考え方などについては、前項を参照してください。

関係条文 特定商取引法
（定義）
第二条
4 この章並びに第五十八条の十九及び第六十七条第一項において「指定権利」とは、施設を利用し又は役務の提供を受ける権利のうち国民の日常生活に係る取引において販売されるものであつて政令で定めるものをいう。

6　買え買え詐欺(4) ―― 水や鉱物等の採掘権

Q 自宅に電話がかかってきて「鉱物の採掘権」の購入を勧められました。定期的に配当金が支払われるし、今後値上がり確実だから老後の資産運用になる、というのですが…。

(1)特定商取引法の適用は…

　本件事例も電話で「鉱物の採掘権」についての契約締結の勧誘をして契約させようとするものです。販売方法は電話勧誘販売の定義に当たりますが、「鉱物の採掘権」の販売も電話勧誘販売に該当するかが問題です。

　老人ホームの事例の解説で説明したように、現行特定商取引法では政令指定権利の販売のみを規制対象として定め、政令で三種類の権利のみを指定しています。現行法では、事業者が「鉱物の採掘権」の販売であると言っているのであれば、権利の販売であると形式的に解釈して適用対象とはならないとしています。

(2)販売の媒介の場合

　ただし、電話で勧誘してきた事業者が販売業者ではなく、販売契約の媒介をしているという場合には「媒介サービス」というサービス（役務）提供契約であるということになるので、現行特定商取引法の適用があります。

　この場合には、電話をかけてきた事業者との契約の内容が「事業者を権利の売り主」「消費者を買主」とする契約ではなく、「事業者は媒介業者として契約に関与し」「消費者は媒介手数料を事業者に支払い」「権利の販売契約は、別の販売業者との間で締結する」ということになっているはずです。

　ただし、これらの事実関係は、事業者が作成交付する契約書面の内容があいまいなものだと、渡された契約書面だけでは判断が難しい場合もあると推察されます。

(3)2016年改正特定商取引法では…

　2016年改正特定商取引法では、指定権利制の見直しがされました。改正法施行後の契約であれば、事業者が「権利の販売」と称している場合でも、多くのケースでは「役務提供契約」の実態を備えていれば、電話勧誘販売の規制対象取引となると考えられます。

なお、改正法では、「役務」の解釈基準が見直される見込みであることは前項の解説を参考にしてください。

(4)消費者契約法・不法行為の可能性
　消費者契約法による解決、不法行為による損害賠償請求も検討の余地があります。この点については、前項の解説を参考にしてください。

7　買え買え詐欺(5) ── 名前を貸して

Q 自宅に有料老人ホームの利用権についてのパンフレットが送られてきました。興味がないので放置していたところ、電話がかかってきて「パンフレットを見たか」「購入する意思がないのなら、必要としている人がいるので、ぜひ購入する権利を譲ってほしい」と頼まれました。自分は必要がないので、必要だという人がいるならば譲ってもよいと思って「どうすればよいか」と聞いたところ、「パンフレットに入っている申込書に自分の氏名を書きこんで申込手続きをしてほしい」と言われました。断ったところ、翌日、販売業者から「申込みの確認」の電話が入りました。申し込んでいないと言ったところ、名義貸しの責任がある、名義貸しは違法行為だから大変なことになると言われました。納得できません。

(1) はじめに

「買え買え詐欺」では、実体のない権利や無価値の商品などを、あたかも大変価値のあるもので、将来価値が上がるかのような欺瞞的な説明をして契約させて、高齢者等の金銭を詐取しようとするものとして始まりました。

口実に利用される権利や商品は多種多様で、未公開株式や社債、各種のファンドなどの集団投資スキーム、外国通貨、仮想通貨などの金融商品を騙ったもの、有料老人ホームの利用権やお墓の利用権などの高齢化時代の話題に乗じたもっともらしい利用権で特定商取引法などの規制が及ばない権利、金地金、宝石、仏像、美術品などで被害が出ています。口実として利用される権利や商品などは今後も変化し続けるものと推測されます。

同種の被害が多発し、消費生活センターや警察を経由するなどして、国民生活センターや監督官庁などに被害の報告が寄せられると、被害防止のための消費者に対する情報提供が行われてきました。その効果があり、「未公開株式は素人が手を出すものではない」「詐欺が多い」などの知識が徐々に広がってきています。

ところが、消費者に対する情報提供が進み、買え買え詐欺の被害が広く知られるようになると、その手口は複雑になり、多様化していきます。消費者が「絶対もうかる」という説明は危険だから、自分は契約しないという態度を取るようになると、「あなたが買わないのであれば、欲しがっている人に名義を貸してあげてほしい」とか「代わりに買ってあげてほしい。支払いは、本当に欲しがってい

る人が支払うので、迷惑はかけない。お礼もする。」などと持ちかける、という手口はその典型的なものです。

　そのほかにも、「被害の調査だ」といって公的機関を騙って電話をしてきて、消費者が「こんな電話があったが、自分はひっかからなかった」という話をすると、「それは詐欺ではない。自分だったら契約としたのに。選ばれた人しか契約できないから、あなたは選ばれて運が良い」などといって、「公的機関が良いというなら詐欺ではない」と思わせる手口が出てきました。さらに、すでに被害に遭った人を狙って、「被害救済をする」と持ちかけてさらに食い物にする、などというものが後を絶ちません。

　ここでは「名義を貸して」というタイプの事例について検討することにします。

(2)事例の場合

　事例では、「名義を貸して」と頼まれ断ったのに「あなたの名義で契約されている。名義貸しは違法だ。」といわれています。

　この場合には、消費者は、名義を貸すことを断っており、名義を貸した事実はありません。勝手に名義を使われたというにすぎません。（買え買え詐欺の場合には、すべてが詐欺グループが仕組んだお芝居であり、実態はないことが多いのですが、仮に実態があるとしても、ということです）。したがって、名義を貸したことによる責任を問われることはありません。「自分は名義を貸していない。関係がない。」と毅然とした態度を取ればよい、ということにつきます。相手の目的は、パニックに追い込んで、金銭を詐取しようということですから、相手のいうことに動揺せず、無視すべきである、ということです。

　事例では、名義貸しは違法行為と述べたという設定ですが、「名義人が対価を支払う義務がある」「あなたが名義人だから、〇千万円を本日中に支払え。支払わないと、パトカーが行く」とか「裁判になり、自宅が差し押さえになる」などといってくる手口もあります。この場合にも、無断で名義を使用された人にはなんらの法的責任はありません。いろいろといってくるのは、根拠のない恫喝にすぎません。無視すればよい、ということです。

　このような手口が現れた理由としては、「選ばれてパンフレットなどの資料を送ってもらえた人だけが、この金融商品の契約ができる権利がない。権利がないのに欲しがっている人がいるので、その人に名義を貸してあげてほしい。」「人助けになる。お礼もする。」などと説明する手口が出現し、被害が広がったことから、「名義は貸してはいけません」という啓発がされるようになり、消費者が注

意深くなったことから、さらに悪質化が進み、断ったのに「使用されているから法的責任がある」といいたてて追い詰める手口に進んだものと推測されます。

(3) 名義を貸したとき

では、名義を貸してほしいと持ちかけられて名義を貸してしまった場合はどうでしょうか。

まず、実体のない買え買え詐欺などの場合には、一連の詐欺の手口に過ぎないので、「あなたには金銭的な負担は一切ない。」「人助けになる。」「お礼をする」などといわれて貸すことに同意をしたという場合であっても、法的責任に問われることはありません。違法行為になる、などということもありません。だいたい、相手がいう「違法行為」の法的根拠は不明です。

刑務所に行くことになるとか、パトカーを差し向ける、警察の調査が入るなどと恫喝する場合もあるようですが、まったく根拠のないおどしにすぎません。

支払わないで、無視すべきであるということです。ただし、それ以前にもっとも大切なことは、名義を貸すことに同意しないということに尽きることは知っておく必要があります。

(4) 「名義を貸す」ということ

買え買え詐欺以外の消費者被害でも、「名義を貸してほしい。絶対に迷惑をかけない。」という言い方をしてトラブルに巻き込む手口があります。典型的な手口が、個別クレジット契約の契約名義人になるように頼んでくる「名義貸し事件」です。

A業者との契約に名義を貸すことを頼まれて、Aと自分の名義で契約した場合を考えてみましょう。

契約をする場合には、契約相手が誰であるかは、大変重要なことです。契約とは「法律上、保護に値する約束」のことです。契約相手が、その契約を守ってくれる相手ということになるからです。

つまり、契約相手Aにすれば、契約名義人が契約を守ってくれると考えて、契約をしているわけです。自分が、その契約に名義を貸すことに同意して、Aと自分名義で契約した場合には、名義人はAに対して契約どおり履行する義務を負うことになります。金融商品の取引であれば、名義人が、Aに対して契約で定めた金銭を支払う義務を負うことになります。

Cが「絶対迷惑をかけない。支払いはCがするから、あなたに迷惑はかけな

い」と述べた、ということは、契約相手であるAに対するいいわけにはなりません。契約名義人となった者は、Aには契約通り支払う義務を負います。そのかわり、名義人は、Aに支払った分をCに返すように請求できます。Cが返してくれないとしても、その責任をAに取ってもらうことはできません。

　Cが信頼できる人であり、名義を貸すだけの合理的な理由がある場合であれば、名義を貸すこともやむを得ない場合があるかもしれません。

　しかし、見知らぬ人物から突然電話で「名義を貸して」と頼まれたからといって、名義を貸すことは大変危険なことだといえます。名義貸しが犯罪で処罰されるというようなものではありませんが、安易に名義を貸したりしてはいけないということは知っておく必要があるということです。

8 未公開株の勧誘

> Q 電話で未公開株の購入を勧められました。今購入しておけば、上場された後には価格があがるので、その後に転売すれば確実にもうかると言われました。

(1)はじめに
　金融商品取引法は金融商品を販売したり仲介したりする事業者について開業規制を設けています。たとえば、証券会社（第一種金融商品取引業者）は同法による登録が必要です。もともとは、同法は登録業者・届出業者を規制するための法律で、無登録業者については規制は及びませんでした。しかし、未公開株の販売などで無登録業者による被害が多発し社会問題となったことから、平成23年改正で無登録業者に対する規制が導入されました。

(2)販売業者が無登録業者の場合
　導入された規制の概要は下記のとおりです。
(1)　無登録業者による表示・勧誘行為の禁止
　　無登録業者が、金融商品取引業を行う旨の表示をすること、及び、金融商品取引業を行うことを目的として、金融商品取引契約の締結について勧誘をすることを禁止する。（金融商品取引法第31条の3の2関係）
(2)　無登録業者による未公開有価証券の売付け等の効果
　　無登録業者が非上場の株券等（未公開株や社債）の売付け等を行った場合には、その売買契約を原則として無効とする。（金融商品取引法第171条の2関係）
(3)　無登録業者に対する罰則の引上げ
　　無登録業等に対する法定刑を、3年以下の懲役若しくは300万円以下の罰金又はこれらの併科から、5年以下の懲役若しくは500万円以下の罰金又はこれらの併科に引き上げるとともに、法人に対して行為者よりも重課（5億円以下の罰金）する。（金融商品取引法第197条の2、第207条関係）

第4章　具体例で考える【1 高齢者に多い被害】

> **関係条文　金融商品取引法**
> （無登録業者による未公開有価証券の売付け等の効果）
> 第百七十一条の二　無登録業者（第二十九条の規定に違反して内閣総理大臣の登録を受けないで第二十八条第一項に規定する第一種金融商品取引業又は同条第二項に規定する第二種金融商品取引業を行う者をいう。以下この項において同じ。）が、未公開有価証券につき売付け等（売付け又はその媒介若しくは代理、募集又は売出しの取扱いその他これらに準ずる行為として政令で定める行為をいう。以下この項において同じ。）を行つた場合には、対象契約（当該売付け等に係る契約又は当該売付け等により締結された契約であつて、顧客による当該未公開有価証券の取得を内容とするものをいう。以下この項において同じ。）は、無効とする。ただし、当該無登録業者又は当該対象契約に係る当該未公開有価証券の売主若しくは発行者（当該対象契約の当事者に限る。）が、当該売付け等が当該顧客の知識、経験、財産の状況及び当該対象契約を締結する目的に照らして顧客の保護に欠けるものでないこと又は当該売付け等が不当な利得行為に該当しないことを証明したときは、この限りでない。
> 2　前項の「未公開有価証券」とは、社債券、株券、新株予約権証券その他の適正な取引を確保することが特に必要な有価証券として政令で定める有価証券であつて、次に掲げる有価証券のいずれにも該当しないものをいう。
> 一　金融商品取引所に上場されている有価証券
> 二　店頭売買有価証券又は取扱有価証券
> 三　前二号に掲げるもののほか、その売買価格又は発行者に関する情報を容易に取得することができる有価証券として政令で定める有価証券

(3)発行会社が販売するとき

　発行会社が未公開株の販売を行う場合には、金融商品取引法の適用はありません。

　事例のように電話勧誘で販売しているときには、クーリング・オフはできるでしょうか。現行の特定商取引法では権利の販売については指定権利に限って規制対象としています。未公開株は指定権利ではないのでクーリング・オフの対象にはなっていません。

　2016年改正特定商取引法では、特定権利として未公開株なども対象になりました。改正法施行日以降の契約であれば、クーリング・オフが可能です。

9　外国通貨

> **Q** 電話で外国通貨の取引の勧誘をされました。聞いたこともない通貨の単位でよくわからないので断ろうとしたのですが、相手が電話を切らせてくれず、結局契約させられてしまいました。支払いは現金をレターパックで送るように指示されましたが、レターパックには「現金を送れは詐欺です」と印刷されていて心配になり業者に問い合せたところ「気にしなくて良い」「合法だから」と言うのですが…。

(1)はじめに

　高齢者等に資産運用になるといって外国通貨の取引をさせる電話勧誘取引の被害が発生しています。外国通貨の種類は次々と変化しています。最初は2009年ころからイラクディナールに関する被害例でした。国民生活センターは2010年6月に被害が増加しているとして報道発表しています。

　その後もスーダンのポンド、ベトナムのドンなど社会問題として指摘されると新しい外国通貨に変化し続けています。イラクディナール、スーダンポンド、アフガニスタンのアフガニ、リビアディナール、ベトナムのドンと変化し最近ではコンゴ民主共和国の通貨「コンゴフラン」、シリア・アラブ共和国の通貨「シリアポンド」、イエメン共和国の通貨「イエメンリアル」、ウズベキスタン共和国の通貨「ウズベキスタンスム」などが利用されています。今後も新たな外国通貨の被害が出てくることが心配されます。

(2)問題点

　問題点はいろいろとあります。整理すると次のような点が問題です。
（1）事業者に関すること
　事業者の実態が不明であること。電話と郵送だけのやり取りであるので事業者を特定することができない場合が少なくないこと。
　送金先の住所も電話の名義人も私設私書箱や荷受代行サービスなどを利用していたり、転送電話やレンタル電話などを使用しているなど、加害事業者を把握できないようにしていることが多い。
（2）取引の問題
　・通貨の現物を見たことがない場合には引き渡された通貨が本物かどうかを判

断できないことがある。
・為替レートを知らないために通常のレートの数千倍などのレートで契約させている場合が多い。
・日本国内では為替交換しているところがない。
また日本国内ではそのままでは使用できないので意味がない。

以上から、資産運用になるとの説明は事実と異なり、消費者は高額なお金を支払ったものの無価値の外国通貨を手にする結果となるというもので、結果的には多額の財産被害に遭うというものです。
したがって、スーダンのポンドだから危ないということなのではなくて、上記のような問題点があるものであれば、どのような外国通貨であっても同様の問題点があるということになります。

(3)特定商取引法の問題

外国通貨の取引は事業者から電話をかけてきてお金や通貨のやり取りはレターパックや宅配便などの郵送手段か、振込みなどで行われるものが多くを占めます。事業者と消費者とが直接対面しないという特徴があるわけです。つまり「特殊詐欺」の一種であるということです。

電話で勧誘して通信手段で契約をさせるものであることから、販売方法としては電話勧誘販売に該当するものといえます。しかし、これまでは外国通貨は政令指定権利として指定されていないし、役務にも該当しないから、特定商取引法の適用はないと解釈されてきました。

そのため、電話勧誘できちんと名乗らない、契約書面等の交付をしないため消費者には契約相手や契約内容を認識することができない、勧誘の際のさまざまな問題のある行為、たとえば不実告知や再勧誘の禁止を無視した執拗な勧誘等が行われているにもかかわらず、被害の未然防止のための対策がとられないままに推移していました。

そこで、2016年の改正特定商取引法により政令指定権利制から特定権利制に改正するとともに役務の解釈を見直し、改正法施行後の取引については、外国通貨も規制対象とされることになります。改正法施行後は、書面交付義務やクーリング・オフ制度が導入されます。さらに、特定商取引法違反業者については立入検査や最大で2年間の業務停止命令の規制も可能になります。特定商取引法の規制対象になることで重要なことは、これらの規制が及ぶことにより、被害防止の効

果が得られると期待できる点です。

⑷不法行為による損害賠償請求

　外国通貨の取引の実態は消費者から多額の金銭を詐取するというものであるといえます。故意により消費者に財産的被害を与えるものであるということで、不法行為による損害賠償請求が可能と考えられます。

　ただし、この場合の大きな問題は「誰に対して損害賠償を求めればよいか」が不明なことが多いことです。

　詐欺業者にレンタル電話や私設私書箱を提供した者に対して共同不法行為による損害賠償を求めることが可能な場合があることは「相手がわからないとき」の項で説明したとおりです。

10 仮想通貨

> 祖母が仮想通貨の契約をしたようです。具体的に仮想通貨といってもどんな仮想通貨をどれだけ契約したのかなど詳しいことはわかりません。事業者は「パソコンやスマホでの契約の決済に利用できる。契約した仮想通貨の内容も確認できる」と言っていますが、祖母はパソコンもスマホも使わないので意味がありません。電話で資産運用になると勧められて断りきれなくて契約したようですが…

(1)はじめに

　高齢者をターゲットにした電話勧誘取引に仮想通貨の取引があります。実体のない仮想通貨の可能性もあり、この場合には「買え買え詐欺」や「特殊詐欺」などの可能性があります。

　これまでは仮想通貨については法的規制はありませんでした。また、外国通貨の場合と同様に電話勧誘による取引であっても、仮想通貨は役務でもないし政令指定権利でもないから特定商取引法の適用はないとされ、放置されてきました。

　しかし、仮想通貨を放置すると国際的なテロ資金や犯罪収益の抜け道になるということから、2016年に資金決済法が改正されて仮想通貨は規制されることになりました。また、2016年特定商取引法により、仮想通貨は役務として規制対象とされることになりました。

(2)資金決済法

　改正法により仮想通貨を「物品を購入し、若しくは借り受け、又は役務の提供を受ける場合に、これらの代価の弁済のために不特定の者に対して使用することができ、かつ、不特定の者を相手方として購入及び売却を行うことができる財産的価値（電子機器その他の物に電子的方法により記録されているものに限り、本邦通貨及び外国通貨並びに通貨建資産を除く。次号において同じ。）であって、電子情報処理組織を用いて移転することができるもの」と定義しました。仮想通貨の交換や売買を業とするためには登録制度が導入されます。登録業者に対して行政監督制度があります。無登録の場合には3年以下の懲役若しくは300万円以下の罰金に処し、又はこれを併科するとする刑事罰があります。

> **関係条文**

改正資金決済法
第二条第四項の次に次の五項を加える。
5 この法律において「仮想通貨」とは、次に掲げるものをいう。
　一　物品を購入し、若しくは借り受け、又は役務の提供を受ける場合に、これらの代価の弁済のために不特定の者に対して使用することができ、かつ、不特定の者を相手方として購入及び売却を行うことができる財産的価値（電子機器その他の物に電子的方法により記録されているものに限り、本邦通貨及び外国通貨並びに通貨建資産を除く。次号において同じ。）であって、電子情報処理組織を用いて移転することができるもの
　二　不特定の者を相手方として前号に掲げるものと相互に交換を行うことができる財産的価値であって、電子情報処理組織を用いて移転することができるもの
6 この法律において「通貨建資産」とは、本邦通貨若しくは外国通貨をもって表示され、又は本邦通貨若しくは外国通貨をもって債務の履行、払戻しその他これらに準ずるもの（以下この項において「債務の履行等」という。）が行われることとされている資産をいう。この場合において、通貨建資産をもって債務の履行等が行われることとされている資産は、通貨建資産とみなす。
7 この法律において「仮想通貨交換業」とは、次に掲げる行為のいずれかを業として行うことをいい、「仮想通貨の交換等」とは、第一号及び第二号に掲げる行為をいう。
　一　仮想通貨の売買又は他の仮想通貨との交換
　二　前号に掲げる行為の媒介、取次ぎ又は代理
　三　その行う前二号に掲げる行為に関して、利用者の金銭又は仮想通貨の管理をすること。
8 この法律において「仮想通貨交換業者」とは、第六十三条の二の登録を受けた者をいう。
9 この法律において「外国仮想通貨交換業者」とは、この法律に相当する外国の法令の規定により当該外国において第六十三条の二の登録と同種類の登録（当該登録に類する許可その他の行政処分を含む。）を受けて仮想通貨交換業を行う者をいう。

（仮想通貨交換業者の登録）
第六十三条の二　仮想通貨交換業は、内閣総理大臣の登録を受けた者でなければ、行ってはならない。

（利用者の保護等に関する措置）
第六十三条の十　仮想通貨交換業者は、内閣府令で定めるところにより、その取り扱う仮想通貨と本邦通貨又は外国通貨との誤認を防止するための説明、手数料その他の仮想通貨交換業に係る契約の内容についての情報の提供その他の仮想通貨交換業の利用者の保護を図り、及び仮想通貨交換業の適正かつ確実な遂行を確保するために必要な措置を講じなければならない。

第百七条第一項第四号の次に次の二号を加える。（三年以下の懲役若しくは三百万円以下の罰金に処し、又はこれを併科する。）
　五　第六十三条の二の登録を受けないで仮想通貨交換業を行った者
　六　第六十三条の七の規定に違反して、他人に仮想通貨交換業を行わせた者

(3)改正特定商取引法について

　改正特定商取引法では、仮想通貨の取引についても役務として電話勧誘販売等の規制を受ける可能性があります。

　ただし、特定商取引法26条1項8号では行政による二重規制を排除するという

趣旨で別の業法で取引適正化のための規制と行政監督制度がある場合には適用除外と定めています。資金決済法の規制対象取引は特定商取引法の除外とされています。

したがって、資金決済法で禁止されている無登録業者による仮想通貨取引については特定商取引法の規制が及び、登録業者による仮想通貨の取引については資金決済法によるということになります。

11　悪質訪問販売

Q 訪問販売員が訪ねてきました。契約するつもりはないし、迷惑なので「忙しい」と断ろうとしたのですが、「説明だけでも」とか「聞きもしないでわかるわけがない。失礼だ」とかしつこくて迷惑しました。こんな訪問販売は迷惑です。来ないようにする方法はありませんか。

A **(1) 訪問販売の規制**

　しつこい訪問販売に対する苦情は絶えません。上手に断ることができない高齢者などの被害は増加する傾向があります。

　しかし、特定商取引法では、消費者の了解や要請がないにもかかわらず消費者宅を訪問する飛び込み勧誘を行うことを認めています。訪問購入では、消費者の勧誘の要請がない飛び込み勧誘を禁止しているのですが、訪問販売では、規制の導入に事業者からの反発が強く難しいのが現状です。

　現在の訪問販売についての特定商取引法の規制は下記のとおりです。
・消費者と最初に接触した時に業者名・取扱商品の種類・訪問目的を明示すること。
・勧誘をすることについて同意を取るよう努力すること。
・契約締結を拒絶された場合には再勧誘は禁止される。
　そのまま居座って勧誘を続けてはいけないだけでなく、何度も繰り返して訪問勧誘することも禁止される。
・勧誘の際に嘘をついたり、威迫して困惑させてはいけない。
　不実告知・不告知により誤認した契約の取消制度がある。
・高齢者等の判断力の低下に付け込んだ契約は禁止などの規制
・過量販売の禁止・1年間の解除制度
・申込み書面・契約書面の交付義務
・クーリング・オフ制度とクーリング・オフ妨害の禁止
などです。

(2) 断る場合

　現行の特定商取引法では、飛び込み勧誘は自由とされていますが、地方自治体によっては条例によって勧誘の規制をしているところもあります。たとえば、

「訪問販売お断り」のステッカーなどが貼ってある消費者宅への飛び込み勧誘を禁止している自治体もあります。訪問販売業者に登録制度を導入した自治体もあります（たとえば、滋賀県野洲市）。

　特定商取引法では、「うちに来てほしくない」という場合の規制は設けていませんが、「訪問販売に係る売買契約又は役務提供契約を締結しない旨の意思を表示した者に対し、当該売買契約又は当該役務提供契約の締結について勧誘をしてはならない。」として禁止しています。「契約しません。帰ってください。」ときっぱりと断ったのに居座って勧誘を続けた場合には同法に違反することになります。

　違反業者については、実際に契約させられた被害には遭わなくても、消費者から消費生活センターなどに情報を提供してもらうことによって、行政処分に結び付けることができます。事業者がルールを守った適正な事業活動に取り組むように促進させ、コンプライアンスを充実させるためには、消費者の意識も大切です。

> **関係条文**
>
> （訪問販売における氏名等の明示）
> 第三条　販売業者又は役務提供事業者は、訪問販売をしようとするときは、その勧誘に先立って、その相手方に対し、販売業者又は役務提供事業者の氏名又は名称、売買契約又は役務提供契約の締結について勧誘をする目的である旨及び当該勧誘に係る商品若しくは権利又は役務の種類を明らかにしなければならない。
>
> （契約を締結しない旨の意思を表示した者に対する勧誘の禁止等）
> 第三条の二　販売業者又は役務提供事業者は、訪問販売をしようとするときは、その相手方に対し、勧誘を受ける意思があることを確認するよう努めなければならない。
> ２　販売業者又は役務提供事業者は、訪問販売に係る売買契約又は役務提供契約を締結しない旨の意思を表示した者に対し、当該売買契約又は当該役務提供契約の締結について勧誘をしてはならない。

コラム　断るときのポイント

　訪問販売や電話勧誘販売の被害では、「断らせてもらえなかった」とか「契約させられた」などというものが多くみられます。ことに、高齢者の被害では、この種の事例が多くを占めているようです。

　これらの事例を見ると、消費者は「断っているのにしつこくされて困った…」と訴えているのに、事業者側はそのようには認識していない（と主張する）ケースが少なくありません。

　そのズレはどこから来るのでしょうか。

　たとえば、特定商取引法は、訪問販売・電話勧誘販売・訪問購入について「再勧誘の禁止」規定を定めています。ところが、消費者が「断ったのにしつこく居座られた」と主張しているのに、消費者庁では「禁止されている再勧誘の禁止に該当しない」としている事例が少なくないという実情があるようです。それはなぜなのか、という問題です。

　理由は、役所の考え方では「契約しない意思を示す」ということは「契約しません」と言っていることを意味しているということです。

　日常生活で迷惑な勧誘を断る場合にどういう言い方をするのが普通でしょうか。

　「お金がない」「今、忙しい」「自分では決められないので、家族に相談する」などということが多いのではないかと思われます。つまり、穏便に、角が立たないように、というわけです。しかし、この対応では「契約しないと言っているわけではない。断られたわけではない」と言うことになりがちということです。

　断るときには「契約しません」とはっきりいうことが大切です。理由は必要ありません。契約するかどうかを選択するのは、消費者の自由です。事業者に理由を説明する必要はないのです。

12　悪質住宅リフォーム詐欺

> 最近地震などの災害が多くて古い家屋に住んでいるため不安でした。たまたま、近所のリフォーム工事をしていると挨拶に来た事業者が、無料で点検してくれるというので見てもらいました。床下にもぐって見て、すぐに「土台が湿気とシロアリでかなり傷んでいる」「次の地震ではあぶないかもしれない」といわれたので、あわててリフォーム工事の依頼をしました。その後、知人の建築士にその話をしたところ、必要のない工事だったのではないかといわれて心配になりました。キャンセルできますか。

(1) クーリング・オフ制度

　訪問販売の場合には、クーリング・オフ制度が最も活用しやすい制度です。法律で定められた申込み書面や契約書面を受け取った日から、いずれか早い日から数えて8日を経過するまで理由を問わないで、消費者から通知をするだけで契約を解除できます。

　申込み書面や契約書面の内容が特定商取引法で定められた記載事項を守っていない場合には、8日間の起算日が始まらないので、いつまでもクーリング・オフが可能です。

　事業者が嘘をついたり、威迫して困惑させたりして、消費者がクーリング・オフをすることを妨げた場合にも、8日を経過してもクーリング・オフができます。

(2) 通知の方法

　クーリング・オフは出したことが証拠に残るようにはがきで出します。両面のコピーを取って保管し、簡易書留などで出します。

(3) 清算方法

　特定商取引法は、クーリング・オフをした場合の清算方法を詳細に決めています。この定めに沿って清算処理すればよいので、対処方法が明確でわかりやすくなっています。

(4)工事が始まっている場合

 事例は、まだ契約しただけの状態のようですが、工事が始まったり完了してしまっている場合はどうでしょうか。

 クーリング・オフ期間内であれば、いずれもクーリング・オフできます。着手済みの工事代金なども事業者は一切請求できません。

(5)破壊的リフォームの被害

 住宅リフォームの被害では、しっかりした家をリフォーム業者が根太を切ったり大切な柱を切ったりして危険な状態にしてしまう破壊的リフォームといわれる被害もあります。リフォーム工事はしっかりした技術のある事業者に、しっかりと見積もりをしてもらったうえで依頼することが重要です。

 飛び込み勧誘の事業者は、技術水準なども未知数であるのが普通です。安易にその場の雰囲気で契約したりしないように注意が必要です。

関係条文

（訪問販売における契約の申込みの撤回等）

第九条 販売業者若しくは役務提供事業者が営業所等以外の場所において商品若しくは指定権利若しくは役務につき売買契約若しくは役務提供契約の申込みを受けた場合若しくは販売業者若しくは役務提供事業者が営業所等において特定顧客から商品若しくは指定権利若しくは役務につき売買契約若しくは役務提供契約の申込みを受けた場合におけるその申込みをした者又は販売業者若しくは役務提供事業者が営業所等以外の場所において商品若しくは指定権利若しくは役務につき売買契約若しくは役務提供契約を締結した場合（営業所等において申込みを受け、営業所等以外の場所において売買契約又は役務提供契約を締結した場合を除く。）若しくは販売業者若しくは役務提供事業者が営業所等において特定顧客と商品若しくは指定権利若しくは役務につき売買契約若しくは役務提供契約を締結した場合におけるその購入者若しくは役務の提供を受ける者（以下この条から第九条の三までにおいて「申込者等」という。）は、書面によりその売買契約若しくは役務提供契約の申込みの撤回又はその売買契約若しくは役務提供契約の解除（以下この条において「申込みの撤回等」という。）を行うことができる。ただし、申込者等が第五条の書面を受領した日（その日前に第四条の書面を受領した場合にあつては、その書面を受領した日）から起算して八日を経過した場合（申込者等が、販売業者若しくは役務提供事業者が第六条第一項の規定に違反して申込みの撤回等に関する事項につき不実のことを告げる行為をしたことにより当該告げられた内容が事実であるとの誤認をし、又は販売業者若しくは役務提供事業者が同条第三項の規定に違反して威迫したことにより困惑し、これらによつて当該期間を経過するまでに申込みの撤回等を行わなかつた場合には、当該申込者等が、当該販売業者又は当該役務提供事業者が主務省令で定めるところにより当該売買契約又は当該役務提供契約の申込みの撤回等を行うことができる旨を記載して交付した書面を受領した日から起算して八日を経過した場合）においては、この限りでない。

2 申込みの撤回等は、当該申込みの撤回等に係る書面を発した時に、その効力を生ずる。

3 申込みの撤回等があつた場合においては、販売業者又は役務提供事業者は、その申込みの撤回等に伴う損害賠償又は違約金の支払を請求することができない。

第4章　具体例で考える【1 高齢者に多い被害】

4　申込みの撤回等があつた場合において、その売買契約に係る商品の引渡し又は権利の移転が既にされているときは、その引取り又は返還に要する費用は、販売業者の負担とする。
5　販売業者又は役務提供事業者は、商品若しくは指定権利の売買契約又は役務提供契約につき申込みの撤回等があつた場合には、既に当該売買契約に基づき引き渡された商品が使用され若しくは当該権利の行使により施設が利用され若しくは役務が提供され又は当該役務提供契約に基づき役務が提供されたときにおいても、申込者等に対し、当該商品の使用により得られた利益若しくは当該権利の行使により得られた利益に相当する金銭又は当該役務提供契約に係る役務の対価その他の金銭の支払を請求することができない。
6　役務提供事業者は、役務提供契約につき申込みの撤回等があつた場合において、当該役務提供契約に関連して金銭を受領しているときは、申込者等に対し、速やかに、これを返還しなければならない。
7　役務提供契約又は指定権利の売買契約の申込者等は、その役務提供契約又は売買契約につき申込みの撤回等を行つた場合において、当該役務提供契約又は当該指定権利に係る役務の提供に伴い申込者等の土地又は建物その他の工作物の現状が変更されたときは、当該役務提供事業者又は当該指定権利の販売業者に対し、その原状回復に必要な措置を無償で講ずることを請求することができる。
8　前各項の規定に反する特約で申込者等に不利なものは、無効とする。

13 点検商法

Q 一見制服風の身なりの人物が「この地域の担当で、水質の点検に回っている」と訪問してきました。近隣の点検は終わってうちの順番だということで、見てもらったところ、水道水に有害物質が混じっているから浄水器が必要だといわれ、勧められるままに購入しました。近所の人に聞いたところ、そんな点検は地域ではしていないといわれました。だまされたようです。

(1)はじめに

特定商取引法では、訪問販売について「勧誘目的を明示すること」を義務付けています。点検商法はこの規制を無視するもので、きわめて悪質です。

消費者は事業者とやりとりをはじめてしまうと、ある時点で「契約の勧誘だ」ということに気が付いたとしても、急に「では帰ってください」とは言えないものです。そこで、事業者は、最初は「点検」などと消費者が応じやすいきっかけを作って近づいたり、自宅に入り込んだりして、やりとりの頃合いをみて契約の勧誘をはじめようとします。

さらに、点検商法では、根拠のない消費者の不利益を指摘して契約の必要性を訴えるという特徴があります。
・シロアリがわいている ⇒ シロアリ駆除
・水質が悪い ⇒ 浄水器など
・布団にダニがわいている ⇒ 布団の販売
・家が危険 ⇒ 住宅リフォーム
などは、いずれもこうした手口で、典型的な悪質商法です。

(2)訪問販売被害の解決方法

もっとも簡便で効果的な解決方法がクーリング・オフです。クーリング・オフ期間かどうかを十分検討して可能なら、クーリング・オフを活用します。

クーリング・オフ期間が経過している場合には、取消しを検討します。点検商法では、根拠のない不安をあおりたてて契約させていることが多いので、取消しも検討の余地があります。なお、2016年改正法では、取消期間は「追認できる時から1年間」に延長されました。

第４章　具体例で考える【１高齢者に多い被害】

関係条文

（訪問販売における契約の申込み又はその承諾の意思表示の取消し）
第九条の三　申込者等は、販売業者又は役務提供事業者が訪問販売に係る売買契約又は役務提供契約の締結について勧誘をするに際し次の各号に掲げる行為をしたことにより、当該各号に定める誤認をし、それによつて当該売買契約若しくは当該役務提供契約の申込み又はその承諾の意思表示をしたときは、これを取り消すことができる。
　一　第六条第一項の規定に違反して不実のことを告げる行為　当該告げられた内容が事実であるとの誤認
　二　第六条第二項の規定に違反して故意に事実を告げない行為　当該事実が存在しないとの誤認
２　前項の規定による訪問販売に係る売買契約若しくは役務提供契約の申込み又はその承諾の意思表示の取消しは、これをもつて善意の第三者に対抗することができない。
３　第一項の規定は、同項に規定する訪問販売に係る売買契約若しくは役務提供契約の申込み又はその承諾の意思表示に対する民法（明治二十九年法律第八十九号）第九十六条 の規定の適用を妨げるものと解してはならない。
４　第一項の規定による取消権は、追認をすることができる時から六月間行わないときは、時効によつて消滅する。当該売買契約又は当該役務提供契約の締結の時から五年を経過したときも、同様とする。

関係条文

（禁止行為）
第六条　販売業者又は役務提供事業者は、訪問販売に係る売買契約若しくは役務提供契約の締結について勧誘をするに際し、又は訪問販売に係る売買契約若しくは役務提供契約の申込みの撤回若しくは解除を妨げるため、次の事項につき、不実のことを告げる行為をしてはならない。
　一　商品の種類及びその性能若しくは品質又は権利若しくは役務の種類及びこれらの内容その他これらに類するものとして主務省令で定める事項
　二　商品若しくは権利の販売価格又は役務の対価
　三　商品若しくは権利の代金又は役務の対価の支払の時期及び方法
　四　商品の引渡時期若しくは権利の移転時期又は役務の提供時期
　五　当該売買契約若しくは当該役務提供契約の申込みの撤回又は当該売買契約若しくは当該役務提供契約の解除に関する事項（第九条第一項から第七項までの規定に関する事項（第二十六条第三項又は第四項の規定の適用がある場合にあつては、同条第三項又は第四項の規定に関する事項を含む。）を含む。）
　六　顧客が当該売買契約又は当該役務提供契約の締結を必要とする事情に関する事項
　七　前各号に掲げるもののほか、当該売買契約又は当該役務提供契約に関する事項であつて、顧客又は購入者若しくは役務の提供を受ける者の判断に影響を及ぼすこととなる重要なもの
２　販売業者又は役務提供事業者は、訪問販売に係る売買契約又は役務提供契約の締結について勧誘をするに際し、前項第一号から第五号までに掲げる事項につき、故意に事実を告げない行為をしてはならない。

14 次々販売・過量販売

> **Q** 先日祖母の家を訪問したところ、布団類が山のようにありました。未使用のものも多く不必要なものを次々と買わされているようです。解決方法はないでしょうか。

(1)はじめに

　判断力が低下した高齢者などをねらって同種のものを非常識に大量に売りつけたり次々と契約をさせるという被害が増えています。

　ただし、設問の内容だけでは事情がよくわかりません。どのような対応が可能かを考えるためには確認すべき事項が何点かあります。

・販売方法は何か
　　…訪問販売か、電話勧誘販売か、通信販売か、店舗取引かなどの販売方法
・個別の契約の把握
　　…各契約の時期・事業者・契約内容など
・高齢者の状況
　　…判断力等の状況、商品の使用状況など

(2)訪問販売の場合

　2008年改正で訪問販売には過量販売解除制度が導入されました。

　事業者との契約で消費者が購入した同種の商品の購入した量が、その消費者の生活状態に照らして著しく過量な場合には、過量販売に当たるとして契約を解除できます。解除できる期間は契約締結から1年間です。解除した場合の清算方法はクーリング・オフの規定を準用します。

　一度に大量に契約している場合には、その契約全体を解除できます。

　同一業者との間で同種の商品やサービスなどを繰り返し購入していた場合で、消費者がもともと所有していた同種の商品や契約した内容の累積で非常識な分量になった場合には、「この契約をすると非常識な分量になる」契約以降の契約が解除の対象になります。解除できるのは各契約を締結した時から1年間ごとということになります。

　契約ごとに事業者が異なる場合には、事業者がその契約を締結する際に「これまでの消費者の同種の商品を保有している量」あるいは、これまでの契約の事実

を知っていながら契約をさせているということが必要になります。これは「過量販売」であることを知りながら契約をさせたことが必要とされているためです。

(3)電話勧誘販売の場合

2008年改正では、過量販売解除制度は訪問販売にのみ導入をされたものにでした。電話勧誘販売には導入されませんでした。そのため、電話勧誘販売で健康商品に関する過量販売や次々販売の被害が出ていても過量販売解除制度を利用することはできませんでした。

クーリング・オフ制度や勧誘の際の問題点を整理して取消制度を活用するなどが必要でした。

その後、電話勧誘販売でも過量販売や次々販売の被害が深刻であることから、2016年特定商取引法改正で電話勧誘販売にも過量販売解除制度が導入されました。制度の内容は訪問販売の場合と同じです。

改正法は、改正法の施行の日以降に締結された契約に適用されます。契約締結日に注意してください。

(4)2016年消費者契約法

さらに、2016年消費者契約法の改正で新たに取消事由として過量販売が導入されました。訪問販売・電話勧誘販売ではなくても、消費者契約法の過量販売に該当する場合には追認できる時から1年間は（契約から5年を経過した場合には取消しはできない）取消しができることになりました。

消費者が自発的に店舗に出向いてした取引でも、過量販売に該当する場合には取り消すことができることになりました。改正法施行後に締結した契約に適用されます。一度に大量の契約をさせた場合だけでなく、次々販売によって全体の量が過量になった場合も取消可能です。

(5)特定商取引法と消費者契約法の過量販売の違い

2つの法律の過量販売制度の違いを整理しておきましょう。
・適用範囲の違い
　　特定商取引法は訪問販売と電話勧誘販売のみ
　　消費者契約法はすべての消費者契約が対象
・効果の違い
　　特定商取引法は解除、消費者契約法は取消し

したがって清算方法も違う。
・消費者契約法では「事業者が消費者契約の締結について勧誘をするに際し…（事業者が過量であることを）知っていた場合」であることが必要。

　消費者契約法の要件は、特定商取引法の過量販売よりも厳しく定められています。これは特定商取引法が不意打ち性や攻撃性が強い取引のみを対象とした制度であるのに、消費者契約法はすべての消費者契約を対象にした制度であることによるものであること、消費者契約法の制度趣旨が「弱者に対する付け込み型」の被害救済のための制度であることなどによるものだと説明されています。

(6)通信販売の場合

　高齢者がテレビショッピング等を見ていて次々と契約してしまい、自宅に未使用の商品があふれてしまっているのを家族やヘルパーさんが見つけて困っているといった事例が、認知症高齢者の被害として報告されています。
　消費者契約法は通信販売にも適用されますが、一般的には通信販売では通信販売業者は勧誘はしていませんし、個別の消費者の生活ぶりや判断能力などを知りうる立場にはないことが普通で、「事業者が消費者契約の締結について勧誘をするに際し…（事業者が過量であることを）知っていた場合」との要件を満たしている事例はほとんどないのではないかと推測されます。
　消費者の判断力が失われてしまった結果このような事態に陥ることになってしまった場合の対策としては、成年後見制度の活用が考えられます。

(7)いろいろな商品を次から次と契約させる場合

　同種の商品ではなく多種多様な商品を次々と契約させて高齢者の経済生活を破たんに追い込むタイプの次々販売被害も深刻です。ただし、過量販売解除制度や過量販売取消制度は「同種の商品を」過量に販売する事例を対象にするものであるため、いろいろな種類の商品を次々に販売するタイプの被害には適用はありません。

> **関係条文** 改正消費者契約法
> 第四条
> 　4　消費者は、事業者が消費者契約の締結について勧誘をするに際し、物品、権利、役務その他の当該消費者契約の目的となるものの分量、回数又は期間（以下この項において「分量等」という。）が当該消費者にとっての通常の分量等（消費者契約の目的となるものの内容及び

取引条件並びに事業者がその締結について勧誘をする際の消費者の生活の状況及びこれについての当該消費者の認識に照らして当該消費者契約の目的となるものの分量等として通常想定される分量等をいう。以下この項において同じ。）を著しく超えるものであることを知っていた場合において、その勧誘により当該消費者契約の申込み又はその承諾の意思表示をしたときは、これを取り消すことができる。事業者が消費者契約の締結について勧誘をするに際し、消費者が既に当該消費者契約の目的となるものと同種のものを目的とする消費者契約（以下この項において「同種契約」という。）を締結し、当該同種契約の目的となるものの分量等と当該消費者契約の目的となるものの分量等とを合算した分量等が当該消費者にとっての通常の分量等を著しく超えるものであることを知っていた場合において、その勧誘により当該消費者契約の申込み又はその承諾の意思表示をしたときも、同様とする。

15　催眠商法・SF商法

> **Q** 祖母が毎日催眠商法に通い続けています。集まっているのは高齢者ばかりで、面白おかしい話で楽しい時間を過ごしているため、やめられないようです。しかし、時々、大変高価な不必要な健康器具や健康食品を購入しているようです。何か対処方法はありませんか。

(1) はじめに

　商品などの販売であることを隠して、新製品の説明会であるとか、安価な日用品の激安会場であるとか、健康に良い生活の講演であるなどと称して消費者を集客して、面白おかしい話で座を盛り上げてその場の雰囲気と勢いで、冷静な時であれば消費者が購入しないであろう高額な商品などを売りつける商法を、集団催眠的な手法を使うという観点から「催眠商法」と呼んでいます。この商法をはじめた業者の頭文字を取ってSF商法とも呼んでいます。1960年代にはじまった悪質商法ですが、現在でも高齢者を中心に被害が発生しています。

(2) 訪問販売か

　催眠商法では、販売業者が売るつもりの商品については隠して、別の名目で顧客を会場に集めることが通常です。このような手法は「目的を隠して特定の場所に来訪するように消費者を呼び出すもの」で、訪問販売のうちの特定顧客取引に該当します。

　催眠商法では、会場では、消費者を座席に座らせて販売業者が話をする形態をとります。商品の販売をする場合には、特定の商品を示して「○個限り。今日だけの特別価格。早い者順!!」などと煽り立てて買わせようとするのが通常です。このようなやり方は、「商品を陳列して、消費者が自由に選択できる状況である」ことが必要とされる営業所等に該当しない可能性があります。販売会場でのやりとりがどんなものであったのかを詳しく聞き取って把握すれば、「営業所等以外の場所での取引」であり、訪問販売に該当する可能性があります。

> **関係条文** 特定商取引法施行令
> 　　（特定顧客の誘引方法）
> 　第一条　特定商取引に関する法律（以下「法」という。）第二条第一項第二号の政令で定める

第4章　具体例で考える【1高齢者に多い被害】

　方法は、次のいずれかに該当する方法とする。
　一　電話、郵便、民間事業者による信書の送達に関する法律（平成十四年法律第九十九号）第二条第六項　に規定する一般信書便事業者若しくは同条第九項　に規定する特定信書便事業者による同条第二項　に規定する信書便（以下「信書便」という。）、電報、ファクシミリ装置を用いて送信する方法若しくは法第十二条の三第一項　に規定する電磁的方法（以下「電磁的方法」という。）により、若しくはビラ若しくはパンフレットを配布し若しくは拡声器で住居の外から呼び掛けることにより、又は住居を訪問して、当該売買契約又は役務提供契約の締結について勧誘をするためのものであることを告げずに営業所その他特定の場所への来訪を要請すること。
　二　電話、郵便、信書便、電報、ファクシミリ装置を用いて送信する方法若しくは電磁的方法により、又は住居を訪問して、他の者に比して著しく有利な条件で当該売買契約又は役務提供契約を締結することができる旨を告げ、営業所その他特定の場所への来訪を要請すること（当該要請の日前に当該販売又は役務の提供の事業に関して取引のあつた者に対して要請する場合を除く。）。

> **関係条文**　特定商取引法施行規則
> 　　　第一節　定義
> 　（営業所等）
> 第一条　特定商取引に関する法律（以下「法」という。）第二条第一項第一号の主務省令で定める場所は、第一号から第四号まで及び第六号に掲げるものとし、法第五十八条の四　において定める場所は第一号から第三号まで、第五号及び第六号に掲げるものとする。
> 　一　営業所
> 　二　代理店
> 　三　露店、屋台店その他これらに類する店
> 　四　前三号に掲げるもののほか、一定の期間にわたり、商品を陳列し、当該商品を販売する場所であつて、店舗に類するもの
> 　五　第一号から第三号までに掲げるもののほか、一定の期間にわたり、購入する物品の種類を掲示し、当該種類の物品を購入する場所であつて、店舗に類するもの
> 　六　自動販売機その他の設備であつて、当該設備により売買契約又は役務提供契約の締結が行われるものが設置されている場所

(3)クーリング・オフ

　訪問販売に該当すればクーリング・オフが利用できる可能性があります。もし、店舗取引だからクーリング・オフができないと告げていたりすれば、不実の告知によるクーリング・オフ妨害に該当することになるので、法定書面を消費者が受け取ってから8日を経過した場合でもクーリング・オフができます。

(4)取消

　クーリング・オフ期間が経過している場合には、勧誘の際に事業者が不実の告

知をし、それによって消費者が誤認して契約を締結した場合には、契約を取消しできる可能性があります。

(5)過量販売解除
　同種の商品を繰り返し大量に契約させられている場合には、過量販売解除制度が利用できる可能性があります。すべての契約の内容について検討することが大切です。

16　悪質な電話勧誘販売　──　健康食品

Q　突然、健康食品の販売業者から電話があり、「ご注文いただいた商品の準備ができたので発送します。」と言われました。注文したことはないと言ったところ、「忘れたんですか。キャンセルはできませんから。」との対応でした。注文したことはないし、必要のない商品なので、困っています。

(1)はじめに
　数年前から高齢者をターゲットにしたこの種の手口が多くみられるよう になりました。
　記憶力がはっきりしない高齢者の場合には、「忘れてしまったのかな」と思い込まされて、商品を受け取って代金を支払ってしまうケースもあったのではないかと推測されます。そのような事例では、本人に被害の自覚がないので、必要ではないものを買わされたままになってしまう結果となっている可能性がありえます。
　記憶力が低下した高齢者に付け込んだきわめて悪質な商法だといえます。

(2)注文をしていない場合
　消費者が注文してない場合には受け取る義務も支払う義務もありません。もし送ってきた場合には受け取りを拒絶すればよいということになります。
　事業者があくまでも「消費者から注文したのだから受け取って支払う義務がある」と主張する場合には、事業者側に消費者が注文した事実を証明する責任があります。この事実の証明ができなければ、訴訟をしても事業者は負けることになります。

(3)電話で買うことにした場合
　事業者からの電話でのやり取りで断わり切れずに契約することにしてしまった場合にはどう考えるべきでしょうか。
　事業者からかけてきた電話で健康食品の購入を勧誘されて契約したということになります。つまり、注文した事実のない消費者に「商品の準備ができました」との電話をする行為は、消費者にその商品を購入させるための勧誘電話であると

とらえることができるということです。特定商取引法では、勧誘電話をかける場合には氏名等と勧誘目的であることを明示することを義務付けています。それにもかかわらず、契約の締結について勧誘をする目的であることを告げるどころか、「注文いただいた商品を発送する連絡である」と主張し、さらに「一旦注文したものはキャンセルできない」と主張して契約を強制するという悪質なやり方ですが、契約をさせるために電話をかけて説得して電話等の通信手段で契約させるものであるという点から、電話勧誘販売に該当すると評価できます。

　電話勧誘販売の場合には、申込み書面と契約書面の交付義務があります。さらに、消費者がこれらの書面を受け取ってから8日間はクーリング・オフができます。契約書面等を受け取っていない場合には8日を経過していてもクーリング・オフが可能ということになります。

(4)強引に送ってきた場合

　消費者が注文していないので送らないでほしいと述べているのに無視して商品を送り付けてきた場合には「送り付け商法」と同じことになります。対処方法は送り付け商法の項を参照ください。

第4章　具体例で考える【1高齢者に多い被害】

17　送り付け商法

Q 注文していない商品を販売業者が送り付けてきました。内容がわからないままに受け取ってしまって内容を確認してみて、注文していない商品が送られてきたものであることがわかりました。買うつもりはないので返そうとしたのですが、事業者から「一旦受け取った以上代金を支払ってもらうことになっている。商品に同封した契約書にそのことが明示されている」と言われて困っています。受け取った以上買わなければならないのでしょうか。

(1)はじめに

　消費者が商品を購入した場合には商品の引き渡しを受けることができますが、その対価として代金を支払う義務を負います。代金の支払い義務は売買契約の内容によって決まります。つまり、消費者が商品の代金を支払う義務があるのは事業者との間で売買契約を締結したことによるわけです。

　本件では契約は成立しているでしょうか。

　契約は、ＡＢの間にＡからのＢに対する申込みの意思表示があり、ＢからＡに対する承諾の意思表示がされ、申込みと承諾の意思表示の内容が一致した場合に成立します。契約内容は合意の内容によります。

　事例の場合には、消費者からは事業者に対して何の意思表示もしておらず、事業者が商品と共に代金の請求書を送り付けています。つまり、事業者からの消費者への商品の送り付け行為は「この商品を代金〇〇円で購入してください」という販売業者の意向を伝える行為であるということになります。こういうものを「契約の申込みの意思表示」といいます。

　この事業者の申込みの意思表示に対して、消費者が承諾するかどうかはまったく消費者の自由です。したがって、消費者は購入する意思がないのであれば承諾しなければよいわけで、消費者が承諾しなければ契約は成立しません。消費者は契約に基づく代金の支払い義務は負わないということになります。

　消費者が商品を受け取ったことから事業者は契約が成立したといいたいようですが、消費者は契約する意図があって商品を受け取ったわけではありません。消費者は受け取って開けてみてはじめて事業者からの「契約の申込みを知った」わけで、受け取る段階では購入する意思は持っていませんし、それを相手に伝えた

141

わけでもありません。宅配便を受け取った行為は事実上の行為であって、意思表示ではありません。事業者の「商品を受け取った以上代金の支払い義務がある」という言い分は根拠のないものです。

(2)商品の取扱い

受け取った商品は、消費者が買わなければ事業者の所有物です。

消費者はたまたま他人の所有物を預かった状態になったわけです。このような状態を民法では「事務管理」といいます。民法上は、消費者は受け取った商品を事業者が取りに来るまで事業者のために保管しておくか、事業者に返還する義務があります。保管や返還のためにかかる費用は所有者である事業者に対して請求できます。

(3)特定商取引法の特則

特定商取引法では、このように消費者が注文してもいないのに商品を送り付けてくる強引な商法については、消費者の商品の保管義務期間を消費者が商品を受け取ってから14日間に短縮しています。

さらに、保管期間を経過した後には「販売業者がその商品の引取りをしないときは、その送付した商品の返還を請求することができない。」と定めています。消費者に購入するつもりはなく、保管期間内に事業者が取りに来なかった場合には、以後は事業者は商品の返還を求めることはできないということになります。つまり、保管期間経過後は消費者はその商品を保管する義務はなくなるので、以後は処分するのは自由ということになります。

関係条文 民法
(事務管理)
第六百九十七条 義務なく他人のために事務の管理を始めた者(以下この章において「管理者」という。)は、その事務の性質に従い、最も本人の利益に適合する方法によって、その事務の管理(以下「事務管理」という。)をしなければならない。
2 管理者は、本人の意思を知っているとき、又はこれを推知することができるときは、その意思に従って事務管理をしなければならない。
(管理者による費用の償還請求等)
第七百二条 管理者は、本人のために有益な費用を支出したときは、本人に対し、その償還を請求することができる。
2 第六百五十条第二項の規定は、管理者が本人のために有益な債務を負担した場合について準用する。
3 管理者が本人の意思に反して事務管理をしたときは、本人が現に利益を受けている限度においてのみ、前二項の規定を適用する。

第4章　具体例で考える【1 高齢者に多い被害】

18　祈祷サービス

Q 雑誌で1万円の開運ブレスレットを購入したところ、無料で運勢の相談に乗るとの電話がかかってきました。気軽に悩みなどを話していたところ、「このままでは大変なことになる」「良い先生を知っているので祈祷してもらえば悩みが解決される」と言われました。しかし、悩みは解決されず「もっと良い先生の祈祷が必要だ」ともっと高額な祈祷をすすめられました。お金がないというと一族が不幸になって取り返しがつかなくなってもよいのかと電話で迫られて、怖くなって支払って祈祷してもらいました。でも納得できません。お金を返してもらうことはできませんか。

(1)はじめに

スピリチュアルブームなどでこの種の被害が増える傾向にあります。口コミ・電話勧誘などがきっかけという場合が多いようですが、最近の事例では雑誌などの広告を見て開運グッズを購入すると、その後に無料で悩みの相談に乗るなどと言って電話をかけてくるパターンが出てきました。無料の相談と言いながら消費者の悩みを聞きだし、その悩みなどに付け込んで解決できるからとか、このままだともっと大きな不幸が起こるなどと述べて不安にさせ、高額な祈祷料を支払わせるという手口です。

開運グッズの販売は、祈祷などのスピリチュアル的なことに興味を持っている人を掘り起こす手法として用いられているようです。

(2)特定商取引法によるクーリング・オフ

事業者から消費者に対して電話をかけて勧誘をして、その電話で契約をさせる販売方法は、特定商取引法で規制している「電話勧誘販売」に該当します。電話で勧誘をしたときに契約に応じなくても、その勧誘に基づいて後日消費者から電話をかけるなどして通信手段で契約する旨を伝えた場合も同様です。

祈祷サービスは「役務」に該当します。特定商取引法では電話勧誘販売については「すべての役務」を対象としています。

したがって、このケースは特定商取引法の電話勧誘販売としての規制が及ぶことになります。電話勧誘販売の場合には、申込みを受け付けた場合には事業者は

143

直ちに申込み書面を交付すべき義務を、契約を締結した場合には遅滞なく契約書面を交付すべき義務があります。そして、これらの書面の交付を受けた場合には、消費者はいずれかの早い日から8日間はクーリング・オフをすることができます。

もし、申込み書面も契約書面も交付されていない場合には8日以上が経過していてもクーリング・オフをすることができます。祈祷サービスが提供されていた場合でもクーリング・オフができます。

もし、書面の交付がされていた場合には、消費者が受け取った書面の記載内容が、特定商取引法で記載すべきこととして義務付けられた事項がすべて正しく記載されているかどうかを確認します。もし、記載内容に不備があれば同様にクーリング・オフすることができます。

(3)取消しによる方法

勧誘の内容に事実と異なることを告げており、これによって消費者が誤認して契約を締結した事実があれば、消費者が契約を取り消すことができる可能性があります。

特定商取引法では、電話勧誘販売に関して「電話勧誘顧客が当該売買契約又は当該役務提供契約の締結を必要とする事情に関する事項」や「前各号に掲げるもののほか、当該売買契約又は当該役務提供契約に関する事項であつて、電話勧誘顧客又は購入者若しくは役務の提供を受ける者の判断に影響を及ぼすこととなる重要なもの」について事業者が勧誘の際に事実と異なることを告げており、これによって消費者が誤認して契約を締結した場合には取り消すことができる、と定めています。「このままではもっと大変なことになる」「一族全員が不幸になる」「そのようなことにならないためにはこの祈祷サービスを受けなければならない」「この問題を解決できる方法はこれしかない」などと勧誘して信用させた場合には、上記の取消事由に当たる可能性があります。

(4)2016年改正消費者契約法

電話勧誘販売や訪問販売ではない場合には特定商取引法による取消しはできません。ほかに解決方法はないでしょうか。

2016年改正消費者契約法では、取消事由の重要事項に従来の「物品、権利、役務その他の当該消費者契約の目的となるものの質、用途その他の内容」と「物品、権利、役務その他の当該消費者契約の目的となるものの対価その他の取引条件」とに「前二号に掲げるもののほか、物品、権利、役務その他の当該消費者契約の

目的となるものが当該消費者の生命、身体、財産その他の重要な利益についての損害又は危険を回避するために通常必要であると判断される事情」を追加しました。

「このままでは不幸になる」「そうならないためには今、祈祷サービスを受ける必要がある」という勧誘の内容は「役務の当該消費者契約の目的となるものが当該消費者の生命、身体、財産その他の重要な利益についての損害又は危険を回避するために通常必要であると判断される事情」に該当します。したがって、改正法施行後（2016年6月3日）の契約であれば消費者契約法による取消しが可能と考えられます。

(5)不法行為による損害賠償請求

もう一つの方法として、不法行為を根拠に損害賠償を求める方法が考えられます。

祈祷サービスなどでは宗教団体を名乗る法人などが行っている場合があります。宗教団体の場合には憲法上の「第20条　信教の自由は、何人に対してもこれを保障する。」との関係で、信教の自由により認められるべきであるとする主張がされることがあります。たしかに信教の自由は憲法上の基本的な権利ですし、本人の信仰については本人の自由が憲法上の自由として保障されています。

統一教会に関する裁判例ではこれらの点が争点となりました。裁判所は信教の自由との関係について下記のように判断しました。このような考え方は類似の事件の判断基準として確立した考え方となっています。

「宗教団体が、非信者の勧誘・教化する布教行為、信者を各種宗教活動に従事させたり、信者から献金を勧誘する行為は、それらが、社会通念上、正当な目的に基づき、方法、結果が、相当である限り、正当な宗教活動の範囲内にあるものと認められる。しかしながら、宗教団体の行う行為が、専ら利益獲得等の不当な目的である場合、あるいは宗教団体であることをことさらに秘して勧誘し、徒らに害悪を告知して、相手方の不安を煽り、困惑させるなどして、相手方の自由意思を制約し、宗教選択の自由を奪い、相手方の財産に比較して不当に高額な財貨を献金させる等、その目的、方法、結果が、社会的に相当な範囲を逸脱している場合には、もはや、正当な行為とは言えず、民法が規定する不法行為との関連において違法であるとの評価を受けるものというべきである。」

19 チラシを見て査定を依頼した訪問購入

> 自宅に「どんなものでも不用品を買い取ります。査定だけでも無料でうかがいます」というチラシが入っていました。衣類や生活雑貨などの不用品を処分したいと思っていたのでちょうど良いと思って電話で不要な衣類などの査定の依頼をしました。査定価格によってはその場で買い取ってもらいたいと希望を述べました。約束の日にやってきた業者の査定価格があまり安いのでびっくりしていると「貴金属類があれば査定価格も上がるから何かないか」と言われました。貴金属類は処分するつもりはなかったのですが、依頼して来てもらっていたので悪いと思い、言われるままに貴金属類を見せたところ「まとめて〇万円なら」と言って買い取って行ってしまいました。貴金属は処分するつもりはないので翌日返してもらいたいと連絡したところ「あなたから自宅に来てほしいと呼ばれていったのだからクーリング・オフはできない」と拒否されました。取り戻せませんか。

(1)はじめに

事業者が消費者の自宅などに訪問して消費者が所有している商品を買い取る取引は2012年改正特定商取引法で「訪問購入」として規制されました。これは貴金属類などの「押し買い」の被害が2010年に爆発的に急増したことから改正されたものです。訪問購入が規制されたことからトラブルは減少傾向にありますが、高齢者被害は少なくありません。

ことに事例のように消費者から依頼されて訪問したのだからと言ってクーリング・オフに応じない、クーリング・オフをしても商品は処分済みで手元にないなどといって拒絶する事例が少なくないようです。

(2)不招請勧誘の禁止

特定商取引法は訪問購入については、「…営業所等以外の場所において、当該売買契約の締結について勧誘をし、又は勧誘を受ける意思の有無を確認してはならない。」と定めています。つまり、消費者からの依頼がないのに事業者のほうから消費者宅に訪問勧誘をしてはいけないと禁止しているわけです。

訪問購入では消費者から「訪問購入についての勧誘の要請」があった場合には、

事業者は消費者宅に訪問して訪問購入の勧誘をしてもよいというとになっています。

　事例では、消費者は、衣類については自宅に来て査定してもらいたい、査定価格によってはその場で契約することもありうるということで自宅へ来るように依頼しています。これは「訪問購入の勧誘の要請」に当たります。つまり、消費者からの要請によって訪問している、ということです。

　しかし、貴金属については要請はありません。訪問した事業者は消費者が依頼していない貴金属類についても訪問購入の勧誘をしています。貴金属の買取について事業者が行った勧誘は「不招請勧誘の禁止」に違反する違法な行為ということになります。ただし、だからといって貴金属の買取りの契約を解消できるというわけではありません。なぜなら、違法な勧誘による契約だから契約を取り消すことができるなどの民事効果に関する定めを設けているわけではないからです。ただし、貴金属の買取りについても特定商取引法の訪問購入についての規制は及びます。

(3) クーリング・オフはできるのか

　消費者が訪問購入についての勧誘を要請したために訪問してきた事業者と契約した場合には、クーリング・オフができるということになります。
　消費者が要請していないのに勧誘して契約させた貴金属の契約も、同様にクーリング・オフができます。

(4) クーリング・オフ妨害

　ところが、事業者は、「消費者が呼んだから訪問したのだからクーリング・オフはできない」と拒絶しています。これは、クーリング・オフを妨げるために事実と異なることを告げる行為に該当します。
　事業者によるクーリング・オフ妨害行為があったために消費者がクーリング・オフできなかった場合には、法定書面を消費者が受け取っていてもクーリング・オフはできます。

(5) 査定のみを依頼したとき

　チラシ・電話などで事業者が「査定だけでも無料で致します」と説明している場合があります。そこで、消費者が「処分するつもりはないけれど、いくらの価値があるのか査定してもらいたい」などと考えて「査定だけをしてください」と

依頼する場合があります。

　この場合には、査定の依頼をしているだけで、訪問購入の勧誘を求めているわけではないので、査定をしたうえで「この価格で買い取りたい」といった契約の勧誘を行うと、不招請勧誘の禁止に触れる違法行為ということになります。

　もし、勧誘されて契約してしまった場合には、当然クーリング・オフができます。

> **関係条文**
> （定義）
> 第五十八条の四　この章及び第五十八条の二十四第一項において「訪問購入」とは、物品の購入を業として営む者（以下「購入業者」という。）が営業所等以外の場所において、売買契約の申込みを受け、又は売買契約を締結して行う物品（当該売買契約の相手方の利益を損なうおそれがないと認められる物品又はこの章の規定の適用を受けることとされた場合に流通が著しく害されるおそれがあると認められる物品であつて、政令で定めるものを除く。以下この章、同項及び第六十七条第一項において同じ。）の購入をいう。

> **関係条文**
> （勧誘の要請をしていない者に対する勧誘の禁止等）
> 第五十八条の六　購入業者は、訪問購入に係る売買契約の締結についての勧誘の要請をしていない者に対し、営業所等以外の場所において、当該売買契約の締結について勧誘をし、又は勧誘を受ける意思の有無を確認してはならない。
> 2　購入業者は、訪問購入をしようとするときは、その勧誘に先立つて、その相手方に対し、勧誘を受ける意思があることを確認することをしないで勧誘をしてはならない。
> 3　購入業者は、訪問購入に係る売買契約を締結しない旨の意思を表示した者に対し、当該売買契約の締結について勧誘をしてはならない。

(6)クーリング・オフの適用除外

　消費者が、「この業者に買い取ってもらおう」と決めて、契約をするために自宅に呼んだという場合はどうでしょうか。

　あらかじめ査定が終わっていて金額がわかっているとき、あるいは「いくらでもいいから売る」と決めて事業者を呼んだとき、などです。

　このような場合には「自宅で契約することを請求した」ということになり、クーリング・オフの適用はありません。

　事例の事業者は、この制度について誤解しているのかもしれません。

第4章　具体例で考える【1高齢者に多い被害】

20　訪問購入でクーリング・オフしたとき

Q　買取業者が電話でなんでも買い取るというので呉服の買取りを依頼しました。見てもらったら査定価格があまりにも低いので驚いたら、「貴金属類はないか」といわれました。ないといったのですが居座られて仕方なく数点見せたら全部なら2万円で買い取ると言ってお金をおいて持って行ってしまいました。貴金属類は処分するつもりはないのでクーリング・オフしたところ「売却済みで手元にない」と拒否されました。取り戻す方法はありませんか。

(1)はじめに

　訪問販売のクーリング・オフと違って訪問購入のクーリング・オフでは、消費者が買取業者に売却した物品を取り戻すことが目的です。事例のように、「処分済み」だからと売却した物品を返してもらえないのでは意味がありません。

　しかし、訪問購入の被害例では、クーリング・オフをしても物品を返してもらえないケースがあります。

(2)民法の規律

　買取業者が買い取った物品を第三者に販売して引き渡してしまった場合や、買い集めた貴金属類をまとめて溶かしてしまった場合には、クーリング・オフした消費者は、自分に商品を返還するよう求めることができるでしょうか。

　民法では、買取業者から買い受けた第三者が売買契約の時に過失なく買取業者の所有物であると信じていた場合には、第三者は即時に完全な所有権を取得するものと定めています。これを動産の即時取得と言います。

　貴金属類などをまとめて溶かしてしまった場合には、もう個々別々に分離することは不可能になってしまいます。このような場合には、仮に複数の貴金属類の所有権者が別々であったとしても、「その合成物の所有権は、主たる動産の所有者に帰属する。」と定めています。

　そのため、訪問購入の場合には、単に訪問販売と同様のクーリング・オフ制度と同様の制度を導入するだけで十分とは言えませんでした。買取業者が転売したり、溶かしてしまった場合には、消費者は売却物品を取り戻すことはできなくなってしまうという状況をなんとかしなければならなかったわけです。

149

> **関係条文** 民法
> （即時取得）
> 第一九二条　取引行為によって、平穏に、かつ、公然と動産の占有を始めた者は、善意であり、かつ、過失がないときは、即時にその動産について行使する権利を取得する。
>
> （動産の付合）
> 第二四三条　所有者を異にする数個の動産が、付合により、損傷しなければ分離することができなくなったときは、その合成物の所有権は、主たる動産の所有者に帰属する。分離するのに過分の費用を要するときも、同様とする。

(3)引渡拒絶権

そこで、特定商取引法では、訪問購入の場合には、消費者にクーリング・オフ期間内は売却物品の引渡しを拒絶できる権利があると定めました。そして、買取業者に、この権利があることを消費者に告げることを義務付けました。告げなかった場合には行政処分の対象になります。

消費者の自宅で勧誘して買い取り、引渡拒絶権があることを説明しないで、当然のように物品を持っていく行為は、引渡拒絶権の説明義務違反になります。

> **関係条文**　（物品の引渡しの拒絶）
> 第五十八条の十五　申込者等である売買契約の相手方は、前条第一項ただし書に規定する場合を除き、引渡しの期日の定めがあるときにおいても、購入業者及びその承継人に対し、訪問購入に係る物品の引渡しを拒むことができる。

> **関係条文**　（物品の引渡しの拒絶に関する告知）
> 第五十八条の九　購入業者は、訪問購入に係る売買契約の相手方から直接物品の引渡しを受ける時は、その売買契約の相手方に対し、第五十八条の十四第一項ただし書に規定する場合を除き、当該物品の引渡しを拒むことができる旨を告げなければならない。

(4)引き渡し後の手当て

売買契約締結時に売却物品を引き渡してしまった場合にも、クーリング・オフ制度を実効性あるものにするために下記の制度を導入しました。

（１）第三者への通知義務

訪問購入で買い取った物品をクーリング・オフ期間内に転売し転売先に引き渡

しをする場合には、転配先の第三者に対して書面で、訪問購入によって買い取った物であること、クーリング・オフされる可能性があること、などを通知する義務があります。違反した場合には、行政処分の対象になります。

通知を受けた第三者は善意の第三者には該当しなくなるため、売却した消費者がクーリング・オフをした場合には、物品を持っている転売先に対して、物品の所有権を主張して返還するよう請求できます。つまり、売却物品を取り戻すことが可能になります。

但し、買取業者などがまとめて溶かしてしまった場合には、このような対応はできません。

(2) 消費者への通知義務

買取業者は、買取物品をクーリング・オフ期間内に転売処分した場合には、いつ、どこのだれに売却して引き渡したかを知らせる義務があります。これによって、消費者は、自分が売却した物品が転売されても、その経過を知ることができます。

⑸事例の場合

事例では、買取業者は、消費者に引渡拒絶権があることを説明していません。転売先の通知もしていません。転売先にもクーリング・オフの可能性などを通知していない可能性があります。これらはすべて特定商取引法違反で、行政処分の対象になります。

ただし、転売先の第三者が買取業者の所有物と信じており、クーリング・オフの可能性について知らされていなかった場合には、第三者が即時取得してしまうため、消費者は売却物品を取り戻すことは難しいでしょう。

消費者は、買取業者に対して損害賠償を求める方法しかないということになります。

関係条文

(第三者への物品の引渡しについての相手方に対する通知)
第五十八条の十一　購入業者は、第五十八条の八第一項各号のいずれかに該当する売買契約の相手方から物品の引渡しを受けた後に、第三者に当該物品を引き渡したときは、第五十八条の十四第一項ただし書に規定する場合を除き、その旨及びその引渡しに関する事項として主務省令で定める事項を、遅滞なく、その売買契約の相手方に通知しなければならない。

(物品の引渡しを受ける第三者に対する通知)
第五十八条の十一の二　購入業者は、第五十八条の八第一項各号のいずれかに該当する売買契

約の相手方から物品の引渡しを受けた後に、第五十八条の十四第一項ただし書に規定する場合以外の場合において第三者に当該物品を引き渡すときは、主務省令で定めるところにより、同項の規定により当該物品の売買契約が解除された旨又は解除されることがある旨を、その第三者に通知しなければならない。

【2 若者に多い被害】

ここでは30歳代くらいまでの若い人に多く見られる被害を取り上げます。

1 キャッチセールス

Q 繁華街で「モデルにならないか」と声を掛けられました。スカウトだと思いモデルの仕事に興味があったので、詳しい話が聞きたくて一緒に事務所までいきました。そこで、モデルの仕事についていろいろ話を聞きました。このモデルクラブにマネジメントを頼むこともできるということで、その話を聞くために次に事務所に行く日を約束しました。二度目に事務所に行ったときに、モデルの仕事をするためには自分を磨く必要があると勧められてその業者が実施しているモデル養成講座の契約をすることになりました。しかし、アルバイトで収入が少ないので20万円以上もする費用が支払えるか心配です。契約をやめたいと思います。

(1)はじめに

アンケートに協力してください、とか、モデルになりませんか、などと営業所以外の場所で呼び止めて営業所などに同行して契約の勧誘をする取引方法のことをキャッチセールスと呼んでいます。昔から若者に被害が多い手口です。

最近でも、「お肌のアンケート」などといって呼び止め、お肌の無料診断をするなどといって営業所に同行して化粧品や美容器具などを購入させるものや、タレント・アイドル・モデルのスカウトのように呼び止めて営業所等に同行するタイプのものが根強く被害を引き起こしています。

(2)キャッチセールスか

このタイプの取引は、取引の場所が営業所等であっても特定顧客取引として訪問販売の規制が及びます。

正直に「すぐ近くで絵画の展示販売会を開催しているけど、時間があれば見ていきませんか。」など展示販売会であることを告げている場合であっても、特定顧客取引として訪問販売の規制が及びます。嘘をついて同行する者だけが規制対象となっているわけではありません。

ただし、訪問販売では、最初に消費者と接触を持った段階で「契約の勧誘の目的であること」を商品などの種類とともに明示する義務がありますから、目的を隠して呼び止めて同行するのは、特定商取引法違反の「悪いキャッチセールス」ということになります。

(3)問題の所在

　最近のスカウトを装ったキャッチセールス（スカウト詐欺ともいう）の大きな問題は営業所に同行した当日に商品などの売買契約をさせない点です。商品などを販売する目的は隠したまま、数回にわたって営業所に来るよう約束させます。「マネジメントの相談」「助言」などという場合が少なくありません。そこで、消費者は、そのつもりで約束どおりにやってくるわけですが、数回目には高額な商品を契約させられることになります。この場合には、特定顧客取引の要件を満たすか、という問題です。

　特定商取引法では特定顧客取引について、「…営業所等において、営業所等以外の場所において呼び止めて営業所等に同行させた者…（以下「特定顧客」という。）から売買契約の申込みを受け、若しくは特定顧客と売買契約を締結して行う商品若しくは指定権利の販売又は特定顧客から役務提供契約の申込みを受け、若しくは特定顧客と役務提供契約を締結して行う役務の提供」と定めています。同行した日に契約させた場合には該当することは明白ですが、目的を隠したままで営業所で次の来訪を約束させた場合にも該当するかについて見解が分かれていました。

(4)2016年改正特定商取引法

　そこで、2016年特定商取引法改正では政令で目的を隠したまま営業所で次の来訪の約束をさせた場合も特定顧客取引に該当することを明確化することになりました。改正法施行後の契約については訪問販売の規制が及ぶことが明確になりました。

(5)もう１つの視点

　勧誘の時に、事業者が「仕事を提供するから収入になる」とか「仕事のあっせんをするから収入になる」などと言った場合はどうでしょうか。事業者から「仕事の提供やあっせんがされ利益が得られる」と説明され、その仕事をするためには「このサービスや商品を利用する必要がある」からと言われて商品やサービスを購入したケースです。この場合には、業務提供誘引販売に該当すると考えられます。

> **関係条文**

特定商取引法
第二条　この章及び第五十八条の十八第一項において「訪問販売」とは、次に掲げるものをいう。
　一　販売業者又は役務の提供の事業を営む者（以下「役務提供事業者」という。）が営業所、代理店その他の主務省令で定める場所（以下「営業所等」という。）以外の場所において、売買契約の申込みを受け、若しくは売買契約を締結して行う商品若しくは指定権利の販売又は役務を有償で提供する契約（以下「役務提供契約」という。）の申込みを受け、若しくは役務提供契約を締結して行う役務の提供
　二　販売業者又は役務提供事業者が、営業所等において、営業所等以外の場所において呼び止めて営業所等に同行させた者その他政令で定める方法により誘引した者（以下「特定顧客」という。）から売買契約の申込みを受け、若しくは特定顧客と売買契約を締結して行う商品若しくは指定権利の販売又は特定顧客から役務提供契約の申込みを受け、若しくは特定顧客と役務提供契約を締結して行う役務の提供

第4章　具体例で考える【2 若者に多い被害】

2　SNSで呼び出すアポイントメントセールス

> Q　SNSで知り合った友達に、SNSでお茶しようと誘われて出向きました。指定された場所は、後でわかったのですが、その友達の勤務先でした。最初はいろいろ世間話をしていたのですが、最後にはそこで販売している高額な健康食品をすすめられて断りきれずに購入しました。そういうつもりで出かけたわけではないので、契約をやめたいと思いますが可能ですか。

(1)はじめに

　販売目的を隠して特定の場所に若者を呼び出して商品などを販売するアポイントメントセールスは昔から若者を狙う手口の典型例でした。呼び出す方法は、固定電話しかない時代には固定電話あるいははがき（「抽選に当たりました」「豪華景品が当たりました」など）でした。その後、携帯電話の普及で携帯電話での呼出しになり、電子メールでの呼出しもみられるようになりました。

　呼出し方法は、その時代に、若者が日常的に利用している通信手段が利用されていました。最近の若者の通信手段は、LINEなどのSNSにシフトしています。それに伴って、アポイントメントセールスの呼び出し方法もSNSに移行しているわけです。

(2)問題の所在

　アポイントメントセールスは特定商取引法施行令で定められている特定顧客取引に該当します。政令では、消費者を呼び出す方法として「電話、郵便、民間事業者による信書の送達に関する法律（平成十四年法律第九十九号）第二条第六項に規定する一般信書便事業者若しくは同条第九項に規定する特定信書便事業者による同条第二項に規定する信書便（以下「信書便」という。）、電報、ファクシミリ装置を用いて送信する方法若しくは法第十二条の三第一項に規定する電磁的方法（以下「電磁的方法」という。）により、若しくはビラ若しくはパンフレットを配布し若しくは拡声器で住居の外から呼び掛けることにより、又は住居を訪問して…」と具体的に特定しています。スマートフォンを使用して呼び出す場合についても、電話として使用する場合、電子メールやショートメールを送信する場合は特定顧客に該当します。

157

ところが、SNSは政令が指定された後に開発された技術であるために現行法の呼出し方法としての指定に含まれていません。そのため、SNSで呼び出された場合に適用対象になるか否かが問題となっていました。しかし、消費者にとって最も日常的な通信手段となっているうえに、目的を隠して呼び出された場合などの不意打ち性にはまったく違いはありません。

(3) 2016年改正特定商取引法

　時代の流れに合わせて現状に即した規制に改める必要があることは言うまでもありません。そこで、2016年特定商取引法改正では、呼出し方法としてSNSなどの最新の通信手段も明記することになりました。改正法施行後はSNSで呼び出された場合にも訪問販売として規制対象となることが明確化されます。

> **関係条文** 特定商取引に関する法律施行令
> 　（特定顧客の誘引方法）
> 　第一条　特定商取引に関する法律（以下「法」という。）第二条第一項第二号 の政令で定める方法は、次のいずれかに該当する方法とする。
> 　一　電話、郵便、民間事業者による信書の送達に関する法律（平成十四年法律第九十九号）第二条第六項 に規定する一般信書便事業者若しくは同条第九項 に規定する特定信書便事業者による同条第二項 に規定する信書便（以下「信書便」という。）、電報、ファクシミリ装置を用いて送信する方法若しくは法第十二条の三第一項 に規定する電磁的方法（以下「電磁的方法」という。）により、若しくはビラ若しくはパンフレットを配布し若しくは拡声器で住居の外から呼び掛けることにより、又は住居を訪問して、当該売買契約又は役務提供契約の締結について勧誘をするためのものであることを告げずに営業所その他特定の場所への来訪を要請すること。
> 　二　電話、郵便、信書便、電報、ファクシミリ装置を用いて送信する方法若しくは電磁的方法により、又は住居を訪問して、他の者に比して著しく有利な条件で当該売買契約又は役務提供契約を締結することができる旨を告げ、営業所その他特定の場所への来訪を要請すること（当該要請の日前に当該販売又は役務の提供の事業に関して取引のあつた者に対して要請する場合を除く。）。

第4章　具体例で考える【2　若者に多い被害】

3　後出しマルチ

> SNSで絶対もうかる投資の話があると誘われて、投資用DVDを50万円で購入しました。手持ちの資金がないから支払えないと断ろうとしたところ、勧誘者から「すぐにもうかるから消費者金融から借りればよい」と消費者金融業者まで連れて行かれ借金して支払いました。しかし、DVDの内容は意味不明のもので、もうかるようなものではないことがわかりました。消費者金融には返済しないといけないので、DVDは返すからお金を返してほしいと言ったのですが、「契約はキャンセルできない」「友達にDVDを買ってもらえば歩合がもらえる。その友達がさらに売ればそこからも歩合がもらえるから、借金の返済は簡単にできる」と言われました。知人などにDVDの購入を勧誘しているのですが、なかなか買ってもらえず困っています。契約は解消できないものでしょうか。

(1) はじめに

　最近のマルチ商法ではSNSなどを使って広がるという傾向がある点が一つの特徴です。これは若い人たちの「友達」の広がりが、直接の対面による人間関係からSNSなどによるバーチャルなものにシフトしていることによるものと推測されます。知り合い同士が直接顔を見て声をかけるよりもSNSを通じた（お互いの顔も知らないし声も聞いたことがない）人間関係のほうが信頼できると感じる独特の感覚によるもののようです。

　第二の特徴が最初は「販売員を増やすことによってもうかる」ということを言わない勧誘方法を取るものが増えているということです。

　事例はその典型的なものです。「絶対もうかる。DVDを見てそのとおり投資をすれば絶対に確実にもうかる」「代金を支払う経済的余裕がなくても大丈夫。学生ローンなどに、ゼミ旅行のための資金などという口実で、二か所くらいから借りれば代金の準備はできる。その後、投資でもうけて返済すれば、数か月もたたないで簡単に返済できる」などと説明して勧誘します。この時点ではもうかるのは「投資用DVDを見てそのとおり投資をすればよい」という説明をするだけです。

　DVDは、購入した上で内容を見てはじめてその内容がどんなものかがわかる

ものであって、契約前の時点では説明がすべてです。消費者は契約をして支払い、DVDの引き渡しを受けて内容を見てはじめて、説明とは異なり簡単にもうかるような内容ではないこと、ケースによってはまったく意味がないような内容であることを知ります。そこで借金して代金を支払っているので、どのように返済していったらよいかという問題に直面するわけです。

事業サイドにとっては最初から織り込み済みの事態なので、この段階になって「友達に声をかけて連れてこい。その人が契約すれば歩合収入が得られる。」「〇人契約してくれれば簡単に返済できる」などと持ちかけるわけです。

実態は、販売員が販売員を増やすことによって本部や上位の会員はもうかる仕組みとなっている組織販売であるマルチ商法といえます。この場合には、特定商取引法の適用があるかというのがこの事例の主な問題です。

(2)マルチ商法の規制

特定商取引法ではマルチ商法について連鎖販売取引として規制しています。取引適正化のための行政規制と、被害者である消費者が契約から離脱できる制度である民事ルールを設けています。

民事ルールとしては下記の三種類があります。

① 法律で定められた契約書面を消費者が受け取ってから20日間のクーリング・オフ制度
② 勧誘の際に嘘があり消費者が誤認して契約を締結した場合の取消制度
③ いずれの適用がない場合であっても販売員をやめることができる中途解除制度と中途解除した場合の返品制度

(3)連鎖販売取引の定義と要件

特定商取引法ではマルチ商法を連鎖販売取引として規制していますが、連鎖販売取引の定義はマルチ商法そのものの定義とは違っています。マルチ商法とは販売員が販売員を増やしていくことによって上位の会員が利益を得られる仕組みをとる販売組織のありかたを意味しています。つまり、マルチ商法かどうかを区別するためには、その組織がピラミッド状に販売員を増やしていくシステムをとる販売組織なのかという点にポイントがあります。

しかし、特定商取引法の連鎖販売取引の定義は「組織全体の仕組みで判断する」のではなくて、個別の契約ごとに要件を満たしているかどうかで判断する、という規制の仕方をしています。特定商取引法の連鎖販売取引とは、以下のすべ

ての要件を満たす取引です。
・事業についての要件
　　　　物品（施設を利用し又は役務の提供を受ける権利を含む。）の販売（そのあっせんを含む。）又は有償で行う役務の提供（そのあっせんを含む。）の事業であって、
・契約して販売員となる消費者の法的立場についての要件
　　　　販売の目的物たる物品の再販売（販売の相手方が商品を買い受けて販売することをいう。）、受託販売（販売の委託を受けて商品を販売することをいう。）若しくは販売のあっせんをする者又は同種役務の提供（その役務と同一の種類の役務の提供をすることをいう。）若しくはその役務の提供のあっせんをする者を
・特定利益を収受し得ることをもって誘引し、
　　　　特定利益とは「その商品の再販売、受託販売若しくは販売のあっせんをする他の者又は同種役務の提供若しくはその役務の提供のあっせんをする他の者が提供する取引料その他の主務省令で定める要件に該当する利益の全部又は一部」を指します。
・その者と特定負担を伴う取引であること
　　　　特定負担とはその商品の購入若しくはその役務の対価の支払又は取引料の提供をいいます。具体的には、卸売利益、リクルートマージン、スリーピングマージンを指します。小売利益は含まない点がポイントです。
・その商品の販売若しくはそのあっせん又は同種役務の提供若しくはその役務の提供のあっせんに係る取引（その取引条件の変更を含む。）
・さらにクーリング・オフなどの民事ルールの適用があるのは「店舗等によらない個人」であることが必要とされています。このビジネスを行うために店舗等を設けたり、人を雇用したりした場合には適用がありません。

(4)後出しマルチの問題点

　事例の場合には、以上の要件のうちの「特定利益を収受し得ることをもって誘引」するとの要件を満たしていません。このような手法の手口のことを「後出しマルチ」と呼んでいます。
　連鎖販売取引の要件を満たしていないことから、特定商取引法の連鎖販売取引の規制対象とはならないのではないかという指摘があります。
　消費者庁は後出しマルチの被害が多発していることから、特定商取引法による

行政処分をしましたが、連鎖販売取引ではなく訪問販売に該当するとして行政処分しています。

(5) 訪問販売・電話勧誘販売などの規制

訪問販売として考えた場合には、販売業者の事業所以外の場所で勧誘をして契約を締結させている場合には、訪問販売に該当することになります。投資用DVDは商品に該当するので、訪問販売の規制を受けます。

訪問販売による申込書面か契約書面の交付があれば、書面を消費者が受け取った日から8日間のクーリング・オフ制度が利用できます。適正な書面の交付がない場合やクーリング・オフ妨害があった場合には、8日を過ぎてもクーリング・オフができます。

さらに、商品の品質等について事実と異なる説明がなされて、消費者が説明を信じて契約したのであれば、不実の告知による取消しができると考えられます。

(6) 後出しマルチの悪質性

ただし、後出しマルチの問題点は、消費者に商品の品質等について事実と異なる説明をして売りつけ、消費者が代金を支払うためにした借金の返済に困る状況に追い込んで、こうした消費者の窮状に付け込んで次の消費者を連れてこさせるという点にあります。こうした一連の仕組みそのものが「後出しマルチ」の悪質性だと考えられます。

このような観点からすれば、後出しマルチについての規制が必要ではないかと考えられます。

関係条文 特定商取引法
(定義)
第三十三条 この章並びに第五十八条の二十一第一項及び第三項並びに第六十七条第一項において「連鎖販売業」とは、物品(施設を利用し又は役務の提供を受ける権利を含む。以下この章及び第五章において同じ。)の販売(そのあつせんを含む。)又は有償で行う役務の提供(そのあつせんを含む。)の事業であつて、販売の目的物たる物品(以下この章及び第五十八条の二十一第一項第一号イにおいて「商品」という。)の再販売(販売の相手方が商品を買い受けて販売することをいう。以下同じ。)、受託販売(販売の委託を受けて商品を販売することをいう。以下同じ。)若しくは販売のあつせんをする者又は同種役務の提供(その役務と同一の種類の役務の提供をすることをいう。以下同じ。)若しくはその役務の提供のあつせんをする者を特定利益(その商品の再販売、受託販売若しくは販売のあつせんをする他の者又は同種役務の提供若しくはその役務の提供のあつせんをする他の者が提供する取引料その他の主務省令で定める要件に該当する利益の全部又は一部をいう。以下この章及び第五

第4章 具体例で考える【2若者に多い被害】

十八条の二十一第一項第四号において同じ。）を収受し得ることをもつて誘引し、その者と特定負担（その商品の購入若しくはその役務の対価の支払又は取引料の提供をいう。以下この章及び第五十八条の二十一第一項第四号において同じ。）を伴うその商品の販売若しくはそのあつせん又は同種役務の提供若しくはその役務の提供のあつせんに係る取引（その取引条件の変更を含む。以下「連鎖販売取引」という。）をするものをいう。

2 　この章並びに第五十八条の二十一、第六十六条第一項及び第六十七条第一項において「統括者」とは、連鎖販売業に係る商品に自己の商標を付し、若しくは連鎖販売業に係る役務の提供について自己の商号その他特定の表示を使用させ、連鎖販売取引に関する約款を定め、又は連鎖販売業を行う者の経営に関し継続的に指導を行う等一連の連鎖販売業を実質的に統括する者をいう。

3 　この章において「取引料」とは、取引料、加盟料、保証金その他いかなる名義をもつてするかを問わず、取引をするに際し、又は取引条件を変更するに際し提供される金品をいう。

> **関係条文**
>
> **特定商取引に関する法律施行規則**
>
> （特定利益）
>
> 第二十四条 　法第三十三条第一項 の主務省令で定める要件は、次のいずれかとする。
>
> 一 　商品（法第三十三条第一項 の商品をいう。第二十七条、第二十八条及び第三十条を除き、以下この章において同じ。）の再販売、受託販売若しくは販売のあつせんをする他の者又は同種役務の提供若しくは役務の提供のあつせんをする他の者が提供する取引料により生ずるものであること。
>
> 二 　商品の再販売、受託販売若しくは販売のあつせんをする他の者に対する商品の販売又は同種役務の提供若しくは役務の提供のあつせんをする他の者に対する役務の提供により生ずるものであること。
>
> 三 　商品の再販売、受託販売若しくは販売のあつせんをする他の者が取引料の提供若しくは商品の購入を行う場合又は同種役務の提供若しくは役務の提供のあつせんをする他の者が取引料の提供若しくは役務の対価の支払を行う場合に当該他の者以外の者が提供する金品により生ずるものであること。

4 安い価格で釣る美容医療

> **Q** 美容医療のクリニックのホームページで包茎の手術を5万円程度の格安の価格でしてもらえるのを見たので、クリニックに相談しようと思って出かけました。クリニックではカウンセラーと称する女性が対応し、結局説得されてその日のうちに50万円の高額な手術をすることになってしまいました。即日手術をすべきだといわれましたが、それはなんとか後日にしてもらって帰ってきました。よく考えると納得がいかないので、契約をやめたいのですが、クリニックは一度契約した以上は解約できないし、契約金額は全額支払ってもらうといっています。

(1)はじめに

美容医療ではクリニックのホームページなどで「格安」で手術を受けることができるとの表示をしながら、消費者が実際にクリニックに直接行くと、強引に高額な契約をさせられるケースが少なくありません。しかも、クリニックに行くときは初診だけのつもりで、契約やましてや手術まではその日のうちにするつもりはないのに、強引にその場で手術をされてしまう「即日手術」の事例も見受けられます。

即日手術の事例では、術後に合併症が出る、手術の技術に問題があるなど、手術の質や安全性などの問題が出てくるケースもあるため、最近では美容外科手術の安全性の確保は大きな課題となっています。

術後の不具合までいかなくても、そんなに高額な手術が必要な状態だったのかが問題となる場合もあります。客観的には保険診療の範囲で十分な治療を受けることができるにもかかわらず、保険診療では根本的な治療ができないかのような説明をして、高額な自由診療による契約を締結させるケースもあります。

美容医療は、緊急的な治療が必要な病気治療とは異なります。事前に十分情報を収集し、じっくりと比較検討をして、自分の必要に応じた美容医療を選択する必要があります。契約を急がせたり、即日手術をさせようとする事業者は要注意です。厚生労働省は、美容医療に関するガイドラインにおいて「原則として即日手術はしないように」と定めています。

(2)契約解除はできるか

ここでは「高額手術の契約をしたものの、その後手術をしないことにした」場合に一切返金しないとの特約は有効か、という点について取り上げます。

契約では、原則として「自分が締結した契約は守る」義務があると考えます。これは「契約自由の原則」によるもので、契約するかどうかは自由であるが、そのような自由の中で契約を締結するという選択をした以上は、自分の行為に責任を持つ、つまり契約は守る義務がある、という考え方によるものです。

ただし、この「契約の拘束力」も契約の性格によって違いがあります。たとえば、民法では委任契約については、契約当事者双方から一旦契約した場合であっても契約を解除することができるものと定めています。この規定は、準委任契約にも準用されています。医療契約は準委任契約であるとされていますから、民法の規定からすれば、患者が一旦契約をした場合でもその契約を解除することができるということになります。

しかし、この規定は任意規定であるため、契約の中で別の契約条項を定めている場合には特約が優先されることになります。

> **関係条文** 民法
>
> （委任の解除）
> 第六百五十一条　委任は、各当事者がいつでもその解除をすることができる。
> 2　当事者の一方が相手方に不利な時期に委任の解除をしたときは、その当事者の一方は、相手方の損害を賠償しなければならない。ただし、やむを得ない事由があったときは、この限りでない。
>
> （準委任）
> 第六百五十六条　この節の規定は、法律行為でない事務の委託について準用する。

(3)解約できないという特約の評価

では、美容医療の契約で「この契約は消費者からは解除できない。いったん成立した契約については、契約金額全額を支払う義務がある。一切返金はしない。」等の趣旨の規定がある場合には、どのように考えることができるでしょうか。

美容医療の契約は、準委任契約です。民法上は、契約を締結した後であっても契約の解除ができるのが原則です。さらに、身体に侵襲を加える行為についての契約です。身体に対する侵襲は、病気の治療などの合理的な必要があり、かつ、本人が承諾しているという二つの要件を満たしている場合には合法的な行為とな

ります。しかし、目的が病気の治療などの合理的なものではない場合では、本人の承諾があっても傷害罪が成立する可能性があります。病気の治療でも、本人の承諾がない場合には、本人の意思確認ができないなどの緊急性がある場合には別ですが、原則的に本人の承諾がないままに身体に侵襲を加える行為は傷害罪に該当する可能性があります。

このようなことを考慮すると、契約を解除できないという意味は、消費者は、美容外科手術を受けなければならないという債務を負うことになりますが、この結論は妥当性を欠くこととなるので、消費者は意に反しても手術を受けなければならないという債務を負うわけではない、と考えるべきではないかと思われます。

(4)清算ルール

以上のように考えると、消費者が解除して美容外科手術を受けないとしても一切返金しない、という趣旨と解するのが妥当ではないかと考えられます。これは、消費者契約法9条1号の「当該消費者契約の解除に伴う損害賠償の額を予定し、又は違約金を定める条項」であると解釈すべきではないかと考えられます。

そうであれば、当該事業者の「当該条項において設定された解除の事由、時期等の区分に応じ、当該消費者契約と同種の消費者契約の解除に伴い当該事業者に生ずべき平均的な損害の額を超えるもの」については平均的損害を超える部分は無効であるということになります。

全額を一切返還しない旨の特約は、平均的損害を超える部分は無効と言うことになります。消費者は、「平均的損害」部分を支払えばよく、それ以上を支払っている場合には、平均的損害を超える金額について返還を求めることができるということになります。

なお、最高裁判所の判例では、平均的損害の証明責任は消費者にあるとしています。

> **関係条文** 消費者契約法
> （消費者が支払う損害賠償の額を予定する条項等の無効）
> 第九条　次の各号に掲げる消費者契約の条項は、当該各号に定める部分について、無効とする。
> 　一　当該消費者契約の解除に伴う損害賠償の額を予定し、又は違約金を定める条項であって、これらを合算した額が、当該条項において設定された解除の事由、時期等の区分に応じ、当該消費者契約と同種の消費者契約の解除に伴い当該事業者に生ずべき平均的な損害の額を超えるもの　当該超える部分

5 医療脱毛

Q 脱毛をしたいと思って、職場から通いやすい場所で見つけたクリニックに行き半年間コースの脱毛治療の契約をし、料金を前払しました。そこはエステサロンではなくて、クリニックで医療脱毛だという説明でした。数回通ったところで、自分がイメージしていた脱毛サロンとは違うため途中でやめたいと思って申し出たところ、医療脱毛だから中途解約はできず返金も一切できないということでした。これ以上脱毛サービスを受けるつもりはありません。サービスを受けてもいない部分の料金を返さないのはおかしいのではないですか。

(1)はじめに

エステティックサロンでの脱毛サービスは、契約で定められた役務提供期間が一月を超え、契約金額合計額が5万円を超えていれば特定商取引法の特定継続的役務提供として規制されています。ところが、最近では、エステティックサロンだけでなく、クリニックで行う医療脱毛が日常的になり、エステティックサロンでの脱毛と同じように利用されています。

医療脱毛以外にも審美歯科と称するクリニックによるホワイトニングの契約などさまざまなものがあります。医療関係については、これまでは特定商取引法の規制対象とはなっていませんでした。そのために、中途解約しようとしてもクリニックが拒否したり、支払い済みの料金の精算を拒否したりする高額な違約金を請求するなどの事例が多く、問題となっていました。

(2)エステティックサロンと医療脱毛

エステティックサロンの場合には、特定継続的役務提供としての規制があります。規制の概要は下記のようになっています。
・不当な広告の規制
・書面の交付義務　－　取引の概要についての書面と契約書面
・不当な勧誘行為とクーリング・オフ妨害行為の禁止
・帳簿等を備えおく義務と5万円を超える前払をした消費者からの閲覧権
・8日間のクーリング・オフ制度
・取消制度

・中途解約制度と清算ルール

　一方、医療脱毛の場合には契約については、民法と消費者契約法によるだけで、特別法による規制はありません。それで何も問題が起こっていないのであれば良いのですが、契約内容が不明瞭、中途解約は認めない、返金は一切しない、など契約という観点から見ても多数の問題が起こっています。

(3)消費者契約法によると

　中途解約には一切応じないとか、いったん支払った料金は一切返金しないとの特約は、消費者契約法上も問題があります。一切返金しない特約は、消費者契約法9条1号の平均的損害を超えるものに該当すると考えられる不当条項です。

　ただ、消費生活相談の実務面からみると「平均的損害はいくらなのか」という点が問題となります。訴訟をしなければ平均的損害が明確にならないというのでは、消費者支援としては不十分です。

　特定商取引法では、特定継続的役務提供について、中途解約と清算ルールを明確化しています。相談実務でも活用しやすいクリアな透明性の高いルールです。

> **関係条文** 消費者契約法
> （消費者が支払う損害賠償の額を予定する条項等の無効）
> 第九条　次の各号に掲げる消費者契約の条項は、当該各号に定める部分について、無効とする。
> 　一　当該消費者契約の解除に伴う損害賠償の額を予定し、又は違約金を定める条項であって、これらを合算した額が、当該条項において設定された解除の事由、時期等の区分に応じ、当該消費者契約と同種の消費者契約の解除に伴い当該事業者に生ずべき平均的な損害の額を超えるもの　当該超える部分

(4)2016年改正特定商取引法

　そこで、美容医療の継続的サービス契約が日常的になり消費者被害が多発している現状から、美容医療を特定継続的役務提供として政令で追加することになっています。指定される美容医療の範囲、清算ルールなどは施行日までに政令で指定される予定です。

(5)危害の問題

　ただし、特定継続的役務提供は継続的な契約をまとめて一括して契約させることによる契約上の扱いを適正化するための制度です。

美容医療では、不適切な広告や、施術を受けた結果問題が起こる「危害」や安全性に関する問題が多発しています。特定商取引法は継続的ではないサービスの広告の適正化や、サービスの安全性に関する規制ではありません。美容医療の安全性の確保や質の向上、広告の適正化などについては別途、医療法などによる厚生労働省の取組が求められます。

6　サイトで見つけた詐欺的バイト ― スマホ

Q 手軽にできるアルバイトをスマホのサイト検索で探して「一回の簡単な仕事で１万円以上」というバイトを見つけて連絡しました。履歴書・身分を証明するもの・印鑑・クレジットカードなどを持って面接に来るように指定されたので出向きました。会社の事務所では、簡単な面接の上で即日採用になり、すぐに仕事ということで、スマホの代理店に連れていかれました。入り口で「スマホの契約をすること」を指示されました。契約をして出てきたところで、契約したスマホを渡すように言われ代わりにバイト料として１万円をもらいました。簡単で割のいいバイトで運が良いと思っていたところ、２か月ほど過ぎてからスマホ会社から30万円ほどの通信料金の請求が来ました。自分は使用していないので事情を説明したのですが、「あなた名義のスマホである以上支払い義務がある」といわれて困っています。自分が使ったわけではなく、悪質商法の被害に遭っただけなので、支払う義務はないはずです。

(1)はじめに

　スマホの普及に伴って、アルバイトなどをスマホの検索サイトを利用して探す人がふえています。最近では、SNSが入口になっているケースも見受けられます。

　闇金やオレオレ詐欺が横行するようになってから「一日だけの簡単な仕事」と謳うアルバイトサイトがよくみられるようになりました。メールや電話でバイトをしてみたいと連絡すると、履歴書・身分証明書・印鑑などをもって採用面接に来るように指示されます。ところが、大きな問題は採用が決まるまでは仕事の内容の説明がされないことが少なくないということです。オレオレ詐欺などで逮捕されるのは、被害者から直接お金を受け取りに行く「受け子」です。電話を受けた被害者が、詐欺師と現金の引き渡しについて約束した後に警察に通報すると、警察が張り込んでいて逮捕しますが、この時に逮捕されるのは詐欺組織の実態も首謀者も知らないで「受け子」として当日だけアルバイトに雇われた若者であることが少なくないと言われます。「受け子」は中学生から大学生・社会人までさまざまだと指摘されています。受け子が逮捕されても詐欺師は次の受け子を雇えばよいと考えているようです。

それ以外にもいかがわしいアルバイトがありますが、若者に多い典型的な事例が、スマホや携帯電話の契約をするという内職です。この場合にも、採用が決まるまではアルバイトの内容は知らされず、採用することにしたからとすぐに通信事業者の代理店に連れて行かれるというのが典型的なパターンです。

この種の相談は継続的に消費生活相談窓口に寄せられる傾向で、急に相談件数が増えるという場合もあるようです。

スマホやパソコンなどの検索サイトでアルバイトを探した結果という事例のようなパターンのほか、最近ではSNSで勧められたというケースも増えているようです。SNSはさまざまな悪質商法の入り口に利用されています。

(2)携帯電話不正利用防止法の規制

スマホや携帯電話の契約については「携帯音声通信事業者による契約者等の本人確認等及び携帯音声通信役務の不正な利用の防止に関する法律」（携帯電話不正利用防止法）の規制があります。スマホや携帯電話は犯罪の道具として利用されることが少なくないため、このような不正な利用を防止するための規制が定められています。

同法ではスマホや携帯電話などの通信端末の契約をする場合には、携帯音声通信事業者及びその代理店などに本人確認を義務付けています。またスマホなどの契約名義人が端末を他人に譲渡する場合には、携帯音声通信事業者の承諾を得ることを義務付け、携帯音声通信事業者に対しては承諾に当たって譲受人の本人確認を義務付けています。これはスマホ等の端末の契約名義人と使用者とを一致させておくことが目的です。

(3)利用料金の支払い義務

利用料金の支払い義務は契約上契約名義人になっています。自分で契約して、その端末を名義を変更しないままに他人に譲渡して使用させていた場合には、原則として利用料金の支払い義務は契約名義人にあるということです。

(4)組織詐欺の罪

詐欺罪は刑法で10年以下の懲役の対象としています。さらに「組織的な犯罪の処罰及び犯罪収益の規制等に関する法律」では「組織的な犯罪」について第3条で「次の各号に掲げる罪に当たる行為が、団体の活動（団体の意思決定に基づく行為であって、その効果又はこれによる利益が当該団体に帰属するものをいう。

以下同じ。）として、当該罪に当たる行為を実行するための組織により行われたときは、その罪を犯した者は、当該各号に定める刑に処する。」として「刑法第二百四十六条（詐欺）の罪　一年以上の有期懲役」と定めています。組織的な詐欺罪の場合には最高で15年間の懲役刑の対象になるわけです。

> **関係条文**
>
> 携帯音声通信事業者による契約者等の本人確認等及び携帯音声通信役務の不正な利用の防止に関する法律
>
> （目的）
> 第一条　この法律は、携帯音声通信事業者による携帯音声通信役務の提供を内容とする契約の締結時等における本人確認に関する措置、通話可能端末設備等の譲渡等に関する措置等を定めることにより、携帯音声通信事業者による契約者の管理体制の整備の促進及び携帯音声通信役務の不正な利用の防止を図ることを目的とする。
>
> （契約締結時の本人確認義務等）
> 第三条　携帯音声通信事業者は、携帯音声通信役務の提供を受けようとする者との間で、役務提供契約を締結するに際しては、運転免許証の提示を受ける方法その他の総務省令で定める方法により、当該役務提供契約を締結しようとする相手方（以下この条及び第十一条第一号において「相手方」という。）について、次の各号に掲げる相手方の区分に応じそれぞれ当該各号に定める事項（以下「本人特定事項」という。）の確認（以下「本人確認」という。）を行わなければならない。
> 　一　自然人　氏名、住居及び生年月日
> 　二　法人　名称及び本店又は主たる事務所の所在地
> 2　携帯音声通信事業者は、相手方の本人確認を行う場合において、会社の代表者が当該会社のために役務提供契約を締結するときその他の当該携帯音声通信事業者との間で現に役務提供契約の締結の任に当たっている自然人が当該相手方と異なるとき（次項に規定する場合を除く。）は、当該相手方の本人確認に加え、当該役務提供契約の締結の任に当たっている自然人（第四項及び第十一条第一号において「代表者等」という。）についても、本人確認を行わなければならない。
> 3　相手方が国、地方公共団体、人格のない社団又は財団その他の総務省令で定めるものである場合には、当該国、地方公共団体、人格のない社団又は財団その他の総務省令で定めるもののために当該携帯音声通信事業者との間で現に役務提供契約の締結の任に当たっている自然人を相手方とみなして、第一項の規定を適用する。
> 4　相手方（前項の規定により相手方とみなされる自然人を含む。以下この項及び第十一条第一号において同じ。）及び代表者等は、携帯音声通信事業者が本人確認を行う場合において、当該携帯音声通信事業者に対して、相手方又は代表者等の本人特定事項を偽ってはならない。
>
> （本人確認記録の作成義務等）
> 第四条　携帯音声通信事業者は、本人確認を行ったときは、速やかに、総務省令で定める方法により、本人特定事項その他の本人確認に関する事項として総務省令で定める事項に関する記録（以下「本人確認記録」という。）を作成しなければならない。
> 2　携帯音声通信事業者は、本人確認記録を、役務提供契約が終了した日から三年間保存しなければならない。

第4章　具体例で考える【2 若者に多い被害】

（譲渡時の本人確認義務等）
第五条　携帯音声通信事業者は、通話可能端末設備又は契約者特定記録媒体（以下「通話可能端末設備等」という。）の譲渡その他の携帯音声通信役務の提供を受ける者としての役務提供契約上の地位の承継に基づき、契約者の名義を変更するに際しては、運転免許証の提示を受ける方法その他の総務省令で定める方法により、当該変更により新たに当該役務提供契約に基づく携帯音声通信役務の提供を受けようとする者（以下「譲受人等」という。）について、譲受人等の本人特定事項の確認（以下「譲渡時本人確認」という。）を行わなければならない。
2　第三条第二項から第四項まで及び前条の規定は、前項の規定により携帯音声通信事業者が譲渡時本人確認を行う場合について準用する。この場合において、第三条第二項から第四項までの規定中「相手方」とあるのは「譲受人等」と、同条第二項及び第四項中「本人確認」とあるのは「譲渡時本人確認」と、「第十一条第一号」とあるのは「第十一条第二号」と、同条第三項中「第一項」とあるのは「第五条第一項」と、前条第一項中「本人確認」とあるのは「譲渡時本人確認」と読み替えるものとする。

（譲渡時の携帯音声通信事業者の承諾）
第七条　<u>契約者は、自己が契約者となっている役務提供契約に係る通話可能端末設備等を他人に譲渡しようとする場合には、親族又は生計を同じくしている者に対し譲渡する場合を除き、あらかじめ携帯音声通信事業者の承諾を得なければならない。</u>
2　携帯音声通信事業者は、譲受人等につき譲渡時本人確認を行った後又は前条第一項の規定により媒介業者等が譲渡時本人確認を行った後でなければ、前項に規定する承諾をしてはならない。

第二十条　第七条第一項の規定に違反して、業として有償で通話可能端末設備等を譲渡した者は、二年以下の懲役若しくは三百万円以下の罰金に処し、又はこれを併科する。
2　相手方が第七条第一項の規定に違反していることの情を知って、業として有償で当該違反に係る通話可能端末設備等を譲り受けた者も、前項と同様とする。

コラム　買え買え詐欺と手軽なアルバイトの関係

　高齢者などを狙う買え買え詐欺・特殊詐欺では、さまざまな道具が詐欺師の正体を隠して詐欺を働く手段として活用されています。
　他人名義の銀行口座・キャッシュカード、他人名義の通信手段、たとえばレンタル電話やレンタル携帯・他人名義の携帯電話やスマホ、私設私書箱、荷受け代行、現金の出し子や受け子など。これらは、足がつかないように短期間でどんどん使い捨てにされるものなので、いくらあっても足らないのでしょう。詐欺師グループは、あの手この手で集めようとしています。
　インターネットで見つけたり、SNSで紹介される「ごく簡単なアルバイト」「一回のちょっとした仕事で数千円から数万円の収入」という話は、この買え買え詐欺の出し子や受け子、あるいは道具類を提供する仕事であることが少なくありません。荷受代行アルバイトは、このような特殊詐欺などの犯罪集団に「自分名義の携帯電話やスマホ」という道具を提供するという内容ではないかと推測されます。
　このスマホが特殊詐欺に使用され、多数の被害者が出てしまった場合には、お金をもらって特殊詐欺に加担した結果となったことについて法的責任を問われる可能性があります。
　「自分は被害者」だと思っていたら、実は自分は「詐欺師の末端だった」ということにもなりかねません。アルバイトなどの契約をする場合には、雇用先は信頼できるか、仕事の内容はどういうものか、まっとうか、などを十分確認する必要があります。

第4章　具体例で考える【2若者に多い被害】

7　SNSによる荷受代行アルバイト

Q SNSで簡単なアルバイトを紹介していました。紹介に従ってSNSでやりとりしたところ、宅配便などの荷物の受取代行で、一件当たり5000円程度の手間賃がもらえるというので、登録の手続きをしました。すぐに身分証明書を写メールで送るようにと指示されたので、そうしました。数日後に「荷物を送るので受け取って転送するように」と指示があったので、そのようにして5000円を手間賃として振り込んでもらいました。何件か同様に収入になりました。ところが数か月後に複数のスマホ業者から利用料数十万円の請求をされました。合計すると100万円以上になります。とても支払えないし、身に覚えがないので苦情を言ったところ、間違いないので支払ってくれと言われました。

(1)はじめに

　若い人や主婦を中心にこの種の被害が発生しているので、注意するようにと国民生活センターが2016年に報道発表しています。2016年10月には、業者3名が詐欺罪により逮捕されています。

　消費者からは見えないのですが、次のようなことが確認されています。消費者が身分証明書の写メールを送ると、受け取ったグループはこの身分証明書を使ってインターネットで格安スマホや携帯電話の契約をします。契約相手のスマホ業者は、契約名義人の消費者にスマホ等を送ってきますが、詐欺グループは消費者に対して「荷受代行だから、受け取ったら転送するように」と指示しているので、消費者は自分あてのスマホ等とは知らないで、指示されたとおりに中身も見ないで転送してしまいます。これを手に入れた詐欺師グループは振り込め詐欺等の他人名義のスマホを必要としている人間に転売します（いわゆる「飛ばしケータイ」）。入手した者は、電話を掛けるために使用します。スマホ業者は、利用料金を回収する必要があるために、その後に、契約名義人に利用料金の請求をしてくることになります。

　高齢者の項で「買え買え詐欺」や「特殊詐欺」では他人名義の電話などが利用されているため、電話番号から犯人を割り出すことができないことを指摘しました。実は、荷受代行アルバイトの契約をした消費者は、こうした詐欺行為に利用される結果となっているということです。

若い人の中には「SNSでやり取りしている人はすべて友達」という認識の人もいて、そこで紹介されたものは無条件で信頼してしまうケースがあるようですが、SNSでは相手がどこの誰なのか、どういう人物なのかが正確にわかるわけではなく、信頼できるかどうかはわかりません。詐欺や悪質商法を目的にSNSにはいってくるケースもあります。すでに取り上げたアポイントメントセールスやマルチ商法でも、SNSで友達を装って誘い出す手口が広がっています。

この事例では、消費者は消費者被害に遭ったともいえますが、一方では、詐欺被害者から見れば詐欺行為の加担者ということになります。

(2)スマホの代金の支払い義務

スマホの契約を自分で結んでいる場合には、そのスマホの利用料金は契約名義人が支払う義務があります。しかし、この事例では消費者がスマホの契約を締結したわけではありません。消費者が、アルバイトをするために本人確認のために必要だと説明されて写メールで送った身分証明書が悪用されたにすぎません。

したがって、契約に基づくスマホの利用料についての支払い義務はないと考えられます。

民法上の表見代理としての責任が問題となる可能性もありますが、消費者が身分証明書を写メールで送ったのは、アルバイトをする上での本人確認のためであり、相手になんらかの代理権を与えるためではなかったわけですから、表見代理は認められない可能性が高いでしょう。

(3)過失による不法行為責任

では、消費者はまったく支払う義務はないのでしょうか。

消費者は身分証明書を写メールで送っただけではなく、スマホ業者が自分あてに送ってきたスマホを自分で受け取りながら、詐欺師グループの指示どおり転送してしまっています。

そのスマホが特殊詐欺に利用された場合には、特殊詐欺に、過失によって「道具」である詐欺師名義ではない（被害者からみれば加害者以外の第三者の名義のものということになる）スマホを提供した結果となります。これは、特殊詐欺という不法行為に対する過失による幇助と評価される可能性があります。

特殊詐欺などの犯罪に使用された場合には、単に「消費者被害に遭った」ということではなく、逆に詐欺行為に加担した不法行為責任を問われる危険性があることに注意する必要があります。

⑷格安スマホの本人確認

スマホの契約では、事業者に契約者の本人確認義務があります。ネットで契約するタイプの格安スマホの場合は、身分証明書のコピーと、契約名義人あてにスマホを送付する方法で本人確認をしていました。

荷受代行アルバイトは、この仕組みのスキをついた手口だったわけです。

コラム　SNSの利用法

　スマートフォンが急速に普及して、SNSを利用する人が増えています。それに伴って、悪質業者がSNSを巧みに利用して消費者に近づくケースが増えています。

　かつては、電話で呼び出す手口だったアポイントメントセールスの呼出し方法も、最近ではもっぱらSNSとなっています。

　荷受け代行アルバイトでは、すべての取引の連絡がSNSに拠っています。誘ってくる「友人」もSNSの友人です。アルバイトに興味を持つと、紹介される相手の連絡方法もSNSです。アルバイトについての説明もSNSでのやり取り。アルバイトの手続きのための事務連絡、身分証明書の提示も銀行口座の連絡も、すべてSNSです。アルバイトをするために、消費者は、自分の身分証明書をスマホで写真にとってSNSにアップしています。

　仕事の指示連絡もSNSです。

　その結果、消費者は、どこの誰から、アルバイトの仕事をもらっているのかわかりません。どこの、誰と、やりとりしているのか、まったくわからないのです。

　SNSに自分の身分証明書の写真をアップしてしまったら、もし、その内容がどこかに転送されたり、コピーされて拡散されたりしたら、もう回収することはできません。自分の身分証明書を道端に捨てて、自由に、誰でも、何にでも使ってください、と言っているようなものです。この身分証明書の写真が悪用されたら、どうするのでしょうか。

　恋人同士でのSNSなどによる写真のやり取りが、別れ話になった途端、リベンジポルノに利用される危険な話は誰もが知っていることだと思います。

　親しいもの同士の間で情報を共有する手段としてはSNSは便利なものですが、知らない相手とのSNSのやりとりは、くれぐれも慎重にする必要があります。

8　口コミによる詐欺的バイト　──　クレジットカード

Q　大学のサークルで「簡単で良いアルバイトがある」と誘われました。誘ってくれたサークルの仲間と一緒に説明を聞きに行ったところ「ある会社の従業員になる」「ただし、出勤して仕事をする必要はない」「しかし、従業員として毎月給料は支払われる」というものでした。従業員としてすることは「自分の名義でクレジットカードを作り社長に預けておく」というものでした。誘ってくれたサークルの仲間はこのアルバイトで既に毎月数万円の給料を支払ってもらっているということでした。アルバイトをして学費や生活費を工面するのは結構大変なので、少しでも助かればと思って自分も契約しました。クレジットカードを作り社長に渡し、数カ月間は給料ももらいました。ところが、数か月で会社は倒産。カード会社から30万円の返済を求められています。自分が使用したわけではないし、給料も払ってもらえず、困っています。

(1)**はじめに**

　かつては、パートなどで雇用されてしばらくすると、雇用した会社の社長から「クレジットカードを預からせてくれ」といわれ、首になることをおそれて預けた結果、カード会社から多額の返済を求められるという被害が発生したことがありました。経営に行き詰った経営者が、従業員のクレジットカードを使用して資金繰りをしていたのが、いよいよ行き詰って返済できなくなったために名義人に請求が来るという事態に陥ったという事例です。従業員は、給料の遅配、その後の倒産による失業に加えて、カード会社から請求を受けるという深刻な事態に陥ることになりました。

　最近では、似たような被害が学生などの口コミやSNSで広がり、集団被害が発生する事例が起こっているようです。友人の「自分は、これだけバイト料をもらっている」という話で安心して手を出してしまうようです。SNSや大学のサークルなどで仲間だったといった事情があると、信じてしまいやすい傾向があるようです。

(2)**約款の定め**

　クレジットカードの契約を締結する際には、カード業者は「会則」とか「規約

など事業者によって名称はさまざまですが、約款を定めています。カード契約を締結する場合にはカード約款に拠っているのが実情です。

カード規約では、「カード又はカード情報…が紛失・盗難・詐取・横領等(以下まとめて「紛失・盗難」という)により他人に不正利用された場合、本会員は、そのカード又はカード情報の利用により発生する利用代金、チケット利用代金についてすべて支払いの責を負うものとします」(Aカード)、「会員がカードの紛失、盗難等(以下「紛失等」という)で他人にカードを不正使用された場合、そのカード使用により生じた一切の債務については、すべて会員の負担となります。」(Bカード)などと定めています。そして、例外的に紛失・盗難の場合には、カード会社と警察への届出を条件として免責する扱いとしているのが一般的です。

さらに、会則では、カードの貸与や譲渡などを禁止しています。カードは、名義人本人で保管しておくべきものなのです。

つまり、カードの基本原則は、そのカードが利用された場合の支払い義務はカード契約をした名義人が負うことになっているということです。

(3)借り手の責任

ただ単にカードを預かるだけだと説明して預かっておきながら、そのカードを使用して消費者に損害を与えた行為は、不法行為に該当します。したがって、カードを消費者から預かった人物が、カードを使用してキャッシングしたりショッピングに利用した場合には、消費者は、カードを使用した当事者に対して「あなたが使用した分については損害賠償するように」請求することができるのが原則です。

しかし、問題は、事例のようなケースでは、会社の社長は経済的に破たんしており、支払いの能力がないことが普通であるということです。

(4)カード会社との関係

カードを使用した人物に支払い能力がないということになると、カード会社に対して支払いを拒絶できないかという問題が生じます。

割賦販売法の適用対象の包括信用購入あっせん取引には、支払い停止の抗弁制度があります。支払い停止の抗弁制度とは、販売会社に対して法律上支払いを拒絶できる権利が発生している場合には、販売会社に対する抗弁事由を根拠にしてカード会社に対する支払いを拒否できることを定めた制度です。

本件の場合には、そもそも自分で第三者にカードを預けており、預かった第三

者がカードを使用していたという事例ですから、支払い停止の抗弁制度の対象にはならないと考えられます。カード会社が名義人ではないものがカードを不正に使用していることを知りながら黙認していたような場合は別ですが、そのような特殊事情がないかぎりはカード規約を守らず、第三者に貸与してしまった消費者はカード会社に対する支払いを拒絶できないと考えるのが原則だと考えられます。

クレジットカードを使用する場合には、カード規約をよく読んで、規約を守ることが重要だということです。規約を読んでいないので知らなかった、という理由は、規約を交付されているなどして内容を知ることができる状況であったのであれば、認められないということです。

したがって、事例のようなケースでは、カード会社に対して支払いを拒絶することは、法律上はむずかしいと考えられます。

9　デート商法（1）

Q 宝石店に勤務している男性と知り合いました。男性の方からデートに誘ってきて交際が始まりました。デートの帰りなどに誘われて男性の職場に行くこともありました。そこで「自分がデザインしたアクセサリーだ」と商品を何点か見せられて買うように勧められました。高価なものだし宝飾品類に興味もなかったので、そう伝えると「自分と付き合う人は豪華な宝石類が似合う女性になってほしい」などと言われました。これくらいのものをいつも身に着けてほしいと言うのです。嫌われたくなかったので、男性をつなぎとめるために勧められるままに数点の宝石を購入しましたが、収入は多くないので支払いが大変で、それ以上購入することはできませんでした。これ以上宝石を購入させることができないとわかった途端、男性とは連絡がとれなくなりました。職場に電話をしても「今は不在」などと言われてつないでもらえません。こんなことなら宝石を返してお金を返してもらいたいと思っています。

(1) はじめに

消費者に対して契約の締結について勧誘をする目的で近づき、デートに誘ってあたかも恋人同士あるいはこれに類似した人間関係が形成されたかのように装って消費者を誤認させ、その人間関係に付け込んで契約を締結させる商法を「恋人商法」とか「デート商法」などと呼んでいます。

かつては、若者を狙うアンケートなどを装うキャッチセールスや、目的を隠したアポイントメントセールスで近づき、「気が合うからゆっくり話したい」「お茶でも一緒にしよう」などと述べて、あたかも個人的な交際を求めているかのように装って、最終的には宝石や絵画などの高額な商品をクレジット契約で売りつける事案などが多くみられました。

最近では、結婚相手紹介サービスに契約の勧誘目的で登録して顧客を探したり、SNSで近づく手口にシフトしてきています。

契約内容も、宝石類などの高額商品の販売だけではなく、投資用マンション、金融商品などの被害が増加する傾向があります。契約金額も数百万円から1000万円以上の被害も発生しています。

(2)デート商法の違法性

　デート商法では、契約の勧誘であることを隠して近づいて親しくなり、その後に契約内容についての正確な詳しい説明をすることなく、信頼しきっているだけでなく、相手との良い関係を維持したいとか、相手の感情を害したくないとか、相手に喜んでもらいたいなどという、消費者の感情に付け込んで合理的な選択を妨げるもので、大きな問題があります。

　デート商法では、契約をさせることが目的であるため、消費者が契約をすれば、その後は付き合いはなくなり、消費者が連絡しようとしても連絡すら取れなくなる（契約相手の会社ぐるみで拒否をする）ことが普通です。ここで、消費者は、自分にとって不必要な、場合によっては合理性を欠く契約をさせられたことに気づくことになるわけです。

　このように消費者の適切で合理的な契約の選択の機会を奪う販売方法は、違法性の高い行為であると考えられます。デート商法の違法性が問題となった事例に、京都地判平成19年12月19日があります。

(3)判決の事案

　この事件の概要は裁判所の事実認定によれば、下記のようなものでした。
　事案は高額な宝石を通常の販売価格の4倍の価格で看護師に契約させた事例です。
　宝石販売会社Aは従業員Bに対し、異性に対して無差別に電話勧誘をした上、異性の警戒心を解いて思わせぶりな言葉を用いたり、飲食をおごったりするなどして契約締結の勧誘に乗ってしまいやすいような状況を作り、A社の事務所に連れて行くと、勧誘行為をした者がその上司とともに長時間にわたって契約締結のための説得を行っていました。勧誘の際には、商品の客観的な価値についての説明をせずに、先に月々のローン支払額の負担がそれほどでもないと思わせて契約締結に応諾させた後に、商品代金を明示し、関係書類への署名をさせ、それが終了すると、顧客を送り届けるなどして印鑑を押捺させる手法により、売買契約を締結させていました。契約の際に、クーリングオフ権について一応の説明はするものの、期間内の権利行使を差し控えさせるために、親には秘密にさせたり、解約しないでほしいと説明したりするなどしていました。さらに、商品である宝石類に添付されている鑑定書は、まともな鑑定書といえるようなものではなく、商品代金は客観的価値の概ね4倍以上の高額なものとなっていました。従業員BはA社からの指導に基づき、以上のような手法によって消費者とA社との間の売買

契約を締結させました。以上のように、Bは、看護師である消費者をデート商法又は恋人商法と呼ばれるアポイントメントセールスによって、電話でデートに誘い出し、販売場所に連れて行き、2か月弱の間に4回にわたり、クレジットを組ませるなどして市場価格の数倍の高額で装飾品を次々と販売していました。

(4)裁判所の判断

判決では、下記のように判断して不法行為による損害賠償を認めました。

「一連の販売方法は、本来売買対象物と対価的牽連性を有する代金の支払を合意することを本質的な内容とする売買契約における通常の契約締結過程からは著しく逸脱した方法によるものであり、全体として社会的相当性を欠くもので、不法行為に該当するものであると評価せざるを得ない。」

認められた損害は、商品代金として支払った金額全額とこの訴訟の弁護士費用として相当の額としての30万円の合計額です。

(5)業者側の反論

この種の事例では、事業者側は「そのような個人的な感情を抱くのは消費者の勝手な事情であって、事業者の責任ではない」とか、「通常の販売の勧誘として当然の範囲内の行為である」とか主張するケースがあります。本件訴訟事件でも販売担当者が同じ主張をしています。

裁判所はこの点について、外務員に対してデート商法の手法による教育を行い、会社の方針としてデート商法を行っていたとの認定に基づいて、本来売買対象物と対価的牽連性を有する代金の支払いを合意することを本質的な内容とする売買契約における通常の契約締結過程からは著しく逸脱した方法によるものであり、全体として社会的相当性を欠くもので不法行為に該当するとして、上記の反論を認めませんでした。

第4章　具体例で考える【2 若者に多い被害】

10　投資用マンション　——　デート商法（2）

Q 婚活サイトを通じて知り合った男性から結婚を前提に付き合いたいといわれて交際が始まりました。交際中に収入や資産などを聞かれました。投資などの相談にも乗ってくれる、二人の将来のためでもあるというので、言われるままに資産状況などもすべて話して相談に乗ってもらっていました。そのうち「二人の将来のために資産運用をしよう。君の蓄えを頭金にして投資用マンションを購入しよう」と言われました。男性の紹介で業者に会い説明を聞きました。男性が乗り気なので彼が良ければと思って投資用マンションの購入と運用の委託契約・銀行ローンの契約をしました。ところが、契約締結直後から彼とは連絡が取れなくなり交際も途絶えました。彼との将来のための投資だったので、こういうことなら契約はするつもりはなく、いろいろなところに相談したところ、マンションを時価の倍以上の価格で契約させられていたことがわかりました。男性を信じ切っていたため自分で調べなかったせいでした。

(1) はじめに

結婚紹介サービスや婚活サイトなどを利用して投資用マンションなどの顧客を探し、30歳代から40歳代くらいの独身女性を対象にして近づいて蓄えや収入を聞き出したうえで、投資用マンションを勧めるという手口がしばしば見受けられます。

30歳代から40歳代の独身女性がそれまでの収入で、ある程度の蓄えを築いている場合が少なくないこと、さらに婚活サイトなどを利用している場合には、結婚を前提とした交際であることを匂わせると信頼を得やすいことなどを悪用した、倫理的に問題のある手法であると考えられます。

(2) 問題点

先に取り上げたデート商法との違いは、事例の男性が投資用マンション販売業者や宅地建物取引業者の従業員ではないという点です。

最近の投資用マンションの被害事例では、勧誘者は婚活サイトに年齢等を偽るなどして（たとえば、20歳代の男性が30歳代を装って登録しているなど）登録し、結婚相手を探している女性と接触します。婚活サイトでやりとりをした上で、何

回か直接会います。食事をしたりしますが、この段階では普通の出会いの機会を求めているように装います。数回目から相手が交際相手として信頼するようになった段階で、「将来のことは考えているのか」「将来の生活を考えた資産形成をしているのか」「節税を考えているのか」など将来の生活設計の話に持っていきます。この段階になってはじめてマンション投資などの話をします。投資の専門家と称する別の人物に引き合わせたりする場合もあるようです。その後は、マンション販売業者のところに連れて行き、販売業者が勧誘します。さらに、売買契約まで話が進めば銀行に連れて行きローンの申し込みをさせます。無事にすべての契約が成立すると、消費者が、会いたいと連絡しても「今、仕事で忙しいから」などと言われて会えなくなります。この時点で、消費者は、被害に気が付くことになります。

販売されるマンションはワンルームマンションであることが一般的で、通常の販売価格よりもかなり高額であることが多く、投資の話も現実的にはリスクが高く、投資としての合理性がないことが普通です。

婚活サイトを通じて消費者と知り合い、実質的な契約の仲介をしている男性は、仲介業務を行っている会社の従業員ではないケースが多いようです。不動産売買の仲介業務を行うためには、宅地建物取引業法の免許が必要です。免許がないにもかかわらず、投資用マンションの販売の仲介をすることは、宅地建物取引業法違反（無免許）に該当します。

ただし、勧誘者は、販売業者の従業員ではなく、銀行の従業員でもないため、勧誘者の不実告知などを理由に契約を取り消すことができるかは難しい問題です。販売業者や銀行との取引の媒介の委託を受けていることを証明することができれば、消費者契約法5条による取消しができる可能性はありうるものの、宅地建物取引業者や銀行が媒介の委託をした事実を証明することは容易ではない実情にあります。

(3)裁判例では…

類似した事例に関する裁判例数件があります。判決では、結論として男性に20万円の慰謝料の支払いと弁護士費用の支払いを命じた事例、80万円の慰謝料と弁護士費用の支払いを命じた事例などがあります。その理由については下記のとおりです。①財産的利益に関する十分な意思決定の機会を奪ったこと、②原告の交際や結婚を願望する気持ちを殊更に利用し、恋愛心理を逆手にとって、上記勧誘が原告（消費者）の人格的利益への侵害をも伴うものであることを十分認識して

いたことの二点を認定して違法性を認めています。
　判決文を紹介しましょう。
「…当初から、不動産業者と提携して投資適格の低いマンションの購入を勧誘する目的で、比較的金銭に余裕のある30歳代以上の女性を対象とするために虚偽の年齢をサイトに登録して原告（被害者の女性）に近付き、被告（この男性）に好意を抱いていた原告の交際に対する期待を利用し、原告に冷静な判断をさせる機会や情報を十分与えないままに本件取引を行わせたというべきであって、財産的利益に関する十分な意思決定の機会を奪ったのみならず、原告の交際や結婚を願望する気持ちを殊更に利用し、かかる恋愛心理を逆手にとって、上記勧誘が原告の人格的利益への侵害をも伴うものであることを十分認識しながら、投資適格が高いとは言えないマンションの購入を決意させたというべきであるから、被告の上記勧誘行為は、信義誠実の原則に著しく違反するものとして慰謝料請求権の発生を肯認し得る違法行為と評価することが相当である。」

【3 インターネット関係の被害】

　インターネットによる取引も、契約である基本は変わりません。
　しかし、インターネットで世界中と容易につながることができるため、メリットがある半面でデメリットもあります。日本語の表示だから相手も日本にいる日本人とは限りませんし、実在する会社かどうかもわかりません。
　スマートフォンの普及によりインターネット取引の被害は増加し続けています。インターネット取引は電子画面の表示に従って操作する方法で行います。人と人との言葉による説明などはないので、電子画面の表示がすべてになります。表示が不十分だったり、消費者が表示をきちんと確認しないとトラブルのもとになります。スマホの画面は小さいので、ろくに表示を確認しないで思い込みで申し込みをしてトラブルになるケースも増えています。
　また、スマホの場合には、申込画面や契約の確認画面などを保存したり印刷したりすることは想定されていないため、トラブルになるとやっかいなことが少なくありません。

1　アダルトサイト

Q インターネットでいろいろなサイトを見ていたところ、アダルト情報を無料で見ることができると表示されていました。そして、「18歳以上・未満」をクリックする表示が出たため、18歳以上をクリックしたところ、突然「登録ありがとうございました。登録料2万円をお支払い下さい。」との表示になりました。無料だと思ってクリックしたので費用がかかるとは思っていなかったので、キャンセルしようとしたのですが、どこにもキャンセルの方法は表示されていません。それどころか「3日以内に支払えば2万円。3日を過ぎると10万円になる」と表示されていました。クリックしたのは自分だから今のうちに2万円支払ったほうがよいのでしょうか。

(1) はじめに

　典型的なアダルトサイトのトラブル事例です。なかには「請求が間違いである場合には下記にお電話ください」とか「退会の手続はこちらへ」といった表示がされている場合もあります。表示されている電話番号に電話すると間違いかどうかを調べるから必要だと説明されて、住所・氏名・生年月日・職場などを質問されます。その結果「調べた結果、間違いではなかったので支払ってもらう必要がある」と強い調子で請求されます。支払わないでいると、自宅や職場に請求電話が執拗にかかるようになります。

　消費者に電話をさせるのは、消費者がクリックしただけでは消費者の個人情報はわからないので、電話をさせて電話番号を知り、さらに自宅や職場・職場の電話番号などの個人情報を聞き出すためです。事業者はその電話番号などに支払いの督促の電話をかけたり、他の悪質業者などに個人情報を転売しているのではないかと推定されます。それによって不当請求や悪質業者からの電話勧誘や訪問勧誘に被害が拡大していく危険があります。一度漏れた個人情報をすべて抹消することは困難ですから、そのような危険がある場合には電話をかけたりしないようにするよう注意することが大切です。

　自分の電話番号を知られないようにするためには、非通知にして電話をかける方法もあります。ただし、この種の事案では消費者の個人情報を収集することが目的ですから、非通知の電話では相手が対応しないことが普通です。

(2)支払う義務はあるか

　有料のアダルトサイトを利用する登録をするということは、有料アダルトサイトの利用契約を締結するということです。有効な契約が成立している場合には、消費者には契約で定められた対価を支払う義務を負います。

　この事例では、アダルトサイトを見るために消費者は18歳以上であるかどうかを確認してきた表示を見てクリックしています。この消費者がクリックしたことによって登録されたということになっています。この場合には契約は成立しているでしょうか。

　契約が成立するためには「だれと・何を・いくらで・どうするのか」を自分で考えて、自分の考えたことを相手に表示することが必要です。これを民法では「意思表示」といいます。

　「何を・いくらで・どうするか」という部分は「法的効果をもたらす内容」であることが必要です。「このアダルトサイトを」「○○円の対価で」「利用する」ということは「対価を支払ってアダルトサイトという情報提供サービスを利用しよう」という法的効果をもたらす内心の考えということになります。この内心の考えを相手に伝えようとしてクリックしたことが「相手に対する内心の意思を表示した行為」ということになります。

　この事例では消費者は「無料でアダルトサイトを見よう」ということでした。「2万円を支払って見よう」ということではありませんから、クリックすることが2万円で利用したいということを意味するものであるとすると、消費者の考えていたことと行動したこと（クリックしたことの意味）とが食い違っていたことになります。

　そもそも消費者には、何らかの契約をしようという内心の考えもなかったわけですから、クリック（18才以上か未満かを確認するための表示になっているクリック画面）は、意思表示とは言えません。

　仮に、クリックした行為が何らかの意思表示にあたるとしても、このように自分が内心で考えたことと、相手に対して表示した内容とが食い違っている点が問題となります。内心の意思（考え）と表示行為の内容が食い違っている状態を民法では「錯誤」といいます。有料なのか無料なのかは契約の重要な要素です。この場合には契約の重要な要素に錯誤があったということになります。民法では「錯誤による契約は無効」と定めています。

(3)消費者に過失があるときは…

ところが、事業者から「表示をよく見れば有料だということがわかったはず。無料と思い込んだのは消費者に過失があったためだ。重大な過失があったのだから錯誤無効は認められない」と主張される場合があります。

民法では「表意者に重大な過失があった場合には錯誤無効の主張はできない」と定めています。すると有料との表示はどのようにされていたのか、それを見落とした消費者には過失があったのか、その過失は重大な過失に該当するかどうか、といった難しい問題が起こります。

そこで、電子消費者契約法では、インターネットによる消費者と事業者との間の契約に関して、事業者が間違ってクリックした場合にはその意思表示には錯誤無効の適用があり、事業者からの「消費者には重大な過失があった」との主張はできないものとする特別規定を定めています。

ただし、「申込み又はその承諾の意思表示に際して、電磁的方法によりその映像面を介して、その消費者の申込み若しくはその承諾の意思表示を行う意思の有無について確認を求める措置を講じた場合又はその消費者から当該事業者に対して当該措置を講ずる必要がない旨の意思の表明があった場合は、この限りでない。」と定めています。つまり、消費者が申込みの入力をした時にその内容をインターネットの画面で確認を求める措置を講じていた場合には、民法の原則に戻って表意者である消費者の重大な過失の主張ができるとしています。

インターネットによる契約の申込みなどでは見落としや勘違い・クリックミスなどが起こりやすいため、このような制度を設けて「申込み内容を確認・訂正できるように配慮すること」を事業者に求めているわけです。そして、確認を求める措置などがなされていない場合に、消費者が間違ってクリックしてしまった場合には、錯誤無効を認めることとしています。

(4)事例への当てはめ

この事例では「消費者が申込みのクリックをした内容について確認を求める措置」はありませんでした。

しかも、事業者は「無料で見ることができる」との表示をして消費者にクリックさせていますから、消費者は無料で見るつもりであり、有料で利用する意思はなかったことは明らかです。

以上のように、本件事例では有料で利用する契約は成立しておらず、仮に契約が成立していたとしても錯誤無効です。支払い義務はないということです。

第4章　具体例で考える【3 インターネット関係の被害】

⑸対処方法

　この種の事例では個人情報を知られることによって被害が拡大することが少なくありません。ただクリックしただけでは相手には消費者の個人情報は知られていませんから、無視するのが一番です。連絡をすると消費者の個人情報を知られることになり執拗な不当請求が繰り返されたり、個人情報が拡散して被害が広がる危険があります。

> **関係条文** 民法
> 　（錯誤）
> 　　第九十五条　意思表示は、法律行為の要素に錯誤があったときは、無効とする。ただし、表意者に重大な過失があったときは、表意者は、自らその無効を主張することができない。

> **関係条文** 電子消費者契約及び電子承諾通知に関する民法の特例に関する法律
> 　（平成十三年六月二十九日法律第九十五号）
> 　（電子消費者契約に関する民法の特例）
> 　　第三条　民法第九十五条ただし書の規定は、消費者が行う電子消費者契約の申込み又はその承諾の意思表示について、その電子消費者契約の要素に錯誤があった場合であって、当該錯誤が次のいずれかに該当するときは、適用しない。ただし、当該電子消費者契約の相手方である事業者（その委託を受けた者を含む。以下同じ。）が、当該申込み又はその承諾の意思表示に際して、電磁的方法によりその映像面を介して、その消費者の申込み若しくはその承諾の意思表示を行う意思の有無について確認を求める措置を講じた場合又はその消費者から当該事業者に対して当該措置を講ずる必要がない旨の意思の表明があった場合は、この限りでない。
> 　　一　消費者がその使用する電子計算機を用いて送信した時に当該事業者との間で電子消費者契約の申込み又はその承諾の意思表示を行う意思がなかったとき。
> 　　二　消費者がその使用する電子計算機を用いて送信した時に当該電子消費者契約の申込み又はその承諾の意思表示と異なる内容の意思表示を行う意思があったとき。

2 占いサイトのはずが有料アダルトサイトの登録に…

Q 占いサイトが好きでよく見ています。今も占いサイトをいろいろと見て回っていたらいきなり「有料アダルトサイトに登録ありがとうございました」との表示と数万円の請求画面に変わってしまいました。アダルトサイトなどにはアクセスしたつもりはないのでわけがわかりません。なにかの間違いかと表示画面を調べたのですが、キャンセルする方法もわかりません。自分の動作で登録画面になってしまったことは間違いないので支払わなければならないのでしょうか。

(1)はじめに

アダルトサイトのトラブルは「無料で見ることができる」と表示しておきながら、消費者が無料で見ようとしてクリックすると、有料の登録がされたからと登録料の支払請求画面が出てくるというものが多いのですが、最近のアダルトサイトのトラブルでは、無関係なサイトを見ていたはずなのに有料のアダルトサイトに登録されてしまうタイプの被害も発生しています。

占いサイトだけではなく、有名タレントの画像を無料で見ることができるというものや御献立サイトなどでも見られます。占い・御献立サイト・有名タレント画像などでは、男性だけでなく女性も被害に遭っています。

(2)考えかた

こうした事例では、消費者は「有料でアダルトサイトを見たい」からクリックしたわけではありません。そのような内心の意思はもっていません。クリックするという行為もなんらかの契約の申込みをするためではありませんでした。

しかも、事業者は「消費者の申込みの内容について確認を求める措置」をとっていません。いきなり有料アダルトサイトに登録された画面が出て登録料の請求画面になったということですから、明らかに確認を求める画面は用意されていなかったということです。

したがって、本件の場合は契約は不成立です。仮に契約が成立していたとしても契約の要素に錯誤があり契約は無効です。請求に対しては無視すべきです。

3 サイト利用料の不当請求を電子マネーで支払った…

> スマートフォンに身に覚えのないサイト利用料の請求メールが届きました。電話番号が表示されていたので何かの間違いだと電話をして苦情を言いました。ところが、「本日中に支払わなければ裁判にする」といわれて怖くなり、指示されるままにコンビニで電子マネーを購入しその写メールを送信してしまいました。数日後にも「まだ債務が残っている」とメールが来ました。これ以上支払いたくないし、もうすでに支払った分も返してほしいと思います。

(1)はじめに
　最近では、架空請求・不当請求・アダルトサイト・詐欺サイトなどからの支払いを、コンビニで販売しているサーバー型電子マネーで支払わせるものが増えています。事例は購入した電子マネーの写メールを送信させる方法でしたが、そのほかには下記の方法があります。
・購入したら電話をかけるように指示し、電話をかけると電子マネーの番号を読み上げさせるもの
・電子マネーのコピーをファックスさせるもの
・スマホや携帯電話に電子マネーの番号を打ち込ませるもの

(2)サーバー型電子マネーの特徴
　消費者は、自分が購入した電子マネーのカードそのものは自分の手元に残っているため被害意識を持ちにくく被害に気が付くのが遅れがちです。しかし、サーバー型電子マネーの場合には、相手に番号を知らせた時点で支払ったことになります。手元に残っているカードは無価値となるわけです。サーバー型電子マネーでは、カードそのものではなくて番号に財産的価値があるわけです。
　詐欺師が電子マネーを使用する意味は、消費者に詐欺師がどこのだれかを知られないで済むからです。消費者に加害者を知られないようにするためには効果的な方法だということです。

(3)被害は回復できるか
　架空請求であれば消費者には支払う義務はありません。支払い義務があるかも

しれないと勘違いして支払ってしまったとしても、支払い義務がないのであれば不当利得として、相手に返還するように求める権利があります。しかし、相手がどこの誰かがわからないと、返還を求めることができません。

(4)カード発行会社に返還請求できるか

　消費者の手元にはコンビニで購入した電子マネーのカードとレシートは残っているのが普通です。では、電子マネーを発行した会社に対して代金を返還するよう求めることはできるでしょうか。

　電子マネーは代金を支払うために用いられるものです。したがって、詐欺師に使用されてしまい電子マネー発行業者が支払ってしまった場合には、電子マネー発行業者に返金を求めることはできません。

(5)詐欺師が未使用の場合

　消費者が番号を知らせてしまった直後であれば、詐欺師はその電子マネーをまだ使用していない（換金していない）可能性があります。その場合には、電子マネー発行業者に対して、カードとレシートなどの資料を示して刑法上の詐欺であるという事情を説明して、支払いを停止してもらうよう依頼する方法が考えられます。

　ただし、資金決済法では原則として電子マネーの払戻しを禁止している関係上、支払いを停止してもらった場合に、当然に全額の返還をしてもらえるというわけにはいきません。一旦電子マネーを購入すると、原則として払戻しはしてもらえません。

　電子決済法では「ただし、払戻金額が少額である場合その他の前払式支払手段の発行の業務の健全な運営に支障が生ずるおそれがない場合として内閣府令で定める場合」は払戻しができるものと定めています。内閣府令では「その他の保有者のやむを得ない事情により当該前払式支払手段の利用が著しく困難となった場合」には例外的に払戻しを認めています。この事例に該当する場合には、払戻しに応じてもらえる可能性があるということです。

> **関係条文** 資金決済に関する法律
> 　（保有者に対する前払式支払手段の払戻し）
> 　第二十条　前払式支払手段発行者は、次の各号のいずれかに該当するときは、前払式支払手段の保有者に、当該前払式支払手段の残高として内閣府令で定める額を払い戻さなければなら

第 4 章　具体例で考える【3 インターネット関係の被害】

ない。
一　前払式支払手段の発行の業務の全部又は一部を廃止した場合（相続又は事業譲渡、合併若しくは会社分割その他の事由により当該業務の承継が行われた場合を除く。）
二　当該前払式支払手段発行者が第三者型発行者である場合において、第二十七条第一項又は第二項の規定により第七条の登録を取り消されたとき。
三　その他内閣府令で定める場合
2　前払式支払手段発行者は、前項各号に掲げる場合を除き、その発行する前払式支払手段について、保有者に払戻しをしてはならない。ただし、払戻金額が少額である場合その他の前払式支払手段の発行の業務の健全な運営に支障が生ずるおそれがない場合として内閣府令で定める場合は、この限りでない。

関係条文

内閣府令

（払戻しが認められる場合）
第四十二条　法第二十条第二項に規定する内閣府令で定める場合は、次の各号のいずれかに該当する場合とする。
一　基準日を含む基準期間における払戻金額（法第二十条第一項及び第三号の規定により払い戻された金額を除く。次号において同じ。）の総額が、当該基準日の直前の基準期間において発行した前払式支払手段の発行額の百分の二十を超えない場合
二　基準日を含む基準期間における払戻金額の総額が、当該基準期間の直前の基準日における基準日未使用残高の百分の五を超えない場合
三　保有者が前払式支払手段を利用することが困難な地域へ転居する場合、保有者である非居住者（外国為替及び外国貿易法（昭和二十四年法律第二百二十八号）第六条第一項第六号に規定する非居住者をいう。）が日本国から出国する場合その他の保有者のやむを得ない事情により当該前払式支払手段の利用が著しく困難となった場合

4 出会い系サイト（サクラサイト）

> **Q** SNSに有名タレントのマネージャーと名乗る人物から「自分が担当しているタレントがあなたに悩みの相談に乗ってもらいたいと言っている。SNSでのあなたの書き込みを見て信頼するようになったようだ。気持ちがあれば連絡が欲しい」と連絡してきました。連絡したところ、有名タレントと名乗る人物からSNSに連絡があり、以後は有料の出会い系サイトを使ってやりとりしたいと言われて指示に従いました。頻繁にタレントの悩みなどを出会い系を通じて聞いているうちに利用料金がかさみ、経済的にも大変になったので「これ以上は続けられない」と連絡したところ、「直接会いたい。その時にかかった費用とお礼を支払う」と言われました。何回も待ち合わせの約束をしたのですが、毎回運が悪くすれ違いで会えない状態が続き、サイト利用料が支払えなくなったので、これまでかかった費用を返してもらいたいと思います。

(1)はじめに

いわゆるサクラサイトの被害例です。有名タレントの悩みの相談は典型的な手口ですが、それ以外にも、「死期の間近な大富豪。話し相手になってもらえば遺産を譲りたい」「明日、成功率の低い手術を控えている。励ましてほしい」「有力な財テクの方法を伝授する」など、いろいろな口実が使われています。最初のころは電子メールなどが利用されていましたが、最近では、もっぱらSNSが利用されているようです。

SNSでは、「全部が友達」という認識を持つ人が多いようで、警戒心を持ちにくく信用してしまう人が少なくないようです。SNSはその他の悪質商法の勧誘手段としても広く利用されています。

(2)サクラサイトの被害救済は

出会い系サイト業者が、明らかに事実と異なる口実を使って消費者を信用させて消費者に出会い系サイトを利用させ、利用料金を負担させたのであれば、民法上の不法行為に該当すると考えられます。サクラサイト被害に関する裁判例もあります。サクラサイトに関して、サイト運営業者がサクラを雇って有料サイトに誘導して、頻繁に利用させて多額の利用料金名目で支払わせて消費者に損害を与

えたと証拠上認定された事例では、不法行為に該当するとして損害賠償を命じています。
　その場合には
・サイト業者の特定
・利用したサイトの特定・サイトの利用時の特定（いつ・どれだけ利用したか・その対価としていつ・いくら支払ったか）
・サイト業者がサクラを使っていたこと
などを損害賠償を求める消費者のほうで証拠に基づいて証明することが必要です。
　消費者が記録をつけていないなど、利用履歴・利用サイト・支払いの内容などを明確にはできない場合には請求は認められていません。
　詳しい事実関係について消費者から裏付け資料に基づいてきちんと把握することが重要になります。

5 ネット通販の商品未着トラブル ── 振込みで支払い

> **Q** 買いたいものをスマホで検索したところバナー広告がたくさん出ました。バナー広告をチェックして一番安い良い条件で購入できるサイトに注文しました。指定された銀行口座に代金を振り込み商品が届くのを待っていましたが、送られてこないままに数か月経過してしまいました。最初は問合せのメールをすると「これから発送手配の予定」とか「○日に発送」とか「調べてみる」とか返信メールがあったのに、最近はメールをしても無視されているのか返事がありません。メール以外連絡方法がわからないが、どうすればよいか困っています。

(1) はじめに

契約する場合に、まず重要なことは、信用できる相手を選ぶということです。契約は相手との法的な約束です。したがって、契約の内容は「何を約束するか」ということですから重要であることはいうまでもありませんが、相手が約束を守ることができるだけの力があり信頼できるということが重要です。

ところが、インターネット通信販売では販売業者を確認していない場合が少なくないため、詐欺的被害が多発する傾向があります。最近ではいわゆる「商品未着」と呼ばれる被害が増加しています。「商品未着」とは、代金を前払いして通信販売の商品の注文をしたのに商品は送られてこないというタイプもので、実態は商品販売名目で代金をだまし取る詐欺です。

この種の被害の多くでは販売業者は外国の業者であることが多いようです。代金の振込口座は、販売業者の名義の口座ではなく個人名義の口座であることが多いことが指摘されています。

広告表示で事業者の住所等を確認してみると、住所や電話番号が表示されていないケース、事業者の住所ではない虚偽の住所が表示されているケース（市役所の住所、公営のスポーツ施設の住所などの事例がありました）、実在しない住所のケース（たとえば、山の中や海の中などの事例、「北海道福岡市」など日本人なら嘘とわかるいいかげんで虚偽の住所、実在しない番地など）などがありました。実在する有名企業を騙っていたというケースもあります。

広告表示などで慎重に確認すれば多くの被害を防止することができるはずですが、利用者はインターネットでやりとりできるからリアル住所は確認の必要もな

いという認識でいることが少なくないようです。しかし、無事に契約が円満に終了すればよいですが、紛争になった場合には相手がどこの誰かがわからない場合には、解決することは困難になってしまいます。
　インターネットで価格等の比較検討をして、最も条件が良いところと契約するのが賢い消費者であることは事実ですが、契約相手がどこの誰なのか・信頼できるかどうかなどを配慮しない点では賢いとは言えないでしょう。

(2)特定商取引法の規制
　特定商取引法では、日本国内の消費者を対象とする通信販売の広告には事業者に関する表示をすべきことを義務付けています。この場合の表示の内容は、
・個人の場合…本名と店のある場合には店の住所
　　　　　　　店がない場合には住民票がある自宅の住所
　　　　　　　電話番号
・法人の場合…会社などの法人の場合
　　　　　　　法人の商業登記をした正式名称・登記上の住所
　　　　　　　電話番号
　　　　　　　販売担当責任者のフルネーム
を各々表示すべきことを義務付けています。これらの表示が正確になされていない場合には、特定商取引法違反で行政処分の対象になります。
　表示が義務付けられているのは、契約を締結するかどうかを選択する上で重要だからです。インターネット通信販売でも販売業者の表示を確認し、あわせてその事業者の実在の有無や評判などを可能な範囲で調べることが重要です。

(3)前払いのリスク
　対価を支払って商品などを購入する有償双務契約では、商品の引き渡しと引き換えに代金を支払うのが民法上の基本です。買い手と売り手のリスクの分配が公平だということです。
　ただし、民法では「契約自由の原則」を取り、契約当事者が民法上の任意規定と異なる特約を設けている場合には、特約が優先することになります。契約当事者が「それでよい」と言っているなら当事者双方の合意を尊重するということです。
　当事者間で「代金を前払いにする」と決めたのであれば、その取決めが優先するわけです。ただし「代金前払い」は、商品が届かなかった場合には消費者に不

利になる特約です。販売業者が社会的にしっかりしていて信頼できるというのであればリスクは小さいかも知れませんが、よく知らない事業者との契約ではリスクが大きいということになります。

(4)商品が届かない場合の手順

　契約で決めたように代金を支払ったのに、商品が引渡し期日として契約で決めた期日が過ぎても届かない場合には「履行遅滞」という債務不履行になります。履行遅滞の場合には、買い手は「猶予期限を定めて商品を引き渡すように」請求をすることが必要です。指定した猶予期間を経過しても商品が引き渡されない場合には契約を解除して合わせて損害賠償請求をします。代金を支払い済みであれば返還するよう請求することになります。

　相手が返してこない場合には、債務不履行解除を理由に損害賠償を請求する訴訟をすることになります。

(5)最初から商品を引き渡すつもりがない場合

　販売業者に最初から商品を引き渡すつもりがない場合には、不法行為に該当します。不法行為による損害賠償請求を求めることになります。

(6)相手が分からないとき

　いずれにしても、売買契約で商品が引き渡されない場合には、法的には難しい論点はありません。しかし、相手が不明では対処の方法がありません。

第4章　具体例で考える【3インターネット関係の被害】

6　にせブランド ── クレジットカードで決済

> レアもののブランドものが欲しくてインターネットで検索しました。たくさん出てきたバナー広告で探して一番安い業者にネットで注文しました。支払方法はクレジットカードが使用できるというので手持ちのクレジットカード決済を選択しました。支払方法は翌月一括払のみでした。ところが、送られてきた商品は粗悪なにせブランドものでした。本物のブランドものに交換するか代金を返してもらいたいのですが、業者と連絡が取れません。

(1)はじめに
　インターネット通信販売等ではにせブランド商品が横行していることが問題となっています。にせブランド商品は商標権侵害に該当する可能性があります。その場合には外国のショップからインターネット通信販売で購入していると、税関で没収される場合もあります。

(2)にせブランド被害に遭わないポイント
　にせブランド被害を防止するためにはいくつかの注意点があります。インターネットのバナー広告で少しでも価格が安いところから購入するという選択方法は、ブランドものの購入方法としてはきわめて危険ということになります。
　被害に遭わないためには次のような注意が必要です。
・極端に価格が安い場合は避ける
・品質表示や保証書の記載内容を確認する
・素材や縫製技術・包装状態を確認する
・購入先（アフターサービスがしっかりしているなど信頼できる店を選ぶ）

(3)対処方法
　本物のブランドものとしての売買契約だったのに送られてきた商品がにせブランドだったという場合には、対処方法としては次のような方法が考えられます。
（1）債務不履行としての対応
　猶予期限を決めて本物のブランドものとの交換を求めます。指定期間内に対応されない場合には債務不履行解除をして損害賠償を求めます。

（2）消費者契約法による取消し

もともとにせブランドものの売買契約であるのに、本物のブランドものであるとの事実に反する説明をしていた場合には「売買契約の目的物である商品の品質について」事実と異なる説明をしたことになります。通信販売では「契約するかどうか」を選択するための唯一の情報が広告の表示ということになるので、広告の品質についての表示が事実と異なっていたことを理由に契約を取り消して代金の返還を求める方法が考えられます。

消費者契約法では「契約の締結について勧誘をするに際して」不実の告知をすることが必要とされています。通信販売の広告は「不特定多数に対する誘引」であって「勧誘」には該当しないので取り消すことはできないという解釈もあります。しかし、消費者契約法は消費者と事業者との情報の質と量の格差の是正を図ろうとする法律です。通信販売では、広告上の情報が消費者が契約するかどうかを決めるにあたっての唯一の情報であり、それによって意思形成されているという事情があれば、取消しの対象になる可能性は十分あると考えられます。

(4)相手に対する意思表示が必要

これらの催告・債務不履行解除も契約の取消も相手に対する意思表示、つまり「相手に通知をすること」が必要です。訴訟になった場合に証明する必要があるので、訴訟上の証拠としても通用する方法で通知することが必要です。

相手が行方不明という場合には公示送達による通知の方法も考えられますが、その場合には相手が自主的に代金を返還してくることは期待できないので、販売業者からの回収は期待できないということになりそうです。

(5)クレジットカード会社との関係

では、クレジットカード会社から返還してもらうことはできないでしょうか。

割賦販売法では「買い物をした時から二月を超える支払条件」の場合には、包括信用購入あっせん取引にあたり、販売業者に対する支払いを拒絶できる法的根拠があるときは、同じ理由でカード会社に対する支払いも拒絶できるという、支払い停止の抗弁制度を定めています。販売業者に債務不履行があるなど販売業者に対する支払いを拒絶できる法的な根拠（これを抗弁事由という）がある場合には、販売業者に対する法的抗弁事由を理由にカード会社に対する支払いも拒絶できるということから、支払い停止の抗弁とか、抗弁権の接続と呼ばれている制度です。

ただし、割賦販売法では支払い停止の抗弁権が定められているのに留まり、支払い済みの金銭をカード会社に対して返すように請求することができるわけではありません。

本事例では翌月一括払ということですから、そもそも割賦販売法の適用はありません。したがって、割賦販売法による支払い停止の抗弁制度の適用はありません。

(6) 海外ブランドカードの場合

VISAやマスターなどの国際ブランドカードの場合には翌月一括払いであるために割賦販売法の適用はありませんが、ブランドカード内の事業者間のルールであるチャージバック制度があります。

チャージバックとは、ブランド間の決済に関するルールで、カード利用に不正や瑕疵（チャージバックリーズン）がある場合にイシュアー（カード発行業者）が加盟店管理業者（アクワイアラー）に対して、立替払いの拒否あるいは既に支払い済みの立替金の返還請求をする制度です。消費者がカード会社に支払う前であれば、消費者のカード会社に対する支払い義務はなくなります。支払った後であれば支払い済みの金額が返還されます。

チャージバックリーズンはブランドによって若干違っており、ブランド内のルールであることから公表されてはいませんが、次のような場合です。消費者の利用覚えなし・金額相違・商品の引き渡しがない・対面取引での悪用・賭博などです。チャージバックにはチャージバックリーズンによって45日から120日程度の期限があります。

チャージバックリーズンに該当する事由があり、実施可能な期限内であれば、具体的な資料を提示してチャージバックを求める方法があり得ます。

(7) 決済代行業者の責任

詐欺的な販売業者などが決済に国際ブランドカードを利用することができるのは、アクワイアラーと詐欺的販売業者等とをつなぐ決済代行業者が間に入っているためです。ケースによっては複数の決済代行業者が関与している場合もあるようです。

日本では、2016年11月現在、決済代行業者に関する法的規制はありません。決済代行業者には、販売業者等と加盟店契約を締結する際に、悪質業者を排除するための加盟店調査義務は課されていません。

そうはいっても、決済代行業者が加盟店が詐欺的業者であることを知っていたか、容易に知ることができたにもかかわらず加盟店契約をしていたことが証明できる場合には、決済代行業者に対しても不法行為による損害賠償請求が認められる可能性があります。ただ、現在（2016年11月）の段階では決済代行業者に対して損害賠償を求めた裁判例はありますが、不法行為責任が認められた例はないようです。

(8) 2016年改正割賦販売法
　2016年12月9日に改正割賦販売法が公布されました。同法では、アクワイアラーと決済代行業者に登録制度と加盟店の調査を義務付けました。改正法の施行日は、公布の日から1年6か月以内の政令で定める日からです。施行日以後締結された契約に適用されます。

7　ネットオークション ── サイトの法的責任

Q インターネットオークションで商品を落札しました。落札後に出品者と取引条件についてやりとりし、出品者が指定してきた銀行口座に振り込んで代金を前払いしました。ところが、約束した期日が経過しても商品が送られてきません。出品者から知らされていた連絡先にメールをしたり電話をかけたりしたのですが、連絡が取れず、住所もデタラメだとわかりました。騙されたようです。オークションサイトが詐欺師を排除していればこのようなことにはならなかったはずです。オークションサイトに損害賠償してもらえませんか。

(1)はじめに

　インターネットオークションで落札し、売買契約を締結して指定された方法で代金を支払ったのに商品が送られてこない、連絡もとれないといった消費者被害が増加しています。

　取引相手は、国内にいる日本人とは限らず、落札後の契約締結のためのやりとりの際に確認した住所・氏名・連絡先が虚偽であったというケースもあります。

　売買契約を締結して代金だけを受け取り、商品の引き渡しはしないというのは、履行遅滞という債務不履行に当たります。したがって、基本的な法的処理は、履行を怠っている売買契約の相手方に対して、合理的な猶予期間をおいて履行するように求め（履行の催告）、猶予期間を経過しても履行がない場合には契約を解除して（債務不履行解除）、支払った金銭を返還するよう求めるという対応になります。

　しかし、相手方から知らされている連絡先が虚偽である場合には連絡を取ることができません。したがって、債務不履行責任を追及しようにも、相手がわからないのでは追及のしようもないということになります。（行方不明の相手への手続としては、公示送達という方法がありますが、お金をとり戻すことはできないので、現実的とはいえません。）

　契約相手が最初から商品を販売する意思はなく、ただ消費者から代金名目で代金相当額をだまし取ろうとしたのであれば、刑法上の詐欺罪に該当します。これは民法上は、不法行為に該当するので、だました相手に対して、不法行為を理由に被った損害について損害賠償を求めることができます。

法的には、以上のように債務不履行責任なり、不法行為責任なりを追及することができるわけですが、相手の本当の住所や氏名がわからないため連絡が取れない、相手を特定することができない、という場合には、消費者としては相手に対して責任を追及したくても追及しようがないという事態に陥ってしまいます。

(2)オークションサイト業者の法的責任
　消費者は、インターネットオークション業者の用意したシステムを利用してオークションに参加しています。そこで、インターネットオークションのサイト業者には、このような詐欺的な出品者を排除して、安全なシステムを提供する義務があるのではないか、という観点からサイト業者の責任はないのかという疑問が出てきます。

(3)名古屋高裁平成20年判決
　ヤフーのインターネットオークションを利用して、上記のような被害に遭った消費者784名が、ヤフー株式会社に対して、安全なシステムを提供する義務があるにもかかわらずそれを怠った責任があるとして提訴した事件があります。
　消費者サイドからは、出品者から詐欺業者を排除する仕組みを作る義務、出品者情報の提供・開示義務、エスクローサービスの義務化、補償制度の充実などの義務があるにもかかわらず、それを怠ったとなどと主張しました。一審の名古屋地裁で敗訴したために控訴し、さらにサイト業者は民事仲立人に当たると考えられること、古物営業法の出品者情報の真偽を調査すべき義務があるにもかかわらず怠ったことなどの主張を追加しました。
　しかし、判決はインターネットオークション業者が場の提供だけをしている場合には、これらの義務はないとして消費者の請求を認めませんでした。

(4)古物営業法による義務について
　判決は、古物営業法については、次のように判断しました。
　「『古物競りあつせん業者は、古物の売却をしようとする者からのあつせんの申込みを受けようとするときは、その相手方の真偽を確認するための措置をとるよう努めなければならない。』と規定しており、被控訴人に出品者の真偽を確認する措置をとるべき努力義務を課しているが、出品者情報の真偽を個別に確認する義務を課してはいない。」

(5)民事仲立人についての判断

　判決は、民事仲立人であるとの主張については、次のように判断しました。
「仲立人は、他人間の法律行為の媒介をすること、すなわち他人間の法律行為（本件では売買契約の締結）に尽力する者をいう。本件においては、被控訴人は、上述のとおり、落札後の出品者、落札者間の上記交渉の過程には一切関与しておらず、何ら、出品者と落札者との間の売買契約の締結に尽力していない。確かに、Yは、本件システムを運営しているが、出品者は自らの意思で本件システムのインターネットオークションに出品し、入札者も自らの意思で入札をするのであり、Yが、その過程で両者に働きかけることはない。そして、落札者は、入札者の入札価格に基づき、入札期間終了時点の最高買取価格で入札した者に対し自動的に決定され、その者に、自動的に電子メールで通知が送られる。この過程は、本件システムのプログラムに従い自動的に行われており、被控訴人が、落札に向けて何らかの尽力をしているとは認められない。」

　現行法上の解釈からすれば、このような判断になることはやむを得ないと考えられます。

(6)例外的にオークションサイトが責任を負う場合

　ただし、例外的に、盗品であるとの警察署長からの連絡を受けていながら漫然と出品させて、落札した消費者に損害を与えた場合には、盗品の所有権者から返還を求められた落札者が被った損害については、サイト業者は損害賠償責任があると指摘しています。

(7)電子商取引等に関する準則

　準則でもオークションサイトの責任について触れている部分があります。準則では次のように説明しています。

　「オークション事業者が、単に個人間の売買仲介システムを提供するだけであり、個々の取引に直接関与しない場合には、原則として利用者間の取引に起因するトラブルにつき責任を負わない。例外的に、出品物について、警察本部長等から競りの中止の命令を受けたにもかかわらず、オークション事業者が当該出品物に係る競りを中止しなかったため、落札者が盗品等を購入し、盗品等の所有者から返還請求を受けた場合などについて、損害賠償義務を負う可能性がある。」

　いずれにしても、現行法の元では単に場を提供しているに過ぎないオークションサイト業者に詐欺業者による被害を補てんすべき法的義務があるという考え方を取ることは難しいようです。

8 通信販売 ── お試しのつもりが…

Q SNSで以前から気になっていた健康食品を大幅な割引の「お試し価格」で一個だけ購入できると宣伝しているのを見つけたので、試しに購入しました。その後は続けて購入するつもりはなかったのですが、自動的に毎月商品を送ってくるようになりました。最初の一個しか買っていないと抗議したところ、販売業者から「定期購入契約になっている。最初の一個はお試し価格だが、二個目からは通常価格である。契約が成立しているので一方的なキャンセルはできない」と言われました。納得できません。

(1)はじめに

消費者がスマホなどで「健康に良い」「ダイエット効果がある」などと謳われている商品を通常価格よりも安いお試し価格で注文したつもりだったのに、定期購入契約であると事業者から指摘されて中途解約ができないという被害が、年齢層にかかわらず急増しています。健康食品やサプリメントのほかにも化粧品や飲料などで類似のトラブルがあるようです。

多くの事例はスマホで注文しています。きっかけは事例のようにSNSで勧められたというものや、販売業者のホームページなどで見て、というケースが多いようです。

(2)事例によりさまざま

この場合に最も重要なことは「事業者との契約内容はどういう内容だったか」ということです。定期購入契約が成立しており中途解約の制度がない場合には、事業者が指摘するように消費者は契約を守る義務があるのが原則ということになります。

しかし、そのような内容の契約が成立していないのであれば、消費者は定期購入する義務はありません。

問題は、消費者は定期購入したつもりはないのに事業者は定期購入契約が成立していると主張しており、言い分が対立している点です。スマホで契約している場合には、スマホの表示と消費者の行った操作がどういうものであったかということが問題になります。

第4章　具体例で考える【3インターネット関係の被害】

スマホの広告表示画面や取引条件の表示画面に表示されていたのに、消費者が見ていない場合、約款に明示してあるのに消費者が約款を見ていない場合などが少なくありません。消費者の言い分としては、「スマホの小さな画面で細かい文字などは見ろと言うほうが無理。見るはずがない。」というものなどがあります。しかし、取引をする場合には、広告表示をよく確認し、約款なども確認するのが基本です。スマホの小さい画面で取引をすることを選択したのは、消費者にほかなりません。スマホでは、大切な情報が画面が小さくて確認できないというのであれば、そのような取引方法を選択すべきではなかったということになりそうです。

(3)電子消費者契約法の観点から

電子消費者契約法では、消費者が契約内容について誤認してそのような内容の契約を締結するつもりはなくて申込みや契約締結の意思表示をした場合には、錯誤無効の主張ができると定めています。ただし、電子画面上で申込み内容を容易に確認できる表示画面があり消費者の申込みや契約意思の確認ができる仕組みとなっている場合には、民法の原則に戻り、消費者が錯誤に陥ったことについて重過失がある場合には、錯誤無効とは認められないとする扱いとなっています。

そこで問題となるのは、消費者が申込み入力をした後で確認・訂正画面が表示されたか、容易に確認できる表示となっていたのかということです。この画面を消費者がよく確認しないでスルーしてしまった場合には、錯誤無効は認められないことになります。逆に、適切な確認・訂正画面がなかった場合には、契約自体が錯誤無効となると考えられます。スマホの小さな画面では、じっくりと表示内容を確認することは容易ではないこともあり、スマホを使って取引するのはリスキーかもしれません。

> **関係条文**　電子消費者契約及び電子承諾通知に関する民法の特例に関する法律
> 　（平成十三年六月二十九日法律第九十五号）
> 　（電子消費者契約に関する民法の特例）
> 　第三条　民法第九十五条ただし書の規定は、消費者が行う電子消費者契約の申込み又はその承諾の意思表示について、その電子消費者契約の要素に錯誤があった場合であって、当該錯誤が次のいずれかに該当するときは、適用しない。ただし、当該電子消費者契約の相手方である事業者（その委託を受けた者を含む。以下同じ。）が、当該申込み又はその承諾の意思表示に際して、電磁的方法によりその映像面を介して、その消費者の申込み若しくはその承諾の意思表示を行う意思の有無について確認を求める措置を講じた場合又はその消費者から当該事業者に対して当該措置を講ずる必要がない旨の意思の表明があった場合は、この限り

211

> でない。
> 一　消費者がその使用する電子計算機を用いて送信した時に当該事業者との間で電子消費者契約の申込み又はその承諾の意思表示を行う意思がなかったとき。
> 二　消費者がその使用する電子計算機を用いて送信した時に当該電子消費者契約の申込み又はその承諾の意思表示と異なる内容の意思表示を行う意思があったとき。

(4)不作為を意思表示とみなす条項

　特殊な事例として、お試しは一個だけの売買契約であるものの、契約条項で「商品を受け取ってから○日以内に『商品××についての定期購入をするつもりはない』との拒絶の連絡をしない場合には、××について○か月の定期購入契約を締結したものとみなす」などの規定が定められている場合があります。

　消費者が約款などの契約条項を確認していないため、連絡しないままに期間が経過した結果、事業者が定期購入契約が成立したと主張してくるケースです。

　2016年現在の消費者契約法では、このような条項は10条に該当するかどうかが問題になるのですが、あまりはっきりしません。そこで、2016年改正消費者契約法では、10条を改正し、このように「消費者の不作為をもって契約の申込とみなす条項」についても、信義誠実の原則に反する場合には不当条項に該当して無効であるとしています。

　消費者委員会消費者契約法専門調査会報告書では「信義誠実の原則に反する」というのは、お試しで購入した商品と定期購入契約が成立する商品××がまったく無関係な商品である場合と説明しています。このような考え方の場合には、お試し価格で購入したのと同じ商品を通常価格で定期購入することになる条項の場合には、不当条項には該当しないと考えられることになるでしょう。

> **関係条文**　2016年改正消費者契約法
> 第十条　民法、商法（明治三十二年法律第四十八号）その他の法律を消費者の不作為をもって当該消費者が新たな消費者契約の申込み又はその承諾の意思表示をしたものとみなす条項その他の法令中公の秩序に関しない規定の適用による場合に比し、消費者の権利を制限し、又は消費者の義務を加重する消費者契約の条項であって、民法第一条第二項に規定する基本原則に反して消費者の利益を一方的に害するものは、無効とする。

9　在宅ワーク

Q 在宅ワークをしたくてインターネットで「在宅ワーク」を検索し、自分の希望に沿った業者数社に絞り込んで資料請求のメールをしました。数日後に一社から電話があり「あなたの採用を検討しているので、電話面接をしたい」「電話面接の当日に電話に出ないと採用はできない」といわれました。約束した日に電話があり電話面接がありました。経験ややる気などを聞かれ、無事採用されました。採用後に、在宅ワークをするためのアドレスや技術習得・スキルチェックは有料と説明され支払いました。ところが、何回チャレンジしてもスキルチェックをクリアできず仕事がもらえません。仕事がもらえないなら契約するつもりはありませんでした。支払ったお金を返してもらいたいと思います。

(1)はじめに

　年齢にかかわらず、自宅で好きな時間に内職をしたいと考える人が、インターネットで検索して見つけた業者から電話で「電話面接」を受けて採用されたものの、費用だけかかってほとんど仕事はなく、収入には結びつかないという被害が発生しています。

　最近のこの種のケースの特徴は、消費者からインターネットで検索して資料請求の依頼メールをしていること、事業者から「電話面接」の連絡をしてくること、契約は電話とインターネットのやりとりだけであること、仕事の内容もパソコンを使用するもので、仕事の提供などのすべてがインターネットのやりとりであること、などであるという点です。

　消費者は、事業者の事務所に行ったことはなく、担当者に会ったこともありません。契約書やインターネットで事業者の所在地と表示されている場所には商業登記は存在していても、事務所は実在していないという場合も少なくありません。

　消費者は、郵送された契約書等の指示に従って署名捺印して返送している場合が少なくありません。契約書の内容についての口頭での説明はされておらず、消費者は内容を理解していないことがほとんどです。「電話面接」で採用が決定していると思っているため、契約書の内容を確認しようという心理にならないようです。

　「電話面接」の場合の仕事の説明はケースによってさまざまで「簡単な仕事で

多額の収入が得られる」と説明する場合もあれば、「それほど割の良い収入にはならないが、まじめで技術のある人に長く続けてもらいたい」などと説明する場合もあります。事業者は消費者のタイプを見て説明内容を変えている可能性があります。

(2)業務提供誘引販売取引の定義

　本件は、消費者が対価を支払って事業者から（あるいは事業者のあっせんにより）提供された商品やサービスを利用して行う業務（内職などの仕事）を事業者（あるいは事業者のあっせんにより）から提供してもらう契約であると考えられます。

　このような取引を特定商取引法では、業務提供誘引販売取引として規制しています。業務提供誘引販売取引は、販売方法による区別はありません。たとえば、消費者が事業者の広告などを見て自分から事業者の事務所に出向いて取引した場合でも規制対象になります。消費者がインターネットで検索して事業者に連絡した場合でも規制対象になります。事業者が、「消費者から仕事をしたいといってきたのであって、自分から訪問勧誘や電話勧誘を行ったわけではない」と主張してくる場合がありますが、そのような場合でも規制対象になります。

(3)「電話面接」というトークの問題点

　最近の在宅ワークに関する業務提供誘引販売では、事業者が「電話面接」をするといって電話をしてくるパターンが目立ちます。

　しかし、消費者は、インターネットで資料を請求しているに過ぎないもので、契約内容を理解して契約の申込みをしているわけではありません。資料請求をしている消費者に対して事業者がかけた電話は、実は業務提供誘引販売取引の勧誘電話に該当するというべきです。

　特定商取引法では、勧誘電話をかける場合について「業務提供誘引販売業を行う者は、その業務提供誘引販売業に係る業務提供誘引販売取引をしようとするときは、その勧誘に先立つて、その相手方に対し、業務提供誘引販売業を行う者の氏名又は名称、特定負担を伴う取引についての契約の締結について勧誘をする目的である旨及び当該勧誘に係る商品又は役務の種類を明らかにしなければならない。（第51条の2）」と定めています。「電話面接」をするというトークは上記の規制に反する行為です。

第4章　具体例で考える【3インターネット関係の被害】

⑷クーリング・オフ

　業務提供誘引販売に該当する場合には、事業者は、契約を締結したら遅滞なく契約内容を明らかにした書面（契約書面）を消費者に交付すべき義務があります。消費者は、契約書面を受け取った日から20日を経過するまでクーリング・オフができます。

　消費者が受け取った契約書面が、特定商取引法で定める記載事項のすべてが正確に記載されていない場合にはクーリング・オフ期間の起算日にはなりません。この場合には20日を経過していてもクーリング・オフができます。

　また、事業者がクーリング・オフを妨害するために事実と異なることを告げたり、威迫して困惑させるなどした結果、消費者が20日の間にクーリング・オフをすることを妨げられた場合にも、クーリング・オフ期間は延長されます。たとえば、この種の事例では事業者が口頭で、あるいは書面などで「この契約は仕事をするための契約であるから、クーリング・オフはできない」旨を消費者に告げている場合などがしばしば見られます。この行為は、明らかにクーリング・オフ妨害行為に当たります。

⑸取消し

　クーリング・オフ期間が経過している場合には、契約の締結について勧誘をする際に、下記について事実と異なることを告げられたり、事業者が説明しなかったために消費者が誤認して契約したという事情がある場合には、追認できる時から6か月間は契約を取り消すことができます。2016年改正により、取消期間は追認できる時から1年間に延長されました。したがって、改正法施行日以降に締結された契約の場合には改正法によります。

　ただし、いずれの場合も契約締結から5年を経過した場合には取消しはできなくなります。

　取消の対象となる重要事項は下記のとおりです。

一　商品（施設を利用し及び役務の提供を受ける権利を除く。）の種類及びその性能若しくは品質又は施設を利用し若しくは役務の提供を受ける権利若しくは役務の種類及びこれらの内容その他これらに類するものとして主務省令で定める事項
二　当該業務提供誘引販売取引に伴う特定負担に関する事項
　　―― 契約締結により消費者が支払うべき金銭とその名目のすべて
三　当該契約の解除に関する事項（第58条第1項から第3項までの規定に関する

215

事項を含む。)…クーリング・オフ制度のこと
四 その業務提供誘引販売業に係る業務提供利益に関する事項
　　具体的な仕事の内容、一回当たりの仕事の量や収入、1か月間に提供される仕事の量や収入など
五 前各号に掲げるもののほか、その業務提供誘引販売業に関する事項であって、業務提供誘引販売取引の相手方の判断に影響を及ぼすこととなる重要なもの

> **関係条文** 特定商取引法
>
> （定義）
> 第五十一条　この章並びに第五十八条の二十三、第六十六条第一項及び第六十七条第一項において「業務提供誘引販売業」とは、物品の販売（そのあつせんを含む。）又は有償で行う役務の提供（そのあつせんを含む。）の事業であつて、その販売の目的物たる物品（以下この章及び第五十八条の二十三第一項第一号イにおいて「商品」という。）又はその提供される役務を利用する業務（その商品の販売若しくはそのあつせん又はその役務の提供若しくはそのあつせんを行う者が自ら提供を行い、又はあつせんを行うものに限る。）に従事することにより得られる利益（以下この章及び第五十八条の二十三第一項第三号において「業務提供利益」という。）を収受し得ることをもつて相手方を誘引し、その者と特定負担（その商品の購入若しくはその役務の対価の支払又は取引料の提供をいう。以下この章及び第五十八条の二十三第一項第三号において同じ。）を伴うその商品の販売若しくはそのあつせん又はその役務の提供若しくはそのあつせんに係る取引（その取引条件の変更を含む。以下「業務提供誘引販売取引」という。）をするものをいう。
> 2　この章において「取引料」とは、取引料、登録料、保証金その他いかなる名義をもつてするかを問わず、取引をするに際し、又は取引条件を変更するに際し提供される金品をいう。

第4章　具体例で考える【3インターネット関係の被害】

10　ドロップシッピング

> インターネットで手軽にできる内職としてドロップシッピングを見つけました。ホームページを業者に依頼して作成してもらい、販売商品も事業者に提供してもらい、自分でするのは一日30分前後、消費者から注文があるか確認して業者に連絡することと、消費者から代金の支払いがあったか確認して、自分の利益だけ差し引いて残りを業者に振り込むという事務処理だけと説明されました。商品が良いし、集客できるようにホームページを作成するので収入は確実に得られ、ホームページの製作費用などはすぐに支払えるという説明でした。そこで、数十万円支払ってはじめたのですが、誰も見てくれる人はおらず、商品もまったく売れません。事業者に苦情を言ったところ、「自己責任だ」といわれて取り合ってもらえません。

(1)はじめに

　本来のドロップシッピングとは、自分がネットショップの販売店になるもののうち、在庫は持たず卸売業者から直接商品を購入者に送付してもらう仕組みのものを指します。在庫を持つ必要がないし、商品を送付する手間もかからない点がメリットといえます。この場合には、当事者はショップのホームページを設けて販売業者になるものですから、消費者ではなく事業者であるということになります。

　よく似たものにアフィリエイトがあります。アフィリエイトの場合には、自分のホームページなどに販売業者のウェブのリンクを貼り、自分のホームページからウェブページに飛んで契約した顧客については、一定の歩合がもらえるという仕組みです。したがって、いかに魅力的なホームページにして集客し、リンクを貼った販売業者のウエブページに飛んでもらうかが重要ということになります。この場合には、ホームページの開設者は売買契約の当事者になるわけではありません。

(2)事例の特徴

　本来のドロップシッピングは、自分が通信販売業者になるというものですから、消費者として保護されないのは当然です。しかし、事例の場合にはこれとは大き

な違いがあります。

　事業者から、有償でホームページ作成をしてもらい、自分はそのホームページに関して一日30分程度の事務処理をするだけで利益が得られるという説明を受けています。販売する商品についても主なものは事業者が提供するというものです。

　通常のドロップシッピングのように、販売業者となる者の自主性はそこにはありません。事業者から指示された業務を一日ごく短時間行うだけで、利益が得られるというものです。このように整理すると、前項の業務提供誘引販売取引に該当する場合が少なくないと考えられます。

　消費者庁や東京都では、事業者が主導権を握っており、ドロップシッピングの業務についての主導権をもっぱら事業者が有している場合には、業務提供誘引販売取引に該当するとして、特定商取引法違反を理由に行政処分しています。アフィリエイトについても同様に考えることができます。

第5章

資　　料

(1) 消費者契約法　新旧対照表 (2017年1月現在)

（傍線部分は改正部分）

改　正　法	現　　行
（目的） 第一条　この法律は、消費者と事業者との間の情報の質及び量並びに交渉力の格差に<u>鑑み</u>、事業者の一定の行為により消費者が誤認し、又は困惑した場合<u>等</u>について契約の申込み又はその承諾の意思表示を取り消すことができる<u>こととするとともに、事業者の損害賠償の責任を免除する</u>条項その他の消費者の利益を不当に害することとなる条項の全部又は一部を無効とするほか、消費者の被害の発生又は拡大を防止するため適格消費者団体が事業者等に対し差止請求をすることができることとすることにより、消費者の利益の擁護を図り、もって国民生活の安定向上と国民経済の健全な発展に寄与することを目的とする。 （消費者契約の申込み又はその承諾の意思表示の取消し） 第四条　（略） 2・3　（略） <u>4　消費者は、事業者が消費者契約の締結について勧誘をするに際し、物品、権利、役務その他の当該消費者契約の目的となるものの分量、回数又は期間（以下この項において「分量等」という。）が当該消費者にとっての通常の分量等（消費者契約の目的となるものの内容及び取引条件並びに事業者がその締結について勧誘をする際の消費者の生活の状況及びこれについての当該消費者の認識に照らして当該消費者契約の目的となるものの分量等として通常想定される分量等をいう。以下この項において同じ。）を著しく超えるものであることを知っていた場合において、その勧誘により当該消費者契約の申込み又はその承諾の意思表示をしたときは、これを取り消すことができる。事業者が消費者契約の締結について勧誘をするに際し、消費者が既に当該消費者契約の目的となるものと同種のものを目的とする消費者契約（以下この項において「同種契約」という。）を締結し、当該同種契約の目的となるものの分量等と当該消費者契約の目的となるものの分量等とを合算した分量等が当該消費者にとっての通常の分量等を著しく超えるものであることを知っていた場合において、その勧誘により当該消費者契約の申込み又はその承諾の意思表示をしたときも、同様とする。</u> <u>5</u>　第一項第一号及び第二項の「重要事項」と	（目的） 第一条　この法律は、消費者と事業者との間の情報の質及び量並びに交渉力の格差に<u>かんがみ</u>、事業者の一定の行為により消費者が誤認し、又は困惑した場合について契約の申込み又はその承諾の意思表示を取り消すことができる<u>こととする</u>条項その他の消費者の利益を不当に害することとなる条項の全部又は一部を無効とするほか、消費者の被害の発生又は拡大を防止するため適格消費者団体が事業者等に対し差止請求をすることができることとすることにより、消費者の利益の擁護を図り、もって国民生活の安定向上と国民経済の健全な発展に寄与することを目的とする。 （消費者契約の申込み又はその承諾の意思表示の取消し） 第四条　（略） 2・3　（略） （新設） <u>4</u>　第一項第一号及び第二項の「重要事項」と

第5章 資　料

改　正　法	現　行
は、消費者契約に係る次に掲げる事項（同項の場合にあっては、第三号に掲げるものを除く。）をいう。 一　物品、権利、役務その他の当該消費者契約の目的となるものの質、用途その他の内容であって、消費者の当該消費者契約を締結するか否かについての判断に通常影響を及ぼすべきもの 二　物品、権利、役務その他の当該消費者契約の目的となるものの対価その他の取引条件であって、消費者の当該消費者契約を締結するか否かについての判断に通常影響を及ぼすべきもの 三　前二号に掲げるもののほか、物品、権利、役務その他の当該消費者契約の目的となるものが当該消費者の生命、身体、財産その他の重要な利益についての損害又は危険を回避するために通常必要であると判断される事情 6　第一項から第四項までの規定による消費者契約の申込み又はその承諾の意思表示の取消しは、これをもって善意の第三者に対抗することができない。 　（媒介の委託を受けた第三者及び代理人） 第五条　前条の規定は、事業者が第三者に対し、当該事業者と消費者との間における消費者契約の締結について媒介をすることの委託（以下この項において単に「委託」という。）をし、当該委託を受けた第三者（その第三者から委託（二以上の段階にわたる委託を含む。）を受けた者を含む。以下「受託者等」という。）が消費者に対して同条第一項から第四項までに規定する行為をした場合について準用する。この場合において、同条第二項ただし書中「当該事業者」とあるのは、「当該事業者又は次条第一項に規定する受託者等」と読み替えるものとする。 2　消費者契約の締結に係る消費者の代理人（復代理人（二以上の段階にわたり復代理人として選任された者を含む。）を含む。以下同じ。）、事業者の代理人及び受託者等の代理人は、前条第一項から第四項まで（前項において準用する場合を含む。次条から第七条までにおいて同じ。）の規定の適用については、それぞれ消費者、事業者及び受託者等とみなす。 　（解釈規定） 第六条　第四条第一項から第四項までの規定	は、消費者契約に係る次に掲げる事項であって消費者の当該消費者契約を締結するか否かについての判断に通常影響を及ぼすべきものをいう。 一　物品、権利、役務その他の当該消費者契約の目的となるものの質、用途その他の内容 二　物品、権利、役務その他の当該消費者契約の目的となるものの対価その他の取引条件 （新設） 5　第一項から第三項までの規定による消費者契約の申込み又はその承諾の意思表示の取消しは、これをもって善意の第三者に対抗することができない。 　（媒介の委託を受けた第三者及び代理人） 第五条　前条の規定は、事業者が第三者に対し、当該事業者と消費者との間における消費者契約の締結について媒介をすることの委託（以下この項において単に「委託」という。）をし、当該委託を受けた第三者（その第三者から委託（二以上の段階にわたる委託を含む。）を受けた者を含む。以下「受託者等」という。）が消費者に対して同条第一項から第三項までに規定する行為をした場合について準用する。この場合において、同条第二項ただし書中「当該事業者」とあるのは、「当該事業者又は次条第一項に規定する受託者等」と読み替えるものとする。 2　消費者契約の締結に係る消費者の代理人（復代理人（二以上の段階にわたり復代理人として選任された者を含む。）を含む。以下同じ。）、事業者の代理人及び受託者等の代理人は、前条第一項から第三項まで（前項において準用する場合を含む。次条及び第七条において同じ。）の規定の適用については、それぞれ消費者、事業者及び受託者等とみなす。 　（解釈規定） 第六条　第四条第一項から第三項までの規定

改　正　法	現　行
は、これらの項に規定する消費者契約の申込み又はその承諾の意思表示に対する民法（明治二十九年法律第八十九号）第九十六条の規定の適用を妨げるものと解してはならない。 　(取消権を行使した消費者の返還義務) 第六条の二　民法第百二十一条の二第一項の規定にかかわらず、消費者契約に基づく債務の履行として給付を受けた消費者は、第四条第一項から第四項までの規定により当該消費者契約の申込み又はその承諾の意思表示を取り消した場合において、給付を受けた当時その意思表示が取り消すことができるものであることを知らなかったときは、当該消費者契約によって現に利益を受けている限度において、返還の義務を負う。 　(取消権の行使期間等) 第七条　第四条第一項から第四項までの規定による取消権は、追認をすることができる時から一年間行わないときは、時効によって消滅する。当該消費者契約の締結の時から五年を経過したときも、同様とする。 2　会社法（平成十七年法律第八十六号）その他の法律により詐欺又は強迫を理由として取消しをすることができないものとされている株式若しくは出資の引受け又は基金の拠出が消費者契約としてされた場合には、当該株式若しくは出資の引受け又は基金の拠出に係る意思表示については、第四条第一項から第四項までの規定によりその取消しをすることができない。 　(事業者の損害賠償の責任を免除する条項の無効) 第八条　次に掲げる消費者契約の条項は、無効とする。 　一・二　(略) 　三　消費者契約における事業者の債務の履行に際してされた当該事業者の不法行為により消費者に生じた損害を賠償する責任の全部を免除する条項 　四　消費者契約における事業者の債務の履行に際してされた当該事業者の不法行為（当該事業者、その代表者又はその使用する者の故意又は重大な過失によるものに限る。）により消費者に生じた損害を賠償する責任の一部を免除する条項	は、これらの項に規定する消費者契約の申込み又はその承諾の意思表示に対する民法（明治二十九年法律第八十九号）第九十六条の規定の適用を妨げるものと解してはならない。 　(新設) 　(取消権の行使期間等) 第七条　第四条第一項から第三項までの規定による取消権は、追認をすることができる時から六箇月間行わないときは、時効によって消滅する。当該消費者契約の締結の時から五年を経過したときも、同様とする。 2　会社法（平成十七年法律第八十六号）その他の法律により詐欺又は強迫を理由として取消しをすることができないものとされている株式若しくは出資の引受け又は基金の拠出が消費者契約としてされた場合には、当該株式若しくは出資の引受け又は基金の拠出に係る意思表示については、第四条第一項から第三項まで（第五条第一項において準用する場合を含む。）の規定によりその取消しをすることができない。 　(事業者の損害賠償の責任を免除する条項の無効) 第八条　次に掲げる消費者契約の条項は、無効とする。 　一・二　(略) 　三　消費者契約における事業者の債務の履行に際してされた当該事業者の不法行為により消費者に生じた損害を賠償する民法の規定による責任の全部を免除する条項 　四　消費者契約における事業者の債務の履行に際してされた当該事業者の不法行為（当該事業者、その代表者又はその使用する者の故意又は重大な過失によるものに限る。）により消費者に生じた損害を賠償する民法の規定による責任の一部を免除する条項

改　正　法	現　　行
五　（略） ２　（略） 　（消費者の解除権を放棄させる条項の無効） 第八条の一　次に掲げる消費者契約の条項は、無効とする。 一　事業者の債務不履行により生じた消費者の解除権を放棄させる条項 二　消費者契約が有償契約である場合において、当該消費者契約の目的物に隠れた瑕疵があること（当該消費者契約が請負契約である場合には、当該消費者契約の仕事の目的物に瑕疵があること）により生じた消費者の解除権を放棄させる条項 　（消費者の利益を一方的に害する条項の無効） 第十条　消費者の不作為をもって当該消費者が新たな消費者契約の申込み又はその承諾の意思表示をしたものとみなす条項その他の法令中の公の秩序に関しない規定の適用による場合に比して消費者の権利を制限し又は消費者の義務を加重する消費者契約の条項であって、民法第一条第二項に規定する基本原則に反して消費者の利益を一方的に害するものは、無効とする。 　（他の法律の適用） 第十一条　消費者契約の申込み又はその承諾の意思表示の取消し及び消費者契約の条項の効力については、この法律の規定によるほか、民法及び商法（明治三十二年法律第四十八号）の規定による。 ２　（略） 　（差止請求権） 第十二条　適格消費者団体は、事業者、受託者等又は事業者の代理人若しくは受託者等の代理人（以下「事業者等」と総称する。）が、消費者契約の締結について勧誘をするに際し、不特定かつ多数の消費者に対して第四条第一項から第四項までに規定する行為（同条第二項に規定する行為にあっては、同項ただし書の場合に該当するものを除く。次項において同じ。）を現に行い又は行うおそれがあるときは、その事業者等に対し、当該行為の停止若しくは予防又は当該行為に供した物の廃棄若しくは除去その他の当該行為の停止若しくは予防に必要な措置をとることを請求することができる。ただし、民法及び商法以外	五　（略） ２　（略） （新設） 　（消費者の利益を一方的に害する条項の無効） 第十条　民法、商法（明治三十二年法律第四十八号）その他の法律の公の秩序に関しない規定の適用による場合に比し、消費者の権利を制限し、又は消費者の義務を加重する消費者契約の条項であって、民法第一条第二項に規定する基本原則に反して消費者の利益を一方的に害するものは、無効とする。 　（他の法律の適用） 第十一条　消費者契約の申込み又はその承諾の意思表示の取消し及び消費者契約の条項の効力については、この法律の規定によるほか、民法及び商法の規定による。 ２　（略） 　（差止請求権） 第十二条　適格消費者団体は、事業者、受託者等又は事業者の代理人若しくは受託者等の代理人（以下「事業者等」と総称する。）が、消費者契約の締結について勧誘をするに際し、不特定かつ多数の消費者に対して第四条第一項から第三項までに規定する行為（同条第二項に規定する行為にあっては、同項ただし書の場合に該当するものを除く。次項において同じ。）を現に行い又は行うおそれがあるときは、その事業者等に対し、当該行為の停止若しくは予防又は当該行為に供した物の廃棄若しくは除去その他の当該行為の停止若しくは予防に必要な措置をとることを請求することができる。ただし、民法及び商法以外

改正法	現行
の他の法律の規定によれば当該行為を理由として当該消費者契約を取り消すことができないときは、この限りでない。 2　適格消費者団体は、次の各号に掲げる者が、消費者契約の締結について勧誘をするに際し、不特定かつ多数の消費者に対して第四条第一項から<u>第四項</u>までに規定する行為を現に行い又は行うおそれがあるときは、当該各号に定める者に対し、当該各号に掲げる者に対する是正の指示又は教唆の停止その他の当該行為の停止又は予防に必要な措置をとることを請求することができる。この場合においては、前項ただし書の規定を準用する。 　一・二　（略） 3・4　（略）	の他の法律の規定によれば当該行為を理由として当該消費者契約を取り消すことができないときは、この限りでない。 2　適格消費者団体は、次の各号に掲げる者が、消費者契約の締結について勧誘をするに際し、不特定かつ多数の消費者に対して第四条第一項から<u>第三項</u>までに規定する行為を現に行い又は行うおそれがあるときは、当該各号に定める者に対し、当該各号に掲げる者に対する是正の指示又は教唆の停止その他の当該行為の停止又は予防に必要な措置をとることを請求することができる。この場合においては、前項ただし書の規定を準用する。 　一・二　（略） 3・4　（略）

第 5 章 資 料

(2) 特定商取引に関する法律　新旧対照表 (抜枠) (2017年現在)　　(傍線部分は改正部分)

改　正　法	現　　行
目次 　第一章　総則（第一条） 　第二章　訪問販売、通信販売及び電話勧誘販売 　　第一節　定義（第二条） 　　第二節　訪問販売（第三条―第十条） 　　第三節　通信販売（第十一条―<u>第十五条の三</u>） 　　第四節　電話勧誘販売（第十六条―第二十五条） 　　第五節　雑則（第二十六条―第三十二条の二） 　第三章　連鎖販売取引（第三十三条―第四十条の三） 　第四章　特定継続的役務提供（第四十一条―第五十条） 　第五章　業務提供誘引販売取引（第五十一条―第五十八条の三） 　第五章の二　訪問購入（第五十八条の四―第五十八条の十七） 　第五章の三　差止請求権（第五十八条の十八―第五十八条の二十五） 　第六章　雑則（第五十九条―<u>第六十九条の二</u>） 　第七章　罰則（第七十条―第七十六条） 　附則 　（定義） 第二条　（略） 　一　販売業者又は役務の提供の事業を営む者（以下「役務提供事業者」という。）が営業所、代理店その他の主務省令で定める場所（以下「営業所等」という。）以外の場所において、売買契約の申込みを受け、若しくは売買契約を締結して行う商品若しくは<u>特定権利</u>の販売又は役務を有償で提供する契約（以下「役務提供契約」という。）の申込みを受け、若しくは役務提供契約を締結して行う役務の提供 　二　販売業者又は役務提供事業者が、営業所等において、営業所等以外の場所において呼び止めて営業所等に同行させた者その他政令で定める方法により誘引した者（以下「特定顧客」という。）から売買契約の申込みを受け、若しくは特定顧客と売買契約を締結して行う商品若しくは<u>特定権利</u>の販売又は特定顧客から役務提供契約の申込みを受け、若しくは特定顧客と役務提供契約を締結して行う役務の提供	目次 　第一章　総則（第一条） 　第二章　訪問販売、通信販売及び電話勧誘販売 　　第一節　定義（第二条） 　　第二節　訪問販売（第三条―第十条） 　　第三節　通信販売（第十一条―<u>第十五条の二</u>） 　　第四節　電話勧誘販売（第十六条―第二十五条） 　　第五節　雑則（第二十六条―第三十二条の二） 　第三章　連鎖販売取引（第三十三条―第四十条の三） 　第四章　特定継続的役務提供（第四十一条―第五十条） 　第五章　業務提供誘引販売取引（第五十一条―第五十八条の三） 　第五章の二　訪問購入（第五十八条の四―第五十八条の十七） 　第五章の三　差止請求権（第五十八条の十八―第五十八条の二十五） 　第六章　雑則（第五十九条―第六十九条） 　第七章　罰則（第七十条―第七十六条） 　附則 　（定義） 第二条　（略） 　一　販売業者又は役務の提供の事業を営む者（以下「役務提供事業者」という。）が営業所、代理店その他の主務省令で定める場所（以下「営業所等」という。）以外の場所において、売買契約の申込みを受け、若しくは売買契約を締結して行う商品若しくは<u>指定権利</u>の販売又は役務を有償で提供する契約（以下「役務提供契約」という。）の申込みを受け、若しくは役務提供契約を締結して行う役務の提供 　二　販売業者又は役務提供事業者が、営業所等において、営業所等以外の場所において呼び止めて営業所等に同行させた者その他政令で定める方法により誘引した者（以下「特定顧客」という。）から売買契約の申込みを受け、若しくは特定顧客と売買契約を締結して行う商品若しくは<u>指定権利</u>の販売又は特定顧客から役務提供契約の申込みを受け、若しくは特定顧客と役務提供契約を締結して行う役務の提供

改 正 法	現 行
2　この章及び第五十八条の十九において「通信販売」とは、販売業者又は役務提供事業者が郵便その他の主務省令で定める方法（以下「郵便等」という。）により売買契約又は役務提供契約の申込みを受けて行う商品若しくは<u>特定権利</u>の販売又は役務の提供であつて電話勧誘販売に該当しないものをいう。 3　この章及び第五十八条の二十第一項において「電話勧誘販売」とは、販売業者又は役務提供事業者が、電話をかけ又は政令で定める方法により電話をかけさせ、その電話において行う売買契約又は役務提供契約の締結についての勧誘（以下「電話勧誘行為」という。）により、その相手方（以下「電話勧誘顧客」という。）から当該売買契約の申込みを郵便等により受け、若しくは電話勧誘顧客と当該売買契約を郵便等により締結して行う商品若しくは<u>特定権利</u>の販売又は電話勧誘顧客から当該役務提供契約の申込みを郵便等により受け、若しくは電話勧誘顧客と当該役務提供契約を郵便等により締結して行う役務の提供をいう。 4　この章並びに第五十八条の十九及び第六十七条第一項において「<u>特定権利</u>」とは、<u>次に掲げる権利</u>をいう。 　<u>一　施設を利用し又は役務の提供を受ける権利のうち国民の日常生活に係る取引において販売されるものであつて政令で定めるもの</u> 　<u>二　社債その他の金銭債権</u> 　<u>三　株式会社の株式、合同会社、合名会社若しくは合資会社の社員の持分若しくはその他の社団法人の社員権又は外国法人の社員権でこれらの権利の性質を有するもの</u> （訪問販売における書面の交付） 第四条　販売業者又は役務提供事業者は、営業所等以外の場所において商品若しくは<u>特定権利</u>につき売買契約の申込みを受け、若しくは役務につき役務提供契約の申込みを受けたとき又は営業所等において特定顧客から商品若しくは<u>特定権利</u>につき売買契約の申込みを受け、若しくは役務につき役務提供契約の申込みを受けたときは、直ちに、主務省令で定めるところにより、次の事項についてその申込みの内容を記載した書面をその申込みをした	2　この章及び第五十八条の十九において「通信販売」とは、販売業者又は役務提供事業者が郵便その他の主務省令で定める方法（以下「郵便等」という。）により売買契約又は役務提供契約の申込みを受けて行う商品若しくは<u>指定権利</u>の販売又は役務の提供であつて電話勧誘販売に該当しないものをいう。 3　この章及び第五十八条の二十第一項において「電話勧誘販売」とは、販売業者又は役務提供事業者が、電話をかけ又は政令で定める方法により電話をかけさせ、その電話において行う売買契約又は役務提供契約の締結についての勧誘（以下「電話勧誘行為」という。）により、その相手方（以下「電話勧誘顧客」という。）から当該売買契約の申込みを郵便等により受け、若しくは電話勧誘顧客と当該売買契約を郵便等により締結して行う商品若しくは<u>指定権利</u>の販売又は電話勧誘顧客から当該役務提供契約の申込みを郵便等により受け、若しくは電話勧誘顧客と当該役務提供契約を郵便等により締結して行う役務の提供をいう。 4　この章並びに第五十八条の十九及び第六十七条第一項において「<u>指定権利</u>」とは、<u>施設を利用し又は役務の提供を受ける権利のうち国民の日常生活に係る取引において販売されるものであつて政令で定めるものをいう。</u> （新設） （新設） （新設） （訪問販売における書面の交付） 第四条　販売業者又は役務提供事業者は、営業所等以外の場所において商品若しくは<u>指定権利</u>につき売買契約の申込みを受け、若しくは役務につき役務提供契約の申込みを受けたとき又は営業所等において特定顧客から商品若しくは<u>指定権利</u>につき売買契約の申込みを受け、若しくは役務につき役務提供契約の申込みを受けたときは、直ちに、主務省令で定めるところにより、次の事項についてその申込みの内容を記載した書面をその申込みをした

改 正 法	現 行
者に交付しなければならない。ただし、その申込みを受けた際その売買契約又は役務提供契約を締結した場合においては、この限りでない。 一〜四　（略） 五　第九条第一項の規定による売買契約若しくは役務提供契約の申込みの撤回又は売買契約若しくは役務提供契約の解除に関する事項（同条第二項から第七項までの規定に関する事項（<u>第二十六条第二項、第四項又は第五項</u>の規定の適用がある場合にあつては、当該各項の規定に関する事項を含む。）を含む。） 六　（略） 第五条　（略） 一　営業所等以外の場所において、商品若しくは<u>特定権利</u>につき売買契約を締結したとき又は役務につき役務提供契約を締結したとき（営業所等において特定顧客から申込みを受け、営業所等以外の場所において売買契約又は役務提供契約を締結したときを除く。）。 二　営業所等以外の場所において商品若しくは<u>特定権利</u>又は役務につき売買契約又は役務提供契約の申込みを受け、営業所等においてその売買契約又は役務提供契約を締結したとき。 三　営業所等において、特定顧客と商品若しくは<u>特定権利</u>につき売買契約を締結したとき又は役務につき役務提供契約を締結したとき。 2　販売業者又は役務提供事業者は、前項各号のいずれかに該当する場合において、その売買契約又は役務提供契約を締結した際に、商品を引き渡し、若しくは<u>特定権利</u>を移転し、又は役務を提供し、かつ、商品若しくは<u>特定権利</u>の代金又は役務の対価の全部を受領したときは、直ちに、主務省令で定めるところにより、前条第一号及び第二号の事項並びに同条第五号の事項のうち売買契約又は役務提供契約の解除に関する事項その他主務省令で定める事項を記載した書面を購入者又は役務の提供を受ける者に交付しなければならない。 （禁止行為） 第六条　（略） 一〜四　（略） 五　当該売買契約若しくは当該役務提供契約	者に交付しなければならない。ただし、その申込みを受けた際その売買契約又は役務提供契約を締結した場合においては、この限りでない。 一〜四　（略） 五　第九条第一項の規定による売買契約若しくは役務提供契約の申込みの撤回又は売買契約若しくは役務提供契約の解除に関する事項（同条第二項から第七項までの規定に関する事項（<u>第二十六条第三項又は第四項</u>の規定の適用がある場合にあつては、同条第三項又は第四項の規定に関する事項を含む。）を含む。） 六　（略） 第五条　（略） 一　営業所等以外の場所において、商品若しくは<u>指定権利</u>につき売買契約を締結したとき又は役務につき役務提供契約を締結したとき（営業所等において特定顧客から申込みを受け、営業所等以外の場所において売買契約又は役務提供契約を締結したときを除く。）。 二　営業所等以外の場所において商品若しくは<u>指定権利</u>又は役務につき売買契約又は役務提供契約の申込みを受け、営業所等においてその売買契約又は役務提供契約を締結したとき。 三　営業所等において、特定顧客と商品若しくは<u>指定権利</u>につき売買契約を締結したとき又は役務につき役務提供契約を締結したとき。 2　販売業者又は役務提供事業者は、前項各号のいずれかに該当する場合において、その売買契約又は役務提供契約を締結した際に、商品を引き渡し、若しくは<u>指定権利</u>を移転し、又は役務を提供し、かつ、商品若しくは<u>指定権利</u>の代金又は役務の対価の全部を受領したときは、直ちに、主務省令で定めるところにより、前条第一号及び第二号の事項並びに同条第五号の事項のうち売買契約又は役務提供契約の解除に関する事項その他主務省令で定める事項を記載した書面を購入者又は役務の提供を受ける者に交付しなければならない。 （禁止行為） 第六条　（略） 一〜四　（略） 五　当該売買契約若しくは当該役務提供契約

改正法	現行
の申込みの撤回又は当該売買契約若しくは当該役務提供契約の解除に関する事項（第九条第一項から第七項までの規定に関する事項（<u>第二十六条第二項、第四項又は第五項</u>の規定の適用がある場合にあつては、<u>当該各項</u>の規定に関する事項を含む。）を含む。） 六・七　（略） 2～4　（略）	の申込みの撤回又は当該売買契約若しくは当該役務提供契約の解除に関する事項（第九条第一項から第七項までの規定に関する事項（<u>第二十六条第三項又は第四項</u>の規定の適用がある場合にあつては、同条第三項又は第四項の規定に関する事項を含む。）を含む。） 六・七　（略） 2～4　（略）
（合理的な根拠を示す資料の提出） 第六条の二　主務大臣は、前条第一項第一号に掲げる事項につき不実のことを告げる行為をしたか否かを判断するため必要があると認めるときは、当該販売業者又は当該役務提供事業者に対し、期間を定めて、当該告げた事項の裏付けとなる合理的な根拠を示す資料の提出を求めることができる。この場合において、当該販売業者又は当該役務提供事業者が当該資料を提出しないときは、<u>次条第一項及び第八条第一項</u>の規定の適用については、当該販売業者又は当該役務提供事業者は、同号に掲げる事項につき不実のことを告げる行為をしたものとみなす。	（合理的な根拠を示す資料の提出） 第六条の二　主務大臣は、前条第一項第一号に掲げる事項につき不実のことを告げる行為をしたか否かを判断するため必要があると認めるときは、当該販売業者又は当該役務提供事業者に対し、期間を定めて、当該告げた事項の裏付けとなる合理的な根拠を示す資料の提出を求めることができる。この場合において、当該販売業者又は当該役務提供事業者が当該資料を提出しないときは、<u>次条及び第八条第一項</u>の規定の適用については、当該販売業者又は当該役務提供事業者は、同号に掲げる事項につき不実のことを告げる行為をしたものとみなす。
（指示<u>等</u>） 第七条　主務大臣は、販売業者又は役務提供事業者が第三条、第三条の二第二項若しくは第四条から第六条までの規定に違反し、又は次に掲げる行為をした場合において、訪問販売に係る取引の公正及び購入者又は役務の提供を受ける者の利益が害されるおそれがあると認めるときは、その販売業者又は役務提供事業者に対し、<u>当該違反又は当該行為の是正のための措置、購入者又は役務の提供を受ける者の利益の保護を図るための措置その他の必要な措置</u>をとるべきことを指示することができる。 一　（略） 二　訪問販売に係る売買契約<u>又は役務提供契約</u>の締結について勧誘をするに際し、当該売買契約又は当該役務提供契約に関する事項であつて、顧客の判断に影響を及ぼすこととなる重要なもの（第六条第一項第一号から第五号までに掲げるものを除く。）につき、故意に事実を告げないこと。	（指示） 第七条　主務大臣は、販売業者又は役務提供事業者が第三条、第三条の二第二項若しくは第四条から第六条までの規定に違反し、又は次に掲げる行為をした場合において、訪問販売に係る取引の公正及び購入者又は役務の提供を受ける者の利益が害されるおそれがあると認めるときは、その販売業者又は役務提供事業者に対し、必要な措置をとるべきことを指示することができる。 一　（略） 二　訪問販売に係る売買契約<u>若しくは役務提供契約の締結について勧誘をするに際し、又は訪問販売に係る売買契約若しくは役務提供契約の申込みの撤回若しくは解除を妨げるため</u>、当該売買契約又は当該役務提供契約に関する事項であつて、顧客又は購入者若しくは役務の提供を受ける者の判断に影響を及ぼすこととなる重要なもの（第六条第一項第一号から第五号までに掲げるものを除く。）につき、故意に事実を告げな

改　正　法	現　　行
三　訪問販売に係る売買契約又は役務提供契約の申込みの撤回又は解除を妨げるため、当該売買契約又は当該役務提供契約に関する事項であつて、顧客又は購入者若しくは役務の提供を受ける者の判断に影響を及ぼすこととなる重要なものにつき、故意に事実を告げないこと。 　四　正当な理由がないのに訪問販売に係る売買契約又は役務提供契約であつて日常生活において通常必要とされる分量を著しく超える商品若しくは特定権利（第二条第四項第一号に掲げるものに限る。）の売買契約又は日常生活において通常必要とされる回数、期間若しくは分量を著しく超えて役務の提供を受ける役務提供契約の締結について勧誘することその他顧客の財産の状況に照らし不適当と認められる行為として主務省令で定めるもの 　五　前各号に掲げるもののほか、訪問販売に関する行為であつて、訪問販売に係る取引の公正及び購入者又は役務の提供を受ける者の利益を害するおそれがあるものとして主務省令で定めるもの ２　主務大臣は、前項の規定による指示をしたときは、その旨を公表しなければならない。	いこと。 （新設） 　三　正当な理由がないのに訪問販売に係る売買契約であつて日常生活において通常必要とされる分量を著しく超える商品の売買契約の締結について勧誘することその他顧客の財産の状況に照らし不適当と認められる行為として主務省令で定めるもの 　四　前三号に掲げるもののほか、訪問販売に関する行為であつて、訪問販売に係る取引の公正及び購入者又は役務の提供を受ける者の利益を害するおそれがあるものとして主務省令で定めるもの （新設）
（業務の停止等） 第八条　主務大臣は、販売業者若しくは役務提供事業者が第三条、第三条の二第二項若しくは第四条から第六条までの規定に違反し若しくは前条第一項各号に掲げる行為をした場合において訪問販売に係る取引の公正及び購入者若しくは役務の提供を受ける者の利益が著しく害されるおそれがあると認めるとき、又は販売業者若しくは役務提供事業者が同項の規定による指示に従わないときは、その販売業者又は役務提供事業者に対し、二年以内の期間を限り、訪問販売に関する業務の全部又は一部を停止すべきことを命ずることができる。この場合において、主務大臣は、その販売業者又は役務提供事業者が個人である場合にあつては、その者に対して、当該停止を命ずる期間と同一の期間を定めて、当該停止を命ずる範囲の業務を営む法人（人格のない社団又は財団で代表者又は管理人の定めのあるものを含む。以下同じ。）の当該業務を担当する役員（業務を執行する社員、取締役、執行役、代表者、管理人又はこれらに準ずる者	（業務の停止等） 第八条　主務大臣は、販売業者若しくは役務提供事業者が第三条、第三条の二第二項若しくは第四条から第六条までの規定に違反し若しくは前条各号に掲げる行為をした場合において訪問販売に係る取引の公正及び購入者若しくは役務の提供を受ける者の利益が著しく害されるおそれがあると認めるとき、又は販売業者若しくは役務提供事業者が同条の規定による指示に従わないときは、その販売業者又は役務提供事業者に対し、一年以内の期間を限り、訪問販売に関する業務の全部又は一部を停止すべきことを命ずることができる。

改 正 法	現 行
をいい、相談役、顧問その他いかなる名称を有する者であるかを問わず、法人に対し業務を執行する社員、取締役、執行役、代表者、管理人又はこれらに準ずる者と同等以上の支配力を有するものと認められる者を含む。以下同じ。）となることの禁止を併せて命ずることができる。 2　（略） 　（業務の禁止等） 第八条の二　主務大臣は、販売業者又は役務提供事業者に対して前条第一項の規定により業務の停止を命ずる場合において、次の各号に掲げる場合の区分に応じ、当該各号に定める者が当該命令の理由となつた事実及び当該事実に関してその者が有していた責任の程度を考慮して当該命令の実効性を確保するためにその者による訪問販売に関する業務を制限することが相当と認められる者として主務省令で定める者に該当するときは、その者に対して、当該停止を命ずる期間と同一の期間を定めて、当該停止を命ずる範囲の業務を新たに開始すること（当該業務を営む法人の当該業務を担当する役員となることを含む。）の禁止を命ずることができる。 一　当該販売業者又は当該役務提供事業者が法人である場合　その役員及び当該命令の日前六十日以内においてその役員であつた者並びにその営業所の業務を統括する者その他の政令で定める使用人（以下単に「使用人」という。）及び当該命令の日前六十日以内においてその使用人であつた者 二　当該販売業者又は当該役務提供事業者が個人である場合　その使用人及び当該命令の日前六十日以内においてその使用人であつた者 2　主務大臣は、前項の規定による命令をしたときは、その旨を公表しなければならない。 　（訪問販売における契約の申込みの撤回等） 第九条　販売業者若しくは役務提供事業者が営業所等以外の場所において商品若しくは特定権利若しくは役務につき売買契約若しくは役務提供契約の申込みを受けた場合若しくは販売業者若しくは役務提供事業者が営業所等において特定顧客から商品若しくは特定権利若しくは役務につき売買契約若しくは役務提供契約の申込みを受けた場合におけるその申込	2　（略） （新設） 　（訪問販売における契約の申込みの撤回等） 第九条　販売業者若しくは役務提供事業者が営業所等以外の場所において商品若しくは指定権利若しくは役務につき売買契約若しくは役務提供契約の申込みを受けた場合若しくは販売業者若しくは役務提供事業者が営業所等において特定顧客から商品若しくは指定権利若しくは役務につき売買契約若しくは役務提供契約の申込みを受けた場合におけるその申込

第 5 章 資 料

改 正 法	現 行
みをした者又は販売業者若しくは役務提供事業者が営業所等以外の場所において商品若しくは特定権利若しくは役務につき売買契約若しくは役務提供契約を締結した場合（営業所等において申込みを受け、営業所等以外の場所において売買契約又は役務提供契約を締結した場合を除く。）若しくは販売業者若しくは役務提供事業者が営業所等において特定顧客と商品若しくは特定権利若しくは役務につき売買契約若しくは役務提供契約を締結した場合におけるその購入者若しくは役務の提供を受ける者（以下この条から第九条の三までにおいて「申込者等」という。）は、書面によりその売買契約若しくは役務提供契約の申込みの撤回又はその売買契約若しくは役務提供契約の解除（以下この条において「申込みの撤回等」という。）を行うことができる。ただし、申込者等が第五条の書面を受領した日（その日前に第四条の書面を受領した場合にあつては、その書面を受領した日）から起算して八日を経過した場合（申込者等が、販売業者若しくは役務提供事業者が第六条第一項の規定に違反して申込みの撤回等に関する事項につき不実のことを告げる行為をしたことにより当該告げられた内容が事実であるとの誤認をし、又は販売業者若しくは役務提供事業者が同条第三項の規定に違反して威迫したことにより困惑し、これらによつて当該期間を経過するまでに申込みの撤回等を行わなかつた場合には、当該申込者等が、当該販売業者又は当該役務提供事業者が主務省令で定めるところにより当該売買契約又は当該役務提供契約の申込みの撤回等を行うことができる旨を記載して交付した書面を受領した日から起算して八日を経過した場合）においては、この限りでない。 2～4　（略） 5　販売業者又は役務提供事業者は、商品若しくは特定権利の売買契約又は役務提供契約につき申込みの撤回等があつた場合には、既に当該売買契約に基づき引き渡された商品が使用され若しくは当該権利が行使され又は当該役務提供契約に基づき役務が提供されたときにおいても、申込者等に対し、当該商品の使用により得られた利益若しくは当該権利の行使に相当する金銭又は当該役務提供契約に係る役務の対価その他の金銭の支払を請求することができない。	みをした者又は販売業者若しくは役務提供事業者が営業所等以外の場所において商品若しくは指定権利若しくは役務につき売買契約若しくは役務提供契約を締結した場合（営業所等において申込みを受け、営業所等以外の場所において売買契約又は役務提供契約を締結した場合を除く。）若しくは販売業者若しくは役務提供事業者が営業所等において特定顧客と商品若しくは指定権利若しくは役務につき売買契約若しくは役務提供契約を締結した場合におけるその購入者若しくは役務の提供を受ける者（以下この条から第九条の三までにおいて「申込者等」という。）は、書面によりその売買契約若しくは役務提供契約の申込みの撤回又はその売買契約若しくは役務提供契約の解除（以下この条において「申込みの撤回等」という。）を行うことができる。ただし、申込者等が第五条の書面を受領した日（その日前に第四条の書面を受領した場合にあつては、その書面を受領した日）から起算して八日を経過した場合（申込者等が、販売業者若しくは役務提供事業者が第六条第一項の規定に違反して申込みの撤回等に関する事項につき不実のことを告げる行為をしたことにより当該告げられた内容が事実であるとの誤認をし、又は販売業者若しくは役務提供事業者が同条第三項の規定に違反して威迫したことにより困惑し、これらによつて当該期間を経過するまでに申込みの撤回等を行わなかつた場合には、当該申込者等が、当該販売業者又は当該役務提供事業者が主務省令で定めるところにより当該売買契約又は当該役務提供契約の申込みの撤回等を行うことができる旨を記載して交付した書面を受領した日から起算して八日を経過した場合）においては、この限りでない。 2～4　（略） 5　販売業者又は役務提供事業者は、商品若しくは指定権利の売買契約又は役務提供契約につき申込みの撤回等があつた場合には、既に当該売買契約に基づき引き渡された商品が使用され若しくは当該権利の行使により施設が利用され若しくは役務が提供され又は当該役務提供契約に基づき役務が提供されたときにおいても、申込者等に対し、当該商品の使用により得られた利益若しくは当該権利の行使により得られた利益に相当する金銭又は当該役務提供契約に係る役務の対価その他の金銭の支払を請求することができない。

改正法	現行
6　（略） 7　役務提供契約又は特定権利の売買契約の申込者等は、その役務提供契約又は売買契約につき申込みの撤回等を行つた場合において、当該役務提供契約又は当該特定権利に係る役務の提供に伴い申込者等の土地又は建物その他の工作物の現状が変更されたときは、当該役務提供事業者又は当該特定権利の販売業者に対し、その原状回復に必要な措置を無償で講ずることを請求することができる。 8　（略） （通常必要とされる分量を著しく超える商品の売買契約等の申込みの撤回等） 第九条の二　（略） 一　その日常生活において通常必要とされる分量を著しく超える商品若しくは特定権利（第二条第四項第一号に掲げるものに限る。次号において同じ。）の売買契約又はその日常生活において通常必要とされる回数、期間若しくは分量を著しく超えて役務の提供を受ける役務提供契約 二　当該販売業者又は役務提供事業者が、当該売買契約若しくは役務提供契約に基づく債務を履行することにより申込者等にとつて当該売買契約に係る商品若しくは特定権利と同種の商品若しくは特定権利の分量がその日常生活において通常必要とされる分量を著しく超えることとなること若しくは当該役務提供契約に係る役務と同種の役務の提供を受ける回数若しくは期間若しくはその分量がその日常生活において通常必要とされる回数、期間若しくは分量を著しく超えることとなることを知り、又は申込者等にとつて当該売買契約に係る商品若しくは特定権利と同種の商品若しくは特定権利の分量がその日常生活において通常必要とされる分量を既に著しく超えていること若しくは当該役務提供契約に係る役務と同種の役務の提供を受ける回数若しくは期間若しくはその分量がその日常生活において通常必要とされる回数、期間若しくは分量を既に著しく超えていることを知りながら、申込みを受け、又は締結した売買契約又は役務提供契約 2・3　（略） （訪問販売における契約の申込み又はその承諾の意思表示の取消し）	6　（略） 7　役務提供契約又は指定権利の売買契約の申込者等は、その役務提供契約又は売買契約につき申込みの撤回等を行つた場合において、当該役務提供契約又は当該指定権利に係る役務の提供に伴い申込者等の土地又は建物その他の工作物の現状が変更されたときは、当該役務提供事業者又は当該指定権利の販売業者に対し、その原状回復に必要な措置を無償で講ずることを請求することができる。 8　（略） （通常必要とされる分量を著しく超える商品の売買契約等の申込みの撤回等） 第九条の二　（略） 一　その日常生活において通常必要とされる分量を著しく超える商品若しくは指定権利の売買契約又はその日常生活において通常必要とされる回数、期間若しくは分量を著しく超えて役務の提供を受ける役務提供契約 二　当該販売業者又は役務提供事業者が、当該売買契約若しくは役務提供契約に基づく債務を履行することにより申込者等にとつて当該売買契約に係る商品若しくは指定権利と同種の商品若しくは指定権利の分量がその日常生活において通常必要とされる分量を著しく超えることとなること若しくは当該役務提供契約に係る役務と同種の役務の提供を受ける回数若しくは期間若しくはその分量がその日常生活において通常必要とされる回数、期間若しくは分量を著しく超えることとなることを知り、又は申込者等にとつて当該売買契約に係る商品若しくは指定権利と同種の商品若しくは指定権利の分量がその日常生活において通常必要とされる分量を既に著しく超えていること若しくは当該役務提供契約に係る役務と同種の役務の提供を受ける回数若しくは期間若しくはその分量がその日常生活において通常必要とされる回数、期間若しくは分量を既に著しく超えていることを知りながら、申込みを受け、又は締結した売買契約又は役務提供契約 2・3　（略） （訪問販売における契約の申込み又はその承諾の意思表示の取消し）

第5章 資　料

改　正　法	現　行
第九条の三　（略） 2・3　（略） 4　第一項の規定による取消権は、追認をすることができる時から<u>一年間</u>行わないときは、時効によって消滅する。当該売買契約又は当該役務提供契約の締結の時から五年を経過したときも、同様とする。 （通信販売についての広告） 第十一条　販売業者又は役務提供事業者は、通信販売をする場合の商品若しくは<u>特定権利の販売条件</u>又は役務の提供条件について広告をするときは、主務省令で定めるところにより、当該広告に、当該商品若しくは当該権利又は当該役務に関する次の事項を表示しなければならない。ただし、当該広告に、請求により、これらの事項を記載した書面を遅滞なく交付し、又はこれらの事項を記録した電磁的記録（電子的方式、磁気的方式その他人の知覚によつては認識することができない方式で作られる記録であつて、電子計算機による情報処理の用に供されるものをいう。）を遅滞なく提供する旨の表示をする場合には、販売業者又は役務提供事業者は、主務省令で定めるところにより、これらの事項の一部を表示しないことができる。 一～三　（略） 四　商品若しくは<u>特定権利</u>の売買契約の申込みの撤回又は売買契約の解除に関する事項（<u>第十五条の三第一項ただし書に規定する特約がある場合にはその内容を、第二十六条第二項の規定の適用がある場合には同項の規定に関する事項を含む。）</u> 五　（略） （誇大広告等の禁止） 第十二条　販売業者又は役務提供事業者は、通信販売をする場合の商品若しくは<u>特定権利</u>の販売条件又は役務の提供条件について広告をするときは、当該商品の性能又は当該権利若しくは当該役務の内容、当該商品若しくは当該権利の売買契約の申込みの撤回又は売買契約の解除に関する事項（<u>第十五条の三第一項</u>ただし書に規定する特約がある場合には、その内容を含む。）その他の主務省令で定める事項について、著しく事実に相違する表示をし、又は実際のものよりも著しく優良であり、若しくは有利であると人を誤認させるような表示をしてはならない。	第九条の三　（略） 2・3　（略） 4　第一項の規定による取消権は、追認をすることができる時から<u>六月間</u>行わないときは、時効によって消滅する。当該売買契約又は当該役務提供契約の締結の時から五年を経過したときも、同様とする。 （通信販売についての広告） 第十一条　販売業者又は役務提供事業者は、通信販売をする場合の商品若しくは<u>指定権利の販売条件</u>又は役務の提供条件について広告をするときは、主務省令で定めるところにより、当該広告に、当該商品若しくは当該権利又は当該役務に関する次の事項を表示しなければならない。ただし、当該広告に、請求により、これらの事項を記載した書面を遅滞なく交付し、又はこれらの事項を記録した電磁的記録（電子的方式、磁気的方式その他人の知覚によつては認識することができない方式で作られる記録であつて、電子計算機による情報処理の用に供されるものをいう。）を遅滞なく提供する旨の表示をする場合には、販売業者又は役務提供事業者は、主務省令で定めるところにより、これらの事項の一部を表示しないことができる。 一～三　（略） 四　商品若しくは<u>指定権利</u>の売買契約の申込みの撤回又は売買契約の解除に関する事項（<u>第十五条の二第一項ただし書に規定する特約がある場合には、その内容</u>を含む。） 五　（略） （誇大広告等の禁止） 第十二条　販売業者又は役務提供事業者は、通信販売をする場合の商品若しくは<u>指定権利</u>の販売条件又は役務の提供条件について広告をするときは、当該商品の性能又は当該権利若しくは当該役務の内容、当該商品若しくは当該権利の売買契約の申込みの撤回又は売買契約の解除に関する事項（<u>第十五条の二第一項</u>ただし書に規定する特約がある場合には、その内容を含む。）その他の主務省令で定める事項について、著しく事実に相違する表示をし、又は実際のものよりも著しく優良であり、若しくは有利であると人を誤認させるような表示をしてはならない。

改正法	現行
（承諾をしていない者に対する電子メール広告の提供の禁止等） 第十二条の三　販売業者又は役務提供事業者は、次に掲げる場合を除き、通信販売をする場合の商品若しくは特定権利の販売条件又は役務の提供条件について、その相手方となる者の承諾を得ないで電子メール広告（当該広告に係る通信文その他の情報を電磁的方法（電子情報処理組織を使用する方法その他の情報通信の技術を利用する方法であつて主務省令で定めるものをいう。以下同じ。）により送信し、これを当該広告の相手方の使用に係る電子計算機の映像面に表示されるようにする方法により行う広告をいう。以下同じ。）をしてはならない。 一　相手方となる者の請求に基づき、通信販売をする場合の商品若しくは特定権利の販売条件又は役務の提供条件に係る電子メール広告（以下この節において「通信販売電子メール広告」という。）をするとき。 二　当該販売業者の販売する商品若しくは特定権利若しくは当該役務提供事業者の提供する役務につき売買契約若しくは役務提供契約の申込みをした者又はこれらにつき売買契約若しくは役務提供契約を締結した者に対し、主務省令で定める方法により当該申込み若しくは当該契約の内容又は当該契約の履行に関する事項を通知する場合において、主務省令で定めるところにより通信販売電子メール広告をするとき。 三　（略） 2　前項に規定する承諾を得、又は同項第一号に規定する請求を受けた販売業者又は役務提供事業者は、当該通信販売電子メール広告の相手方から通信販売電子メール広告の提供を受けない旨の意思の表示を受けたときは、当該相手方に対し、通信販売電子メール広告をしてはならない。ただし、当該意思の表示を受けた後に再び通信販売電子メール広告をすることにつき当該相手方から請求を受け、又は当該相手方の承諾を得た場合には、この限りでない。 3　（略） 4　販売業者又は役務提供事業者は、通信販売電子メール広告をするときは、第一項第二号又は第三号に掲げる場合を除き、当該通信販売電子メール広告に、第十一条各号に掲げる事項のほか、主務省令で定めるところによ	（承諾をしていない者に対する電子メール広告の提供の禁止等） 第十二条の三　販売業者又は役務提供事業者は、次に掲げる場合を除き、通信販売をする場合の商品若しくは指定権利の販売条件又は役務の提供条件について、その相手方となる者の承諾を得ないで電子メール広告（当該広告に係る通信文その他の情報を電磁的方法（電子情報処理組織を使用する方法その他の情報通信の技術を利用する方法であつて主務省令で定めるものをいう。以下同じ。）により送信し、これを当該広告の相手方の使用に係る電子計算機の映像面に表示されるようにする方法により行う広告をいう。以下同じ。）をしてはならない。 一　相手方となる者の請求に基づき、通信販売をする場合の商品若しくは指定権利の販売条件又は役務の提供条件に係る電子メール広告（以下この節において「通信販売電子メール広告」という。）をするとき。 二　当該販売業者の販売する商品若しくは指定権利若しくは当該役務提供事業者の提供する役務につき売買契約若しくは役務提供契約の申込みをした者又はこれらにつき売買契約若しくは役務提供契約を締結した者に対し、主務省令で定める方法により当該申込み若しくは当該契約の内容又は当該契約の履行に関する事項を通知する場合において、主務省令で定めるところにより通信販売電子メール広告をするとき。 三　（略） 2　前項に規定する承諾を得、又は同項第一号に規定する請求を受けた販売業者又は役務提供事業者は、当該通信販売電子メール広告の相手方から通信販売電子メール広告の提供を受けない旨の意思の表示を受けたときは、当該相手方に対し、通信販売電子メール広告をしてはならない。ただし、当該表示を受けた後に再び通信販売電子メール広告をすることにつき当該相手方から請求を受け、又は当該相手方の承諾を得た場合には、この限りでない。 3　（略） 4　販売業者又は役務提供事業者は、通信販売電子メール広告をするときは、第一項第二号又は第三号に掲げる場合を除き、当該通信販売電子メール広告に、第十一条各号に掲げる事項のほか、主務省令で定めるところによ

第5章 資　料

改　正　法	現　行
り、その相手方が通信販売電子メール広告の提供を受けない旨の意思の表示をするために必要な事項として主務省令で定めるものを表示しなければならない。 5　前二項の規定は、販売業者又は役務提供事業者が他の者に次に掲げる業務の全てにつき一括して委託しているときは、その委託に係る通信販売電子メール広告については、適用しない。 　一・二　（略） 　三　前項に規定する通信販売電子メール広告の提供を受けない旨の意思の表示をするために必要な事項を表示する業務 第十二条の四　販売業者又は役務提供事業者から前条第五項各号に掲げる業務の全てにつき一括して委託を受けた者（以下この節並びに第六十六条第五項及び第六十七条第一項第四号において「通信販売電子メール広告受託事業者」という。）は、次に掲げる場合を除き、当該業務を委託した販売業者又は役務提供事業者（以下この節において「通信販売電子メール広告委託者」という。）が通信販売をする場合の商品若しくは特定権利の販売条件又は役務の提供条件について、その相手方となる者の承諾を得ないで通信販売電子メール広告をしてはならない。 　一・二　（略） 2　（略） 　（承諾をしていない者に対するファクシミリ広告の提供の禁止等） 第十二条の五　販売業者又は役務提供事業者は、次に掲げる場合を除き、通信販売をする場合の商品若しくは特定権利の販売条件又は役務の提供条件について、その相手方となる者の承諾を得ないでファクシミリ広告（当該広告に係る通信文その他の情報をファクシミリ装置を用いて送信する方法により行う広告をいう。第一号において同じ。）をしてはならない。 　一　相手方となる者の請求に基づき、通信販売をする場合の商品若しくは特定権利の販売条件又は役務の提供条件に係るファクシミリ広告（以下この条において「通信販売ファクシミリ広告」という。）をするとき。 　二　当該販売業者の販売する商品若しくは特定権利若しくは当該役務提供事業者の提供	り、その相手方が通信販売電子メール広告の提供を受けない旨の意思を表示するために必要な事項として主務省令で定めるものを表示しなければならない。 5　前二項の規定は、販売業者又は役務提供事業者が他の者に次に掲げる業務のすべてにつき一括して委託しているときは、その委託に係る通信販売電子メール広告については、適用しない。 　一・二　（略） 　三　前項に規定する通信販売電子メール広告の提供を受けない旨の意思を表示するために必要な事項を表示する業務 第十二条の四　販売業者又は役務提供事業者から前条第五項各号に掲げる業務のすべてにつき一括して委託を受けた者（以下この節並びに第六十六条第四項及び第六項において「通信販売電子メール広告受託事業者」という。）は、次に掲げる場合を除き、当該業務を委託した販売業者又は役務提供事業者（以下この節において「通信販売電子メール広告委託者」という。）が通信販売をする場合の商品若しくは指定権利の販売条件又は役務の提供条件について、その相手方となる者の承諾を得ないで通信販売電子メール広告をしてはならない。 　一・二　（略） 2　（略） （新設）

改 正 法	現　　　行
する役務につき売買契約若しくは役務提供契約の申込みをした者又はこれらにつき売買契約若しくは役務提供契約を締結した者に対し、主務省令で定める方法により当該申込み若しくは当該契約の内容又は当該契約の履行に関する事項を通知する場合において、主務省令で定めるところにより通信販売ファクシミリ広告をするとき。 　三　前二号に掲げるもののほか、通常通信販売ファクシミリ広告の提供を受ける者の利益を損なうおそれがないと認められる場合として主務省令で定める場合において、通信販売ファクシミリ広告をするとき。 ２　前項に規定する承諾を得、又は同項第一号に規定する請求を受けた販売業者又は役務提供事業者は、当該通信販売ファクシミリ広告の相手方から通信販売ファクシミリ広告の提供を受けない旨の意思の表示を受けたときは、当該相手方に対し、通信販売ファクシミリ広告をしてはならない。ただし、当該意思の表示を受けた後に再び通信販売ファクシミリ広告をすることにつき当該相手方から請求を受け、又は当該相手方の承諾を得た場合には、この限りでない。 ３　販売業者又は役務提供事業者は、通信販売ファクシミリ広告をするときは、第一項第二号又は第三号に掲げる場合を除き、当該通信販売ファクシミリ広告をすることにつきその相手方の承諾を得、又はその相手方から請求を受けたことの記録として主務省令で定めるものを作成し、主務省令で定めるところによりこれを保存しなければならない。 ４　販売業者又は役務提供事業者は、通信販売ファクシミリ広告をするときは、第一項第二号又は第三号に掲げる場合を除き、当該通信販売ファクシミリ広告に、第十一条各号に掲げる事項のほか、主務省令で定めるところにより、その相手方が通信販売ファクシミリ広告の提供を受けない旨の意思の表示をするために必要な事項として主務省令で定めるものを表示しなければならない。 　（通信販売における承諾等の通知） 第十三条　販売業者又は役務提供事業者は、商品若しくは特定権利又は役務につき売買契約又は役務提供契約の申込みをした者から当該商品の引渡し若しくは当該権利の移転又は当該役務の提供に先立つて当該商品若しくは当該権利の代金又は当該役務の対価の全部又は	（通信販売における承諾等の通知） 第十三条　販売業者又は役務提供事業者は、商品若しくは<u>指定権利</u>又は役務につき売買契約又は役務提供契約の申込みをした者から当該商品の引渡し若しくは当該権利の移転又は当該役務の提供に先立つて当該商品若しくは当該権利の代金又は当該役務の対価の全部又は

第5章 資　料

改　正　法	現　行
一部を受領することとする通信販売をする場合において、郵便等により当該商品若しくは当該権利又は当該役務につき売買契約又は役務提供契約の申込みを受け、かつ、当該商品若しくは当該権利の代金又は当該役務の対価の全部又は一部を受領したときは、遅滞なく、主務省令で定めるところにより、その申込みを承諾する旨又は承諾しない旨（その受領前にその申込みを承諾する旨又は承諾しない旨をその申込みをした者に通知している場合には、その旨）その他の主務省令で定める事項をその者に書面により通知しなければならない。ただし、当該商品若しくは当該権利の代金又は当該役務の対価の全部又は一部を受領した後遅滞なく当該商品を送付し、若しくは当該権利を移転し、又は当該役務を提供したときは、この限りでない。 ２　（略） （指示等） 第十四条　主務大臣は、販売業者又は役務提供事業者が第十一条、第十二条、第十二条の三（第五項を除く。）、第十二条の五若しくは前条第一項の規定に違反し、又は次に掲げる行為をした場合において、通信販売に係る取引の公正及び購入者又は役務の提供を受ける者の利益が害されるおそれがあると認めるときは、その販売業者又は役務提供事業者に対し、当該違反は当該行為の是正のための措置、購入者又は役務の提供を受ける者の利益の保護を図るための措置その他の必要な措置をとるべきことを指示することができる。 一～三　（略） ２　（略） ３　主務大臣は、第一項の規定による指示をしたときは、その旨を公表しなければならない。 ４　主務大臣は、第二項の規定による指示をしたときは、その旨を公表しなければならない。 （業務の停止等） 第十五条　主務大臣は、販売業者若しくは役務提供事業者が第十一条、第十二条、第十二条の三（第五項を除く。）、第十二条の五若しくは第十三条第一項の規定に違反し若しくは前条第一項各号に掲げる行為をした場合において通信販売に係る取引の公正及び購入者若しくは役務の提供を受ける者の利益が著しく害されるおそれがあると認めるとき、又は販売業者若しくは役務提供事業者が同項の規定に	一部を受領することとする通信販売をする場合において、郵便等により当該商品若しくは当該権利又は当該役務につき売買契約又は役務提供契約の申込みを受け、かつ、当該商品若しくは当該権利の代金又は当該役務の対価の全部又は一部を受領したときは、遅滞なく、主務省令で定めるところにより、その申込みを承諾する旨又は承諾しない旨（その受領前にその申込みを承諾する旨又は承諾しない旨をその申込みをした者に通知している場合には、その旨）その他の主務省令で定める事項をその者に書面により通知しなければならない。ただし、当該商品若しくは当該権利の代金又は当該役務の対価の全部又は一部を受領した後遅滞なく当該商品を送付し、若しくは当該権利を移転し、又は当該役務を提供したときは、この限りでない。 ２　（略） （指示） 第十四条　主務大臣は、販売業者又は役務提供事業者が第十一条、第十二条、第十二条の三（第五項を除く。）若しくは前条第一項の規定に違反し、又は次に掲げる行為をした場合において、通信販売に係る取引の公正及び購入者又は役務の提供を受ける者の利益が害されるおそれがあると認めるときは、その販売業者又は役務提供事業者に対し、必要な措置をとるべきことを指示することができる。 一～三　（略） ２　（略） （新設） （新設） （業務の停止等） 第十五条　主務大臣は、販売業者若しくは役務提供事業者が第十一条、第十二条、第十二条の三（第五項を除く。）若しくは第十三条第一項の規定に違反し若しくは前条第一項各号に掲げる行為をした場合において通信販売に係る取引の公正及び購入者若しくは役務の提供を受ける者の利益が著しく害されるおそれがあると認めるとき、又は販売業者若しくは役務提供事業者が同項の規定による指示に従

改 正 法	現 行
よる指示に従わないときは、その販売業者又は役務提供事業者に対し、二年以内の期間を限り、通信販売に関する業務の全部又は一部を停止すべきことを命ずることができる。この場合において、主務大臣は、その販売業者又は役務提供事業者が個人である場合にあつては、その者に対して、当該停止を命ずる期間と同一の期間を定めて、当該停止を命ずる範囲の業務を営む法人の当該業務を担当する役員となることの禁止を併せて命ずることができる。 2～4 （略） 　（業務の禁止等） 第十五条の二　主務大臣は、販売業者又は役務提供事業者に対して前条第一項の規定により業務の停止を命ずる場合において、次の各号に掲げる場合の区分に応じ、当該各号に定める者が当該命令の理由となつた事実及び当該事実に関してその者が有していた責任の程度を考慮して当該命令の実効性を確保するためにその者による通信販売に関する業務を制限することが相当と認められる者として主務省令で定める者に該当するときは、その者に対して、当該停止を命ずる期間と同一の期間を定めて、当該停止を命ずる範囲の業務を新たに開始すること（当該業務を営む法人の当該業務を担当する役員となることを含む。）の禁止を命ずることができる。 一　当該販売業者又は当該役務提供事業者が法人である場合　その役員及び当該命令の日前六十日以内においてその役員であつた者並びにその使用人及び当該命令の日前六十日以内においてその使用人であつた者 二　当該販売業者又は当該役務提供事業者が個人である場合　その使用人及び当該命令の日前六十日以内においてその使用人であつた者 2　主務大臣は、前項の規定による命令をしたときは、その旨を公表しなければならない。 　（通信販売における契約の解除等） 第十五条の三　通信販売をする場合の商品又は特定権利の販売条件について広告をした販売業者が当該商品若しくは当該特定権利の申込みを受けた場合におけるその申込みをした者又は売買契約を締結した場合におけるその購入者（次項において単に「購入者」という。）	わないときは、その販売業者又は役務提供事業者に対し、一年以内の期間を限り、通信販売に関する業務の全部又は一部を停止すべきことを命ずることができる。 2～4 （略） （新設） 　（通信販売における契約の解除等） 第十五条の二　通信販売をする場合の商品又は指定権利の販売条件について広告をした販売業者が当該商品若しくは当該指定権利の売買契約の申込みを受けた場合におけるその申込みをした者又は売買契約を締結した場合におけるその購入者（次項において単に「購入者」

第5章 資 料

改 正 法	現 行
は、その売買契約に係る商品の引渡し又は<u>特定権利</u>の移転を受けた日から起算して八日を経過するまでの間は、その売買契約の申込みの撤回又はその売買契約の解除(以下この条において「申込みの撤回等」という。)を行うことができる。ただし、当該販売業者が申込みの撤回等についての特約を当該広告に表示していた場合(当該売買契約が電子消費者契約及び電子承諾通知に関する民法の特例に関する法律(平成十三年法律第九十五号)第二条第一項に規定する電子消費者契約に該当する場合その他主務省令で定める場合にあつては、当該広告に表示し、かつ、広告に表示する方法以外の方法であつて主務省令で定める方法により表示していた場合)には、この限りでない。 2 申込みの撤回等があつた場合において、その売買契約に係る商品の引渡し又は<u>特定権利</u>の移転が既にされているときは、その引取り又は返還に要する費用は、購入者の負担とする。 (電話勧誘販売における書面の交付) 第十八条 販売業者又は役務提供事業者は、電話勧誘行為により、電話勧誘顧客から商品若しくは<u>特定権利</u>につき当該売買契約の申込みを郵便等により受け、又は役務につき当該役務提供契約の申込みを郵便等により受けたときは、遅滞なく、主務省令で定めるところにより、次の事項についてその申込みの内容を記載した書面をその申込みをした者に交付しなければならない。ただし、その申込みを受けた際その売買契約又は役務提供契約を締結した場合においては、この限りでない。 一~四 (略) 五 第二十四条第一項の規定による売買契約若しくは役務提供契約の申込みの撤回又は売買契約若しくは役務提供契約の解除に関する事項(同条第二項から第七項までの規定に関する事項(<u>第二十六条第二項、第四項又は第五項</u>の規定の適用がある場合にあつては、<u>当該各項</u>の規定に関する事項を含む。)を含む。) 六 (略) 第十九条 (略) 一 電話勧誘行為により、電話勧誘顧客と商品若しくは<u>特定権利</u>につき当該売買契約を郵便等により締結したとき又は役務につき	という。)は、その売買契約に係る商品の引渡し又は指定権利の移転を受けた日から起算して八日を経過するまでの間は、その売買契約の申込みの撤回又はその売買契約の解除(以下この条において「申込みの撤回等」という。)を行うことができる。ただし、当該販売業者が申込みの撤回等についての特約を当該広告に表示していた場合(当該売買契約が電子消費者契約及び電子承諾通知に関する民法の特例に関する法律(平成十三年法律第九十五号)第二条第一項に規定する電子消費者契約に該当する場合その他主務省令で定める場合にあつては、当該広告に表示し、かつ、広告に表示する方法以外の方法であつて主務省令で定める方法により表示していた場合)には、この限りでない。 2 申込みの撤回等があつた場合において、その売買契約に係る商品の引渡し又は指定権利の移転が既にされているときは、その引取り又は返還に要する費用は、購入者の負担とする。 (電話勧誘販売における書面の交付) 第十八条 販売業者又は役務提供事業者は、電話勧誘行為により、電話勧誘顧客から商品若しくは指定権利につき当該売買契約の申込みを郵便等により受け、又は役務につき当該役務提供契約の申込みを郵便等により受けたときは、遅滞なく、主務省令で定めるところにより、次の事項についてその申込みの内容を記載した書面をその申込みをした者に交付しなければならない。ただし、その申込みを受けた際その売買契約又は役務提供契約を締結した場合においては、この限りでない。 一~四 (略) 五 第二十四条第一項の規定による売買契約若しくは役務提供契約の申込みの撤回又は売買契約若しくは役務提供契約の解除に関する事項(同条第二項から第七項までの規定に関する事項(<u>第二十六条第三項又は第四項</u>の規定の適用がある場合にあつては、<u>同条第三項又は第四項</u>の規定に関する事項を含む。)を含む。) 六 (略) 第十九条 (略) 一 電話勧誘行為により、電話勧誘顧客と商品若しくは指定権利につき当該売買契約を郵便等により締結したとき又は役務につき

改正法	現行
当該役務提供契約を郵便等により締結したとき。 二　電話勧誘行為により電話勧誘顧客から商品若しくは特定権利又は役務につき当該売買契約又は当該役務提供契約の申込みを郵便等により受け、その売買契約又は役務提供契約を締結したとき。 2　販売業者又は役務提供事業者は、前項第二号に該当する場合において、その売買契約又は役務提供契約を締結した際に、商品を引き渡し、若しくは特定権利を移転し、又は役務を提供し、かつ、商品若しくは特定権利の代金又は役務の対価の全部を受領したときは、直ちに、主務省令で定めるところにより、前条第一号及び第二号の事項並びに同条第五号の事項のうち売買契約又は役務提供契約の解除に関する事項その他主務省令で定める事項を記載した書面を購入者又は役務の提供を受ける者に交付しなければならない。 （電話勧誘販売における承諾等の通知） 第二十条　販売業者又は役務提供事業者は、商品若しくは特定権利又は役務につき売買契約又は役務提供契約の申込みをした者から当該商品の引渡し若しくは当該権利の移転又は当該役務の提供に先立つて当該商品若しくは当該権利の代金又は当該役務の対価の全部又は一部を受領することとする電話勧誘販売をする場合において、郵便等により当該商品若しくは当該権利若しくは役務につき売買契約又は役務提供契約の申込みを受け、かつ、当該商品若しくは当該権利の代金又は当該役務の対価の全部又は一部を受領したときは、遅滞なく、主務省令で定めるところにより、その申込みを承諾する旨又は承諾しない旨（その受領前にその申込みを承諾する旨又は承諾しない旨をその申込みをした者に通知している場合には、その旨）その他の主務省令で定める事項をその者に書面により通知しなければならない。ただし、当該商品若しくは当該権利の代金又は当該役務の対価の全部又は一部を受領した後遅滞なく当該商品を送付し、若しくは当該権利を移転し、又は当該役務を提供したときは、この限りでない。 （禁止行為） 第二十一条　（略） 　一～四　（略） 　五　当該売買契約若しくは当該役務提供契約	当該役務提供契約を郵便等により締結したとき。 二　電話勧誘行為により電話勧誘顧客から商品若しくは指定権利又は役務につき当該売買契約又は当該役務提供契約の申込みを郵便等により受け、その売買契約又は役務提供契約を締結したとき。 2　販売業者又は役務提供事業者は、前項第二号に該当する場合において、その売買契約又は役務提供契約を締結した際に、商品を引き渡し、若しくは指定権利を移転し、又は役務を提供し、かつ、商品若しくは指定権利の代金又は役務の対価の全部を受領したときは、直ちに、主務省令で定めるところにより、前条第一号及び第二号の事項並びに同条第五号の事項のうち売買契約又は役務提供契約の解除に関する事項その他主務省令で定める事項を記載した書面を購入者又は役務の提供を受ける者に交付しなければならない。 （電話勧誘販売における承諾等の通知） 第二十条　販売業者又は役務提供事業者は、商品若しくは指定権利又は役務につき売買契約又は役務提供契約の申込みをした者から当該商品の引渡し若しくは当該権利の移転又は当該役務の提供に先立つて当該商品若しくは当該権利の代金又は当該役務の対価の全部又は一部を受領することとする電話勧誘販売をする場合において、郵便等により当該商品若しくは当該権利若しくは役務につき売買契約又は役務提供契約の申込みを受け、かつ、当該商品若しくは当該権利の代金又は当該役務の対価の全部又は一部を受領したときは、遅滞なく、主務省令で定めるところにより、その申込みを承諾する旨又は承諾しない旨（その受領前にその申込みを承諾する旨又は承諾しない旨をその申込みをした者に通知している場合には、その旨）その他の主務省令で定める事項をその者に書面により通知しなければならない。ただし、当該商品若しくは当該権利の代金又は当該役務の対価の全部又は一部を受領した後遅滞なく当該商品を送付し、若しくは当該権利を移転し、又は当該役務を提供したときは、この限りでない。 （禁止行為） 第二十一条　（略） 　一～四　（略） 　五　当該売買契約若しくは当該役務提供契約

第5章 資　料

改　正　法	現　行
の申込みの撤回又は当該売買契約若しくは当該役務提供契約の解除に関する事項（第二十四条第一項から第七項までの規定に関する事項（<u>第二十六条第二項、第四項又は第五項の規定の適用がある場合にあつては、当該各項の規定に関する事項を含む。</u>）を含む。） 六・七　（略） ２・３　（略） （合理的な根拠を示す資料の提出） 第二十一条の二　主務大臣は、前条第一項第一号に掲げる事項につき不実のことを告げる行為をしたか否かを判断するため必要があると認めるときは、当該販売業者又は当該役務提供事業者に対し、期間を定めて、当該告げた事項の裏付けとなる合理的な根拠を示す資料の提出を求めることができる。この場合において、当該販売業者又は当該役務提供事業者が当該資料を提出しないときは、<u>次条第一項及び第二十三条第一項の規定の適用について</u>は、当該販売業者又は当該役務提供事業者は、同号に掲げる事項につき不実のことを告げる行為をしたものとみなす。 （指示<u>等</u>） 第二十二条　主務大臣は、販売業者又は役務提供事業者が第十六条から第二十一条までの規定に違反し、又は次に掲げる行為をした場合において、電話勧誘販売に係る取引の公正及び購入者又は役務の提供を受ける者の利益が害されるおそれがあると認めるときは、その販売業者又は役務提供事業者に対し、<u>当該違反又は当該行為の是正のための措置、購入者又は役務の提供を受ける者の利益の保護を図るための措置その他の</u>必要な措置をとるべきことを指示することができる。 一　（略） 二　電話勧誘販売に係る売買契約又は役務提供契約の締結について勧誘をするに際し、当該売買契約又は当該役務提供契約に関する事項であつて、電話勧誘顧客の判断に影響を及ぼすこととなる重要なもの（第二十一条第一項第一号から第五号までに掲げるものを除く。）につき、故意に事実を告げないこと。	の申込みの撤回又は当該売買契約若しくは当該役務提供契約の解除に関する事項（第二十四条第一項から第七項までの規定に関する事項（<u>第二十六条第三項又は第四項の規定の適用がある場合にあつては、同条第三項又は第四項の規定に関する事項を含む。</u>）を含む。） 六・七　（略） ２・３　（略） （合理的な根拠を示す資料の提出） 第二十一条の二　主務大臣は、前条第一項第一号に掲げる事項につき不実のことを告げる行為をしたか否かを判断するため必要があると認めるときは、当該販売業者又は当該役務提供事業者に対し、期間を定めて、当該告げた事項の裏付けとなる合理的な根拠を示す資料の提出を求めることができる。この場合において、当該販売業者又は当該役務提供事業者が当該資料を提出しないときは、<u>次条及び第二十三条第一項の規定の適用については</u>、当該販売業者又は当該役務提供事業者は、同号に掲げる事項につき不実のことを告げる行為をしたものとみなす。 （指示） 第二十二条　主務大臣は、販売業者又は役務提供事業者が第十六条から第二十一条までの規定に違反し、又は次に掲げる行為をした場合において、電話勧誘販売に係る取引の公正及び購入者又は役務の提供を受ける者の利益が害されるおそれがあると認めるときは、その販売業者又は役務提供事業者に対し、必要な措置をとるべきことを指示することができる。 一　（略） 二　<u>電話勧誘販売に係る売買契約若しくは役務提供契約の締結について勧誘をするに際し、又は電話勧誘販売に係る売買契約若しくは役務提供契約の申込みの撤回若しくは解除を妨げるため</u>、当該売買契約又は当該役務提供契約に関する事項であつて、電話勧誘顧客若しくは購入者若しくは役務の提供を受ける者の判断に影響を及ぼすこととなる重要なもの（第二十一条第一項第一号から第五号までに掲げるものを除く。）につき、故意に事実を告げないこと。

241

改　正　法	現　　行
三　電話勧誘販売に係る売買契約又は役務提供契約の申込みの撤回又は解除を妨げるため、当該売買契約又は当該役務提供契約に関する事項であつて、電話勧誘顧客又は購入者若しくは役務の提供を受ける者の判断に影響を及ぼすこととなる重要なものにつき、故意に事実を告げないこと。	（新設）
四　正当な理由がないのに電話勧誘販売に係る売買契約又は役務提供契約であつて日常生活において通常必要とされる分量を著しく超える商品若しくは特定権利（第二条第四項第一号に掲げるものに限る。）の売買契約又は日常生活において通常必要とされる回数、期間若しくは分量を著しく超えて役務の提供を受ける役務提供契約の締結について勧誘することその他電話勧誘顧客の財産の状況に照らし不適当と認められる行為として主務省令で定めるもの	（新設）
五　前各号に掲げるもののほか、電話勧誘販売に関する行為であつて、電話勧誘販売に係る取引の公正及び購入者又は役務の提供を受ける者の利益を害するおそれがあるものとして主務省令で定めるもの	三　前二号に掲げるもののほか、電話勧誘販売に関する行為であつて、電話勧誘販売に係る取引の公正及び購入者又は役務の提供を受ける者の利益を害するおそれがあるものとして主務省令で定めるもの。
２　主務大臣は、前項の規定による指示をしたときは、その旨を公表しければならない。	（新設）
（業務の停止等）	（業務の停止等）
第二十三条　主務大臣は、販売業者若しくは役務提供事業者が第十六条から第二十一条までの規定に違反し若しくは前条第一項各号に掲げる行為をした場合において電話勧誘販売に係る取引の公正及び購入者若しくは役務の提供を受ける者の利益が著しく害されるおそれがあると認めるとき、又は販売業者若しくは役務提供事業者が同項の規定による指示に従わないときは、その販売業者又は役務提供事業者に対し、二年以内の期間を限り、電話勧誘販売に関する業務の全部又は一部を停止すべきことを命ずることができる。この場合において、主務大臣は、その販売業者又は役務提供事業者が個人である場合にあつては、その者に対して、当該停止を命ずる期間と同一の期間を定めて、当該停止を命ずる範囲の業務を営む法人の当該業務を担当する役員となることの禁止を併せて命ずることができる。	第二十三条　主務大臣は、販売業者若しくは役務提供事業者が第十六条から第二十一条までの規定に違反し若しくは前条各号に掲げる行為をした場合において電話勧誘販売に係る取引の公正及び購入者若しくは役務の提供を受ける者の利益が著しく害されるおそれがあると認めるとき、又は販売業者若しくは役務提供事業者が同条の規定による指示に従わないときは、その販売業者又は役務提供事業者に対し、一年以内の期間を限り、電話勧誘販売に関する業務の全部又は一部を停止すべきことを命ずることができる。
２　（略）	２　（略）
（業務の禁止等）	
第二十三条の二　主務大臣は、販売業者又は役	（新設）

第5章 資　料

改　正　法	現　　　行
務提供事業者に対して前条第一項の規定により業務の停止を命ずる場合において、次の各号に掲げる場合の区分に応じ、当該各号に定める者が当該命令の理由となつた事実及び当該事実に関してその者が有していた責任の程度を考慮して当該命令の実効性を確保するためにその者による電話勧誘販売に関する業務を制限することが相当と認められる者として主務省令で定める者に該当するときは、その者に対して、当該停止を命ずる期間と同一の期間を定めて、当該停止を命ずる範囲の業務を新たに開始すること（当該業務を営む法人の当該業務を担当する役員となることを含む。）の禁止を命ずることができる。 一　当該販売業者又は当該役務提供事業者が法人である場合　その役員及び当該命令の日前六十日以内においてその役員であつた者並びにその使用人及び当該命令の日前六十日以内においてその使用人であつた者 二　当該販売業者又は当該役務提供事業者が個人である場合　その使用人及び当該命令の日前六十日以内においてその使用人であつた者 2　主務大臣は、前項の規定による命令をしたときは、その旨を公表しなければならない。 　（電話勧誘販売における契約の申込みの撤回等） 第二十四条　販売業者若しくは役務提供事業者が電話勧誘行為により電話勧誘顧客から商品若しくは特定権利若しくは役務につき当該売買契約若しくは当該役務提供契約の申込みを郵便等により受けた場合におけるその申込みをした者又は販売業者若しくは役務提供事業者が電話勧誘行為により電話勧誘顧客と商品若しくは特定権利若しくは役務につき当該売買契約若しくは当該役務提供契約を郵便等により締結した場合におけるその購入者若しくは役務の提供を受ける者（以下この条から第二十四条の三までにおいて「申込者等」という。）は、書面によりその売買契約若しくは役務提供契約の申込みの撤回又はその売買契約若しくは役務提供契約の解除（以下この条において「申込みの撤回等」という。）を行うことができる。ただし、申込者等が第十九条の書面を受領した日（その日前に第十八条の書面を受領した場合にあつては、その書面を受領した日）から起算して八日を経過した場合（申込者等が、販売業者若しくは役務提	（電話勧誘販売における契約の申込みの撤回等） 第二十四条　販売業者若しくは役務提供事業者が電話勧誘行為により電話勧誘顧客から商品若しくは指定権利若しくは役務につき当該売買契約若しくは当該役務提供契約の申込みを郵便等により受けた場合におけるその申込みをした者又は販売業者若しくは役務提供事業者が電話勧誘行為により電話勧誘顧客と商品若しくは指定権利若しくは役務につき当該売買契約若しくは当該役務提供契約を郵便等により締結した場合におけるその購入者若しくは役務の提供を受ける者（以下この条及び次条において「申込者等」という。）は、書面によりその売買契約若しくは役務提供契約の申込みの撤回又はその売買契約若しくは役務提供契約の解除（以下この条において「申込みの撤回等」という。）を行うことができる。ただし、申込者等が第十九条の書面を受領した日（その日前に第十八条の書面を受領した場合にあつては、その書面を受領した日）から起算して八日を経過した場合（申込者等が、販売業者若しくは役務提供事業者が第二

243

改 正 法	現 行
供事業者が第二十一条第一項の規定に違反して申込みの撤回等に関する事項につき不実のことを告げる行為をしたことにより当該告げられた内容が事実であるとの誤認をし、又は販売業者若しくは役務提供事業者が同条第三項の規定に違反して威迫したことにより困惑し、これらによつて当該期間を経過するまでに申込みの撤回等を行わなかつた場合には、当該申込者等が、当該販売業者又は当該役務提供事業者が主務省令で定めるところにより当該売買契約又は当該役務提供契約の申込みの撤回等を行うことができる旨を記載して交付した書面を受領した日から起算して八日を経過した場合）においては、この限りでない。 2～4　（略） <u>5　販売業者又は役務提供事業者は、商品若しくは特定権利の売買契約又は役務提供契約につき申込みの撤回等があつた場合には、既に当該売買契約に基づき引き渡された商品が使用され若しくは当該権利が行使され又は当該役務提供契約に基づき役務が提供されたときにおいても、申込者等に対し、当該商品の使用により得られた利益若しくは当該権利の行使により得られた利益に相当する金銭又は当該役務提供契約に係る役務の対価その他の金銭の支払を請求することができない。</u> 6　（略） 7　役務提供契約又は<u>特定権利</u>の売買契約の申込者等は、その役務提供契約又は売買契約につき申込みの撤回等を行つた場合において、当該役務提供契約又は当該<u>特定権利</u>に係る役務の提供に伴い申込者等の土地又は建物その他の工作物の現状が変更されたときは、当該役務提供事業者又は当該<u>特定権利</u>の販売業者に対し、その原状回復に必要な措置を無償で講ずることを請求することができる。 8　（略） <u>（通常必要とされる分量を著しく超える商品の売買契約等の申込みの撤回等）</u> <u>第二十四条の二　申込者等は、次に掲げる契約に該当する売買契約若しくは役務提供契約の申込みの撤回又は売買契約若しくは役務提供契約の解除（以下この条において「申込みの撤回等」という。）を行うことができる。ただし、申込者等に当該契約の締結を必要とする特別の事情があつたときは、この限りでない。</u> <u>一　その日常生活において通常必要とされる</u>	十一条第一項の規定に違反して申込みの撤回等に関する事項につき不実のことを告げる行為をしたことにより当該告げられた内容が事実であるとの誤認をし、又は販売業者若しくは役務提供事業者が同条第三項の規定に違反して威迫したことにより困惑し、これらによつて当該期間を経過するまでに申込みの撤回等を行わなかつた場合には、当該申込者等が、当該販売業者又は当該役務提供事業者が主務省令で定めるところにより当該売買契約又は当該役務提供契約の申込みの撤回等を行うことができる旨を記載して交付した書面を受領した日から起算して八日を経過した場合）においては、この限りでない。 2～4　（略） <u>5　役務提供事業者又は指定権利の販売業者は、役務提供契約又は指定権利の売買契約につき申込みの撤回等があつた場合には、既に当該役務提供契約に基づき役務が提供され又は当該権利の行使により施設が利用され若しくは役務が提供されたときにおいても、申込者等に対し、当該役務提供契約に係る役務の対価その他の金銭又は当該権利の行使により得られた利益に相当する金銭の支払を請求することができない。</u> 6　（略） 7　役務提供契約又は<u>指定権利</u>の売買契約の申込者等は、その役務提供契約又は売買契約につき申込みの撤回等を行つた場合において、当該役務提供契約又は当該<u>指定権利</u>に係る役務の提供に伴い申込者等の土地又は建物その他の工作物の現状が変更されたときは、当該役務提供事業者又は当該<u>指定権利</u>の販売業者に対し、その原状回復に必要な措置を無償で講ずることを請求することができる。 8　（略） （新設）

改　正　法	現　　行
分量を著しく超える商品若しくは特定権利（第二条第四項第一号に掲げるものに限る。次号において同じ。）の売買契約又はその日常生活において通常必要とされる回数、期間若しくは分量を著しく超えて役務の提供を受ける役務提供契約 　<u>二　当該販売業者又は役務提供事業者が、当該売買契約若しくは役務提供契約に基づく債務を履行することにより申込者等にとつて当該売買契約に係る商品若しくは特定権利と同種の商品若しくは特定権利の分量がその日常生活において通常必要とされる分量を著しく超えることとなること若しくは当該役務提供契約に係る役務と同種の役務の提供を受ける回数若しくは期間若しくはその分量がその日常生活において通常必要とされる回数、期間若しくは分量を著しく超えることとなることを知り、又は申込者等にとつて当該売買契約に係る商品若しくは特定権利と同種の商品若しくは特定権利の分量がその日常生活において通常必要とされる分量を既に著しく超えていること若しくは当該役務提供契約に係る役務と同種の役務の提供を受ける回数若しくは期間若しくはその分量がその日常生活において通常必要とされる回数、期間若しくは分量を既に著しく超えていることを知りながら、申込みを受け、又は締結した売買契約又は役務提供契約</u> <u>2　前項の規定による権利は、当該売買契約又は当該役務提供契約の締結の時から１年以内に行使しなければならない。</u> <u>3　前条第三項から第八項までの規定は、第一項の規定による申込みの撤回等について準用する。この場合において、同条第八項中「前各項」とあるのは、「次条第一項及び第二項並びに同条第三項において準用する第三項から前項まで」と読み替えるものとする。</u> 　　（電話勧誘販売における契約の申込み又はその承諾の意思表示の取消し） 第二十四条の三　（略）	（電話勧誘販売における契約の申込み又はその承諾の意思表示の取消し） 第二十四条の二　（略）

著者紹介

村　千鶴子
　弁護士、東京経済大学現代法学部教授
　国民生活センター消費者判例評価検討委員会委員
　国民生活センター客員講師
　日本弁護士連合会消費者問題対策委員会委員
　東京都消費者被害救済委員会会長
　などを務める。

著書
　「誌上法学講座―特定商取引法（改訂版）」国民生活センター
　「市民のための消費者契約法　第五版」中央経済社
　「これからこうなる消費者行政―消費者庁の仕組みと所管法令」ぎょうせい
　「Q&A　消費生活相談の基礎知識～知っておきたい民事のルール」ぎょうせい
　「改正特定商取引法のすべて　第四版」中央経済社
　「消費者はなぜだまされるのか」平凡社新書　　　など
共著
　「消費者法講義　第4版」日本評論社
　「葬儀・墓地のトラブル相談Q&A」民事法研究会　　　など

Q&A 詐欺・悪徳商法 相談対応ハンドブック

2017年 1 月20日　第 1 刷発行
2017年 4 月 1 日　第 2 刷発行

　　著　者　　村　千鶴子

　　発　行　　株式会社ぎょうせい

〒136-8575　東京都江東区新木場 1 - 18 - 11
電話　編集　03-6892-6508
　　　営業　03-6892-6666
フリーコール　0120-953-431
URL：https://gyosei.jp

印刷　ぎょうせいデジタル㈱
※乱丁・落丁本はお取り替えいたします。

©2017 Printed in Japan

ISBN978-4-324-10237-4
(5108299-00-000)
〔略号：QA 悪徳相談〕

MEMO

MEMO